Processo do Trabalho

UMA INTERPRETAÇÃO CONSTITUCIONAL CONTEMPORÂNEA A PARTIR DA TEORIA DOS DIREITOS FUNDAMENTAIS

S237p   Santos Júnior, Rubens Fernando Clamer dos.
    Processo do trabalho: uma interpretação constitucional contemporânea a partir da teoria dos direitos fundamentais / Rubens Fernando Clamer dos Santos Júnior. Porto Alegre: Livraria do Advogado Editora, 2013.

    176 p.; 23cm - Inclui bibliografia
    ISBN 978-85-7348-832-6

    1. Processo do Trabalho. 2. Direito do Trabalho. 3. Tutela (Direito). 4. Direitos Fundamentais. I. Título.

                                    CDD 341.6884

    Índice para catálogo sistemático:
    1. Processo do Trabalho   341.6884

(Bibliotecária responsável: Sabrina Leal Araujo – CRB 10/1507)

Rubens Fernando Clamer dos Santos Júnior

Processo do Trabalho

UMA INTERPRETAÇÃO CONSTITUCIONAL CONTEMPORÂNEA
A PARTIR DA TEORIA DOS DIREITOS FUNDAMENTAIS

Porto Alegre, 2013

© Rubens Fernando Clamer dos Santos Júnior, 2013

Capa, projeto gráfico e diagramação
Livraria do Advogado Editora

Revisão
Rosane Marques Borba

Direitos desta edição reservados por
Livraria do Advogado Editora Ltda.
Rua Riachuelo, 1338
90010-273 Porto Alegre RS
Fone/fax: 0800-51-7522
editora@livrariadoadvogado.com.br
www.doadvogado.com.br

Impresso no Brasil / Printed in Brazil

A minha esposa, Ana Lúcia, e aos meus filhos, Lucas e Filipe, que iluminam a minha vida.

Ao meu querido pai, que faleceu recentemente, com muita saudade.

Agradecimentos

Agradeço a minha esposa, Ana Lúcia, e aos meus filhos Lucas e Filipe, pelo apoio que me foi dado durante todo o período de pesquisa. Sem vocês do meu lado, com certeza, não teria conseguido atingir os objetivos perseguidos.

Agradeço a minha mãe, Iris, e ao meu pai, Rubens, grandes responsáveis pela minha formação como pessoa, que sempre me proporcionaram todas as condições para que eu conseguisse ultrapassar as agruras surgidas no decorrer da vida.

Agradeço, em especial, ao meu pai, Rubens, que faleceu no ano passado, com enorme carinho e saudade, pelo exemplo de homem, de caráter, de amigo, de companheiro e de colega.

Agradeço à D. Vera, pelo apoio e auxílio prestado, inclusive com meus filhos, seus netos, possibilitando as melhores condições para uma pesquisa tranquila. Agradeço especialmente aos meus irmãos, Rafael e Fabrício, pela amizade e companheirismo.

Agradeço aos meus colegas e amigos Francisco Rossal de Araújo, Cláudio Scandolara e Janete Deste, pelas lições passadas quando da preparação para o concurso da magistratura, que foram essenciais para o ingresso na carreira.

Agradeço ao Tribunal Regional do Trabalho da 4ª Região, pelo apoio institucional.

Agradeço ao professor Dr. Daniel Mitidiero, que muito auxiliou no desenvolvimento desta pesquisa, bem como pela qualidade das aulas ministradas.

Finalmente, quero agradecer ao meu orientador, professor Dr. Gilberto Stürmer, pela presteza e paciência na exata orientação da dissertação de mestrado ora publicada, bem como ao professor Dr. Sérgio Gilberto Porto e ao professor Dr. José Felipe Ledur, pelas pertinentes observações quando da defesa desta pesquisa em banca.

Prefácio

Foi com imenso prazer que recebi o convite do Professor, Magistrado, e principalmente amigo, Rubens Fernando Clamer dos Santos Júnior, para prefaciar a obra que neste momento chega ao público: "Processo do Trabalho: Uma interpretação constitucional contemporânea a partir da teoria dos Direitos Fundamentais".

Conheci o Rubens – me permito chamá-lo pelo nome – inicialmente nas lides forenses. Já nas audiências, houve convívio fraterno, amistoso e profissional. Depois, com a convergência de interesses acadêmicos, nasceu a amizade.

Ambos professores de Direito e Processo do Trabalho, em diversas oportunidades trocamos idéias e experiências com o objetivo de melhor atender aos nossos alunos.

Foi imensamente prazeroso o acolhimento do Professor Rubens no Curso de Pós-Graduação em Direito – Mestrado na Pontifícia Universidade Católica do Rio Grande do Sul como orientando. No decorrer do curso, a satisfação se manteve com a fácil tarefa de orientar o aluno dedicado, competente, organizado e sempre focado em ideias fundadas no seu sólido arcabouço teórico.

Mas a qualidade pessoal não é somente técnica e acadêmica. Dotado de espírito altruísta, o autor é preocupado com as grandes questões sociais do nosso tempo. O Direito do Trabalho não é somente área de atuação profissional e acadêmica, mas é, para o Professor Rubens, incessante busca na realização de uma sociedade melhor para se viver. Eu diria, sem medo de errar, que o autor é daquelas pessoas realmente vocacionadas para as atividades que tão bem exerce: magistrado e professor.

O livro que ora apresento, "Processo do Trabalho: Uma interpretação constitucional contemporânea a partir da teoria dos Direitos Fundamentais", fruto das pesquisas do autor no Curso de mestrado, é dividido em duas partes com três capítulos cada uma delas.

Na primeira parte é examinado o estado constitucional e o seu ordenamento jurídico como teoria de base a sustentar as ideias apresentadas.

Examina-se o positivismo jurídico proposto por Herbert Hart e a crítica de Ronald Dworkin a tal modelo. Nesse passo, vem à luz a discussão sobre o princípio da legalidade, o estado constitucional e a teoria sobre regras e princípios, encerrando-se o primeiro capítulo com o questionamento de serem ou não os postulados normativos uma nova categoria de normas.

Segue o autor no segundo capítulo, na esteira do estado constitucional, com o ingresso do debate sobre o processo. Fala-se da evolução histórico-metodológica da ciência processual, de praxismo, processualismo, instrumentalidade do processo e formalismo-valorativo.

Com grande qualidade, o Professor Rubens encerra a primeira parte do livro abordando tema de grande relevância no mundo jurídico atual: a dogmática processual no estado constitucional. São levantados temas como a busca pelo processo justo (fim e objetivo maior do estado) e, para chegar a ele, examina-se o direito fundamental à tutela jurisdicional adequada, justa e tempestiva. O autor ressalta a importância da harmonização do direito fundamental ao devido processo legal, à ampla defesa e ao contraditório com a boa-fé e a lealdade processual.

Na segunda parte, bem alicerçada pela primeira, ingressa-se efetivamente no processo do trabalho. A efetividade na busca pelo bem da vida que, em matéria trabalhista tem caráter alimentar, é examinada tomando-se por base o estado constitucional.

Discutem-se os requisitos para a aplicação supletiva do processo civil no processo do trabalho, do diálogo sistemático entre as áreas que, ao fim e ao cabo pertencem à mesma raiz, que é o processo constitucional.

No segundo capítulo o autor traz um tema atualíssimo no processo: a tutela jurisdicional coletiva. Os processos coletivos são, no mundo moderno, remédios fundamentais para "atalhar" o caminho na busca pela efetividade. Esta efetividade é tratada no encerramento do capítulo, quando é examinada a questão da concretização dos deveres de pagar quantia.

Reitero a minha alegria em apresentar este texto, resultado das reflexões dotadas de rigor científico e social do professor Rubens.

Todos ganhamos com o ingresso da obra no cenário jurídico e acadêmico. Com satisfação e alegria, apresento-a ao público.

Gilberto Stürmer
Professor de Direito do Trabalho da PUCRS
Graduação e Pós-Graduação. Advogado

Sumário

Introdução......13
Parte I **– O ESTADO CONSTITUCIONAL E SEU ORDENAMENTO JURÍDICO**.....17
1. O Estado Constitucional......17
   1.1. O debate entre Hart e Dworkin como pressuposto do positivismo jurídico do Estado Constitucional......17
   1.2. A crítica de Dworkin ao positivismo jurídico proposto por Hart......23
   1.3. Uma concepção contemporânea para o princípio da legalidade......28
   1.4. Uma teoria do Direito para o Estado Constitucional......33
   1.5. As características e as funções das regras e dos princípios de um Estado Constitucional. A Constituição como sistema aberto de regras e princípios......38
   1.6. Regras e princípios: aspectos distintivos, conflitos e soluções para suas antinomias......41
   1.7. Uma nova categoria de normas? Os postulados normativos......46
      1.7.1. Em especial: o postulado da proporcionalidade......51
2. A cultura processual no Estado Constitucional......56
   2.1. A evolução histórico-metodológica da ciência processual: o praxismo e o processualismo......56
   2.2. Em especial: o Código Buzaid como ápice do processualismo......61
   2.3. A reação ao processualismo......67
      2.3.1. A instrumentalidade do processo: a tese de Cândido Rangel Dinamarco..72
      2.3.2. O formalismo-valorativo: a tese de Carlos Alberto Alvaro de Oliveira....75
3. A dogmática do processo no Estado Constitucional......78
   3.1. A qualificação e os fins do Processo no Estado Constitucional: o direito ao processo justo. O direito ao processo justo como condição para obtenção de decisão justa......78
   3.2. O direito fundamental à tutela jurisdicional adequada, efetiva e tempestiva como corolário inafastável do direito ao processo justo......86
      3.2.1. O direito de ação como direito à tutela jurisdicional adequada, efetiva e tempestiva......100
   3.3. A harmonização dos direitos fundamentais do devido processo legal, da ampla defesa e do contraditório com os direitos fundamentais à efetividade e à tempestividade na prestação jurisdicional: a boa-fé e a lealdade processual como elementos para a construção de um Estado Constitucional......103

Parte II – **O DIREITO PROCESSUAL DO TRABALHO E SUA EFETIVIDADE SOB O INFLUXO DO ESTADO CONSTITUCIONAL**............................111

1. A subsidiariedade do Processo Civil no Processo do Trabalho: análise constitucional da norma constante no artigo 769 da CLT.........................111
    1.1. Os requisitos para a aplicação supletiva do Processo Civil no Processo do Trabalho...111
    1.2. A Constituição como vértice do sistema jurídico e a necessidade de compreensão do diálogo Processo Trabalhista – Processo Civil como diálogo sistemático..116
    1.3. A nova interpretação constitucional. Proposta de interpretação conforme a Constituição do art. 769 da CLT..122
2. A tutela jurisdicional coletiva na justiça do trabalho..130
    2.1. Aspectos históricos e terminológicos. Cabimento na Justiça do Trabalho.......130
        2.1.1. Retrospectiva histórica...130
        2.1.2. Terminologia. Cabimento na Justiça do Trabalho........................132
        2.1.3. Natureza jurídica. Conceito. Espécies...133
    2.2. Objeto...136
        2.2.1. Em especial: a legitimidade do Ministério Público do Trabalho para defesa dos direitos individuais homogêneos dos trabalhadores...........139
3. A tutela jurisdicional para concretização dos deveres de pagar quantia................145
    3.1. A multa coercitiva do art. 461, § 4º, do CPC, e sua aplicação na hipótese de antecipação de tutela...149
    3.2. A multa instituída pelo art. 475-J do CPC, e sua aplicação no Processo do Trabalho..161

Conclusão..167

Referências..171

Introdução

O direito processual deve ser compreendido a partir de uma concepção contemporânea do nosso sistema constitucional, sobretudo com base na teoria dos direitos fundamentais, a fim de que seja estabelecida a conexão necessária com o direito material. Para isso, busca-se trabalhar com um novo modelo de interpretação do Direito, pós-positivista, frisando os equívocos do sistema positivista, com o objetivo de alcançarmos as diretrizes traçadas em nossa Constituição. Para o fim pretendido, será necessário, igualmente, o desenvolvimento do estudo a respeito do grande espaço, ainda existente, para criação do Direito, que deve ser preenchido não apenas pela lei, mas também por todas as demais fontes do Direito, especialmente pelos princípios. Precisamente no campo processual, deseja-se uma prestação jurisdicional adequada, efetiva e tempestiva.

Neste contexto, para que sejam implementados tais conceitos, há necessidade de olharmos para o passado, com a evolução histórico-metodológica da ciência processual, a fim de que seja definido o marco teórico de interpretação da ciência processual em um contexto constitucional. Esta etapa da pesquisa é essencial para bem compreendermos as agruras do processo, suas deficiências e seus problemas, na medida em que a crise pela qual passa o processo contemporâneo está diretamente ligada com o modelo construído nos séculos anteriores.

É necessário conhecermos a doutrina que espelhou o Código de Processo Civil de 1973, chamado Código Buzaid, para podermos buscar a evolução natural e necessária que precisa guindar a ciência processual, pois, a pretexto de se buscar a sua autonomia, verificou-se no decorrer dos tempos um perigoso distanciamento do processo e do direito material. Uma análise crítica da doutrina italiana trazida para o Brasil por Enrico Tullio Liebman possibilitará demonstrarmos alguns equívocos constantes no Código de Buzaid, desde a configuração de um procedimento único, abstrato, de ação para a tutela de todo e qualquer direito material, até a demasiada separação das fases de conhecimento e de execução do processo.

Com a superação da fase do processualismo, pretendemos demonstrar a nova concepção do direito processual, dando-se ênfase ao caráter essencialmente instrumental do processo, com vistas à prestação de uma tutela jurisdicional adequada, efetiva e tempestiva. Nesse sentido, com intuito de aproximarmos o direito material do direito processual, valendo-se da tese da instrumentalidade do processo, construída no Brasil principalmente por Cândido Rangel Dinamarco, e da tese do formalismo-valorativo, elaborada por Carlos Alberto Alvaro de Oliveira, buscaremos clarificar os fins e objetivos traçados ao processo, e, sobretudo, a que(m) ele serve.

Para a concretização desses objetivos, com vistas à efetividade real do processo, devemos examinar o que é um processo justo, inclusive com um olhar para o direito comparado, principalmente a partir da doutrina portuguesa construída por Canotilho, o que vem a ser um processo justo, suas finalidades, seus contornos, mas principalmente os instrumentos postos à disposição para a concretização de um processo verdadeiramente justo. O direito fundamental à tutela jurisdicional, visto como autêntico direito fundamental sob o plano formal e material, assegura ao cidadão o direito de exigir a contraprestação por parte do Estado.

Com base na evolução dos direitos fundamentais e com um novo modo de compreensão do princípio da legalidade, buscaremos analisar o instituto do direito de ação. Direito este fundamental do cidadão, assim reconhecido no art. 5º, inciso XXXV, da Constituição Federal, que outorga ao particular o direito de exigir um resultado prático e efetivo à ação instaurada, desde quando o Estado assumiu para si o monopólio da jurisdição. Como contrapartida, tem o Estado o dever de assegurar uma tutela efetiva, passando o direito de ação a ser reconhecido como um direito de natureza prestacional, e não apenas como um simples direito de defesa perante este Estado. Passa a ser necessária também uma reavaliação dos conceitos de ampla defesa e do direito ao contraditório, a fim de que os excessos, a deslealdade e a má-fé sejam reprimidos, para que os direitos fundamentais em foco sejam respeitados.

Com base nessas premissas, queremos trazer novas reflexões para o estudo do direito processual, a fim de que o processo implemente as suas finalidades constitucionais. O princípio da prestação jurisdicional efetiva volta-se na direção de todos os Poderes da República, mas especialmente na direção do Poder Judiciário por deter o monopólio da jurisdição, sendo, assim, seu dever concretizar de forma plena este direito fundamental. Para tanto, devemos buscar a técnica processual adequada e necessária, valendo-se, inclusive, dos instrumentos já existentes em nosso ordenamento jurídico, como, por exemplo, da multa, como ferramenta de concretização do direito material almejado e devido. A multa deve ser encarada, nessa nova perspectiva, como sendo um dos melhores instrumentos para a efetividade da prestação jurisdicional, o que tentaremos demonstrar, amparando-nos nos postulados da proporcionalidade e da razoabilidade.

Sendo a efetividade o grande objetivo a ser atingido pelo direito processual, temos que reconstruir os requisitos e elementos trazidos pelo legislador para aplicação subsidiária do processo civil ao processo do trabalho, constantes nas regras processuais existentes, especialmente no artigo 769 da CLT, por meio de uma interpretação sistemática e conforme a Constituição. Justamente porque não há mais espaço para a interpretação literal ou gramatical da norma constante no artigo 769 da CLT, que deve-se dar por um prisma constitucional. Especialmente a interpretação a respeito do requisito da omissão da legislação trabalhista, no sentido da aplicabilidade da legislação comum, tem de ser revista, a fim de que este elemento seja interpretado em sintonia com o restante do sistema jurídico, não cabendo a sua análise exclusivamente através de um exame comparativo das regras unicamente existentes na nossa Consolidação das Leis do Trabalho (e legislação esparsa).

O instituto da tutela coletiva de direitos também deve ser compreendido como um importante e imprescindível mecanismo de implementação dos objetivos traçados em um Estado Constitucional. O mundo mudou. A sociedade se alterou. Vivemos novos fenômenos. Deparamo-nos com novas crises, novas necessidades e novas demandas. O século XXI não é o século XX e tampouco o século XIX. Os conflitos se massificaram, inclusive no mundo do trabalho, em virtude da globalização, razão pela qual a concepção individualista, consagrada no modelo processual do Código de Processo Civil concebido por Buzaid, deixou de atender satisfatoriamente estas demandas, com o intuito de resolvê-las efetivamente. Nessa nova perspectiva, as ações coletivas surgem como instrumento de solução para esses novos litígios, com intuito de resolver os conflitos de massa da sociedade contemporânea, espelhando-se no Direito inglês e americano, bem como nas lições da doutrina italiana.

As ações coletivas passam a trabalhar com o intuito focado essencialmente na prevenção do conflito, e não apenas na mera reparação, objetivando propiciar maior acesso do cidadão comum ao Judiciário, com a concretude efetiva do direito de ação assegurado no texto constitucional. Nesse sentido, buscaremos demonstrar as finalidades da tutela coletiva. Para tanto, será necessária uma abordagem acerca dos valores e princípios do Estado, a fim de que, a partir dessas premissas, também possamos traçar as diretrizes impostas ao Ministério Público. Com isto, tentaremos demonstrar a legitimidade plena do Ministério Público do Trabalho para defesa dos direitos individuais homogêneos dos trabalhadores. Todavia, tudo isso será examinado sem antes buscarmos entender as origens da tutela coletiva, a sua natureza jurídica, o seu conceito e as espécies de direitos transindividuais (difusos, coletivos e individuais homogêneos), bem como o cabimento da ação coletiva na Justiça do Trabalho.

Assim, devemos reconhecer que algumas ideias já estão ultrapassadas, especialmente se o objetivo maior é a efetivação de direitos fundamentais. A partir da interpretação constitucional, conforme aos direitos fundamentais, das respectivas normas processuais e mediante a análise sistemática da ordem jurídica brasileira, poderemos avançar a fim de precisarmos o ideal traçado na Constituição Federal para o direito processual, especialmente delimitado nos incisos XXXV e LXXVIII do seu artigo 5º – consagradores dos princípios da prestação jurisdicional efetiva, adequada e tempestiva.

Destarte, o objetivo deste estudo é provocar o debate acerca de uma maior e real efetividade do processo do trabalho, mediante a utilização das normas já existentes em nosso sistema, sobretudo em razão das exigências contemporâneas traçadas ao direito processual.

Parte I

O ESTADO CONSTITUCIONAL E SEU ORDENAMENTO JURÍDICO

1. O Estado Constitucional

1.1. O debate entre Hart e Dworkin como pressuposto do positivismo jurídico do Estado Constitucional

O Direito, em sua evolução natural no decorrer dos tempos, percorreu fases distintas, convivendo com pensamentos díspares. O operador do Direito é, antes de mais nada, um cientista jurídico, político e social, mostrando-se imperioso que manuseie com esta ciência, amparando-se em posições bem definidas, para que o seu pensamento não reste vazio ou dúbio. Por exemplo, é essencial, na aplicação e na interpretação da ciência do Direito, que o intérprete assuma um marco teórico claro, continuando a adotar a teoria do positivismo jurídico, principalmente com as ideias construídas por Herbert Hart, ou pondo em prática a doutrina desenvolvida posteriormente, na chamada era do pós-positivismo, quando se notabilizou o pensamento de Ronald Dworkin.[1] A adoção de uma posição é indispensável para a devida compreensão das escolhas futuras e principalmente para que o discurso jurídico não perca a sua coerência, tornando-se, muitas vezes, confuso e contraditório.

Assim, sem antes recordarmos do jusnaturalismo, buscaremos traçar as linhas gerais do positivismo jurídico em comparação com a teoria desenvolvida posteriormente, ainda que de maneira sintética, visto não ser este o ponto específico desta pesquisa, cabendo neste momento ape-

---
[1] As ideias de Dworkin foram desenvolvidas posteriormente por diversos autores, valendo-se destacar principalmente Robert Alexy na Alemanha. No Brasil, registra-se, dentre tantos, a obra de Ávila, sobretudo com o desenvolvimento acerca do postulado da proporcionalidade.

nas relembrarmos essas teorias para melhor compreensão das ideias que virão a ser defendidas posteriormente.

O jusnaturalismo moderno pregava a crença no direito natural, na existência de valores que não se originavam em normas criadas pelo Estado, tendo o seu apogeu por largo período, com início no século XVI. A partir do século XIX, com o surgimento do Estado liberal e o crescimento do sistema de codificação, o direito natural cede espaço para o positivismo, por não ser considerado um método científico.[2]

Em oposição ao jusnaturalismo, surge o positivismo jurídico, que teve como um dos seus primeiros idealizadores o filósofo John Austin, quando no século XIX desenvolveu suas ideias que vieram a ser conhecidas posteriormente pela comunidade jurídica em geral.[3] Esta teoria foi aprofundada pelo professor Herbert L. A. Hart, obtendo-se, na época, a consagração deste verdadeiro método de compreensão da teoria geral do direito.[4] Nesse sentido, a histórica polêmica entre Hart e Dworkin deve, a todo o momento, ser relembrada, através das respectivas posições defendidas. Vejamos o que disse Hart, no pós-escrito da sua obra, sobre as críticas formuladas por Dworkin,:

> O conflito directo mais agudo entre a teoria jurídica deste livro e a teoria de Dworkin é suscitado pela minha afirmação de que, em qualquer sistema jurídico, haverá sempre certos casos juridicamente não regulados em que, relativamente a determinado ponto, nenhuma decisão em qualquer dos sentidos é ditada pelo direito e, nessa conformidade, o direito apresenta-se como parcialmente indeterminado ou incompleto.[5]

Sustentava Hart que em tais situações o juiz deveria exercer o seu poder discricionário,[6] criando o direito, em vez de aplicar o direito preexistente:

> Assim, em tais casos juridicamente não previstos ou não regulados, o juiz cria direito novo e aplica o direito estabelecido que não só confere, mas também restringe os seus poderes de criação do direito.

> Esta imagem do direito, como sendo parcialmente indeterminado ou incompleto, e a do juiz, enquanto preenche as lacunas através do exercício de um poder discricionário limita-

---

[2] BARROSO, Luís Roberto; BARCELLOS, Ana Paula de. O Começo da História: a nova interpretação constitucional e o papel dos princípios no direito brasileiro. In: BARROSO, Luís Roberto (Org.). *A Nova Interpretação Constitucional*: ponderação, direitos fundamentais e relações privadas. Rio de Janeiro: Renovar, 2003, p. 334-335.

[3] No entanto, o chamado "modelo austiniano" proposto por Hart não segue literalmente a doutrina de Austin. Cf. BARZOTTO, 1999, p. 107.

[4] Cf. DWORKIN, Ronald. *Levando os Direitos a Sério*. Trad. Nelson Boeira. 2. ed. São Paulo: Martins Fontes, 2007, p. 27.

[5] HART, Herbert L. A. *O Conceito de Direito*. Trad. A. Ribeiro Mendes. 5. ed. Lisboa: Fundação Calouste Gulbenkian, 2007, p. 335.

[6] Em sentido contrário, Dworkin entende não haver poder discricionário pelo juiz em tais hipóteses.

damente criador de direito, são rejeitadas por Dworkin, com fundamento em que se trata de uma concepção enganadora, não só do direito, como também do raciocínio judicial.[7]

Inicialmente, o positivismo jurídico, cuja expressão deriva da locução *direito positivo,* teve como intuito diferenciar o direito natural do direito positivo, reduzindo *a justiça à validade.*[8] Bobbio distingue o jusnaturalismo do positivismo jurídico:

> Para um jusnaturalista, uma norma não é válida se não é justa; para a teoria oposta, uma norma só é justa enquanto é válida. Para uns a justiça é a convalidação da validade, para outros a validade é a convalidação da justiça. Chamamos essa doutrina de *positivismo jurídico,* mesmo admitindo que a maior parte dos que em filosofia são positivistas e em direito são teóricos e estudiosos do direito positivo (o termo "positivo" refere-se tanto a uns quanto aos outros) nunca afirmou uma tese tão extrema.[9]

A busca dessa exata distinção dominou o pensamento jurídico ocidental, inclusive com esteio no pensamento de Platão e de Aristóteles.[10] Segundo Bobbio, o direito positivo é aquele que se conhece através de uma declaração de vontade do legislador, enquanto o direito natural é conhecido através da razão, derivando esta da natureza das coisas.[11]

O positivismo surge com a pretensão de criar uma ciência jurídica com características semelhantes às ciências exatas e naturais.[12] Na França, em 1804, entra em vigor o Código de Napoleão, vindo a influenciar todo o pensamento jurídico moderno e contemporâneo, dispondo em seu art. 4º que o juiz que se recusasse a julgar sob o pretexto de silêncio, de obscuridade ou da insuficiência da lei, poderia ser processado *como culpável de justiça denegada.* Restava excluída a possibilidade do chamado juízo de *non liquet,* sendo vedado ao juiz abster-se da sua atividade de julgar.[13]

Todavia, segundo Norberto Bobbio, os redatores do Código de Napoleão não tinham a intenção de engessar a atividade do juiz, como sendo apenas a "boca da lei", mas sim pretendiam *deixar aberta a possibilidade da livre criação do direito por parte do juiz.* Para Bobbio, o princípio da onipotência do legislador, consagrado como *um dos dogmas fundamentais* do positivismo jurídico, resta consagrado apenas pela doutrina da época, pelos

---

[7] HART, 2007, p. 335.

[8] BOBBIO, Norberto. *Teoria geral do direito.* Trad. Denise Agostinetti. São Paulo: Martins Fontes, 2008, p. 38.

[9] Ibid, p. 38-39.

[10] BOBBIO, Norberto. *O Positivismo Jurídico: lições de filosofia do direito.* Trad. Márcio Pugliesi. São Paulo: Ícone, 1995, p. 16-17.

[11] Ibid., p. 22.

[12] Os autores de maior destaque do positivismo jurídico foram Hans Kelsen, Alf Ross e Herber Hart (BARZOTTO, Luis Fernando. *O Positivismo Jurídico Contemporâneo:* uma introdução a Kelsen, Ross e Hart. São Leopoldo: Unisinos, 1999, p. 23).

[13] BOBBIO, 1995, p. 74-75.

intérpretes do referido art. 4º do Código de Napoleão, e não pelos próprios redatores desse diploma.[14]

De acordo com o positivismo, a ciência do Direito, assim como as demais, deve-se basear em juízos de fato que visam ao conhecimento da realidade, e não em juízos de valor, passando a considerar que as questões a respeito de legitimidade e justiça não mais devem ser discutidas no âmbito do Direito. Refere Barzotto que *a justiça é rejeitada por não haver consenso em torno do seu conteúdo*, cabendo ao positivismo propor a validade *como critério de juridicidade, pois os resultados do apelo à justiça serão sempre incertos e, desse modo, imprevisíveis.*[15]

Segundo esta concepção, a função do jurista é descrever o que está disposto no texto de lei, limitando-se a concretizar a vontade do legislador, não cabendo qualquer atividade de criação do direito. Partindo-se do pressuposto de que *norma jurídica é a norma válida*, o direito é separado da moral[16] e também da política, não cabendo mais a esta ciência tratar de aspectos ligados a esses valores.[17] Segundo Thomas Hobbes, um dos pensadores do positivismo jurídico, *não existe outro critério do justo e do injusto fora da lei positiva, vale dizer, fora do comando do soberano, sendo injusto o que é proibido, apenas pelo fato de ser proibido*. Ressalta Bobbio que *para Hobbes a validade de uma norma jurídica e a justiça dessa norma não se distinguem, pois a justiça e a injustiça nascem juntamente com o direito positivo, ou seja, juntamente com a validade.*[18]

Kelsen, ao separar o direito da moral, pretende deixar claro que a *validade de uma ordem jurídica positiva é independente desta moral absoluta*. Com isto Kelsen não quer dizer que direito não tenha nenhuma ligação com a moral ou que o conceito de *direito não caiba no conceito de bom*.[19] Busca Kelsen, na verdade, apenas acentuar *que não há uma única moral, "a" Moral, mas vários sistemas de Moral profundamente diferentes uns dos outros e muitas vezes antagônicos, e que uma ordem jurídica positiva pode muito bem corresponder – no seu conjunto – às concepções morais de um determinado grupo, especialmente do grupo ou camada dominante da população que lhe está submetida – e,* consequentemente, *contrariar ao mesmo tempo as concepções morais de outro grupo ou camada da população.*[20]

---

[14] BOBBIO, loc. cit.

[15] BARZOTTO, op. cit., p. 139.

[16] Kant também estabelece uma clara distinção entre moral e direito. Cf. WEBER, Thadeu. *Ética e Filosofia Política: Hegel e o formalismo Kantiano*. 2. ed. Porto Alegre: EDIPUCRS, 2009, p. 113-115.

[17] BARZOTTO, 1999, p. 21.

[18] BOBBIO, 2008, p. 39-40.

[19] KELSEN, 1998, p. 75.

[20] Ibid., p. 77.

Sustentava Kelsen que uma norma é uma norma jurídica válida em virtude de ter sido criada segundo uma regra definida, e apenas em virtude disso. Com isso Kelsen concluía que a validade de uma norma jurídica não pode ser questionada a pretexto de seu conteúdo ser incompatível com algum valor moral ou político.[21]

A lei passa a assumir um caráter de plenitude, estando sempre apta a resolver todas as espécies de conflitos. Por essa razão, no positivismo não se admite a existência de lacunas no ordenamento jurídico, sendo trazidas todas as soluções pelo texto de lei estabelecido pelo legislador, não havendo espaço para atividades de criação do Direito.[22] No positivismo, a tarefa do jurista é declarar o direito preexistente, e não criar regras novas, através de operações de natureza lógica, em respeito absoluto ao dogma da onipotência do legislador, tendo em vista estar o sistema concebido sob a ideia de plenitude.[23]

Em síntese, o positivismo jurídico pretendeu ser um novo modo de compreensão do Direito, em contraposição ao jusnaturalismo, determinando outra ideologia a respeito da justiça, com a prevalência da lei como fonte suprema do Direito.[24] Almejava-se a segurança no Estado Liberal, cujo valor, consequentemente, também era buscado no positivismo jurídico, para impedir o arbítrio e os excessos do Estado, características estas que marcaram o período anterior absolutista.[25]

---

[21] KELSEN, Hans. *Teoria Geral do Direito e do Estado*. Trad. Luís Carlos Borges. 4. ed. São Paulo: Martins Fontes, 2005, p. 166.

[22] Enfatiza Coelho que, segundo o pensamento de Kelsen, as lacunas, entendidas em seu sentido tradicional como a ausência de norma jurídica geral para determinado caso particular, são impossíveis nesse sistema. *Como a estrutura da norma jurídica é a de ligação deôntica entre a descrição de uma conduta e a sanção estatuída, então de duas uma: ou o comportamento em exame está ligado a certa pena e é proibido, ou não está e é permitido. A norma geral de permissão das condutas não proibidas (o que não está proibido está permitido) torna a idéia tradicional de lacunas inadmissível. Nunca haverá ausência de norma jurídica, posto que, inexistindo específica sanção relacionada à conduta em foco, aplicar-se-á a ordem jurídica, na permissão geral de tudo quanto não se encontra proibido. Para a formulação Kelseniana, os órgãos judiciários aplicadores do direito, diante de ausência de norma específica sobre a conduta de julgamento, nem sempre consideram tal ausência como lacuna. Fazem-no, apenas, se a solução desenhada em termos gerais pelo legislador não coincidir com os seus valores ético-políticos.* (COELHO, Fábio Ulhoa. *Para Entender Kelsen*. 2. ed. São Paulo: Max Limonad, 1997, p. 46-47). Nesse sentido, assevera Kelsen que *um ordenamento jurídico positivo pode determinar que, na hipótese de nenhuma norma jurídica geral válida, produzida por via legislativa ou costume, se refira ao fato comprovado pelo órgão aplicador do Direito, este pode decidir o caso segundo seu critério, i.e., pode decidir segundo uma norma geral que o órgão aplicador do Direito tem por justa. Sim, o ordenamento jurídico positivo pode até mesmo conferir competência ao órgão aplicador do Direito para aplicar uma norma jurídica geral positiva unicamente a um caso concreto, se tem por justa esta aplicação neste caso. Apenas sob este pressuposto pode-se dizer que a tarefa do juiz é encontrar uma decisão "justa".* (KELSEN, Hans. *Teoria Geral das Normas*. Trad. José Florentino Duarte. Porto Alegre: Fabris, 1986, p. 287).

[23] BOBBIO, Norberto. *El Problema del Positivismo Jurídico*. Trad. Ernesto Garzón Valdés. Buenos Aires: Eudeba, 1965, p. 101-103.

[24] Ibid., p. 39-40.

[25] Adverte Rafael Marques que o Estado Liberal funcionava *a serviço das elites dominantes da classe burguesa*. (MARQUES, Rafael da Silva. *Valor Social do Trabalho, na Ordem Econômica, na Constituição Brasileira de 1988*. São Paulo: LTr, 2007, p. 25).

Segundo Dworkin, para o positivismo, o direito é tido como um conjunto de regras *com o propósito de determinar qual comportamento será punido ou coagido pelo poder público,* sendo pertinente relembrarmos alguns dos seus preceitos:

> O conjunto dessas regras jurídicas é coextensivo com o "direito", de modo que, se o caso de alguma pessoa não estiver claramente coberto por uma regra dessas (porque não existe nenhuma que pareça apropriada ou porque as que parecem apropriadas são vagas ou por alguma outra razão), então esse caso não pode ser decidido mediante "a aplicação do direito". Ele deve ser decidido por alguma autoridade pública, como um juiz, "exercendo seu discernimento pessoal", o que significa ir além do direito na busca por algum outro tipo de padrão que o oriente na confecção de nova regra jurídica ou na complementação de uma regra já existente.
> Dizer que alguém tem uma "obrigação jurídica" é dizer que seu caso se enquadra em uma regra jurídica válida que exige que ele faça ou se abstenha de fazer alguma coisa. (Dizer que ele tem um direito jurídico, ou um privilégio ou imunidade jurídicos é asseverar de maneira taquigráfica que outras pessoas têm obrigações jurídicas reais ou hipotéticas de agir ou não agir de determinadas maneiras que o afetem.) Na ausência de uma tal regra jurídica *validade* (válida?)não existe obrigação jurídica; segue-se que, quando o juiz decide uma matéria controversa, exercendo sua discrição, ele não está fazendo valer um direito jurídico correspondente a essa matéria.[26]

Austin definiu que o Direito é um conjunto de regras especialmente selecionadas para reger a ordem pública, definindo, ainda, que ter uma obrigação era estar subsumido a uma regra, sendo regra vista *como uma ordem de caráter geral e ordem como uma expressão do desejo de que outras pessoas comportem-se de um modo específico.* Segundo Austin, os juízes têm poder discricionário para criação de novas regras na hipótese de as regras existentes não se enquadrarem para solução dos *hard cases.*[27]

Por sua vez, Hart, ao distinguir dois tipos de regras, classificadas de primárias e secundárias, desenvolveu um modelo mais complexo de positivismo.[28] Chamou de regras primárias aquelas que conferem direitos ou impõem obrigações, e de secundárias, as regras que determinam de que maneira e por quem estas regras podem ser definidas, alteradas, revogadas ou declaradas ilegais. Ao contrário de Austin, que disse que toda regra é uma ordem de caráter geral, Hart ofereceu uma teoria geral das regras. Sustentou que *uma regra pode tornar-se obrigatória para um grupo de pessoas porque, através de suas práticas, esse grupo aceita a regra como um padrão de conduta,* bem como, que uma regra também pode tornar-se

---

[26] DWORKIN, 2007, p. 28.

[27] Cf. Ibid., p. 29-30.

[28] Kelsen também apontou como sendo uma das principais deficiências da teoria de Austin a falta de um *discernimento claro do caráter secundário da norma, o qual estipula a conduta dos sujeitos pretendida pela ordem jurídica.* Justifica Kelsen que *o fato de a norma jurídica vincular certa sanção a certa conduta faz com que a conduta oposta se torne um dever jurídico.* (KELSEN, 2005, p. 88).

obrigatória ao ser promulgada, tornando-se obrigatória a partir deste momento conforme estipulado em uma regra secundária.[29] Assim, dizia Hart que uma regra pode ser obrigatória porque é aceita ou porque é válida, concluindo Dworkin a respeito da teoria explanada:

> Hart, como Austin, reconhece que as regras jurídicas possuem limites imprecisos (ele se refere a elas como tendo uma "textura aberta") e, ainda como Austin, explica os casos problemáticos afirmando que os juízes têm e exercitam seu poder discricionário para decidir esses casos por meio de nova legislação. (Tentarei mostrar, mais adiante, por que aquele que pensa o direito como um conjunto especial de regras é quase inevitavelmente levado a explicar casos difíceis em termos de um exercício de poder discricionário por parte de alguém).[30]

Feitas estas considerações sintéticas sobre o positivismo jurídico, principalmente com base nas lições aprofundadas por Herbert Hart, resta esmiuçarmos as críticas lançadas por Dworkin, notadamente para bem distinguirmos estes métodos de compreensão da teoria geral do Direito.

1.2. A crítica de Dworkin ao positivismo jurídico proposto por Hart

Dworkin critica severamente o positivismo jurídico, dirigindo seu ataque principalmente à versão construída por Hart, dispondo que, particularmente nos *hard cases*, o intérprete deve operar com princípios, políticas e outros tipos de padrões, tendo em vista que tais casos não conseguem ser solucionados como regras.[31] Sustenta que o positivismo *é um modelo de e para um sistema de regras*, denominando "política", um *tipo de padrão que estabelece um objetivo a ser alcançado, em geral uma melhoria em algum aspecto econômico, político ou social da comunidade*, e denominando "princípio", *um padrão que deve ser observado, não porque vá promover ou assegurar uma situação econômica, política ou social considerada desejável, mas porque é uma exigência de justiça ou equidade ou alguma outra dimensão da moralidade.*[32]

Preconiza Dworkin que na ausência de regras ou quando as regras forem contraditórias, o juiz deve se valer de princípios e valores. Nestes casos, o juiz não tem poder discricionário para ditar regras, não tendo liberdade para decidir de maneira arbitrária, pois o juiz não está livre de *padrões jurídicos e morais, que são parte integrante do Direito. A função do juiz é garantidora de direitos e não criadora dos mesmos. Se os princípios fazem parte do Direito, cabe ao juiz justificar os princípios e valores escolhidos. Logo, não há*

---

[29] Cf. DWORKIN, 2007, p. 31-33.
[30] Ibid., p. 35.
[31] Ibid., p. 36.
[32] Ibid., p. 36.

o poder discricionário preconizado pelos positivistas,[33] na medida em que a teoria do positivismo não aceita uma fundamentação do Direito na moral.[34] Tendo em vista que os princípios estão integrados no sistema jurídico, não sendo extralegais como alega Hart, sustenta Dworkin que não há de se falar em discricionariedade do juiz, nem mesmo nos casos difíceis, que não poderão ser solucionados por regras, na medida em que a solução será buscada nos princípios.[35]

Com essa exposição, Dworkin procura evidenciar as falhas do positivismo. Na concepção de Hart, os princípios são extralegais, não sendo sustentados em razões de ordem jurídica, mas sim em questões de ordem moral, religiosa ou filosófica, por exemplo. Já Dworkin sustenta que os princípios fazem parte do Direito, não tendo o juiz esse poder discricionário defendido por Hart, pois, na medida em que as regras se fundamentam em princípios, estes princípios não poderão ser vistos como extralegais.[36]

Logo, existem duas teorias distintas em discussão. Hart trabalha com o Direito como sendo uma junção de regras primárias e secundárias, sustentando como devem ser aplicadas as sanções e como deve ser reconhecida uma regra jurídica válida, partindo sempre da premissa de que a fonte do Direito é uma lei. Guastini esclarece o pensamento positivista, na concepção de Hart e Kelsen:

> Para Hart, como para Kelsen, o direito é constituído por normas (*rules*); normas, bem entendido, criadas pelo legislador e, portanto, constituídas previamente à interpretação e à aplicação judicial. A ciência jurídica, por conseguinte, é uma ciência de normas.
>
> Costuma-se objetar a esse modo de ver – de um ponto de vista jus-realista – que o direito é constituído não por "normas", mas antes por formulações lingüísticas de significado indeterminado: não há normas de ordem anterior à interpretação e independentemente desta, de forma que as assim chamadas "normas" jurídicas não são um possível objeto de conhecimento científico. A ciência jurídica só pode consistir na descrição das decisões interpretativas e aplicativas dos juízes, na descrição – portanto, de fatos (discursos e comportamentos judiciais), não de normas.[37]

---

[33] Argumenta a doutrina positivista *que, se um caso não for regido por uma regra estabelecida, o juiz deve decidi-lo, exercendo seu poder discricionário*. No entanto, segundo os positivistas, o juiz *não tem poder discricionário quando uma regra clara e estabelecida está disponível*. (Ibid., p. 54).

[34] WEBER, Thadeu. Justiça e Poder Discricionário. *Direitos Fundamentais & Justiça*: Revista do Programa de Pós-Graduação Mestrado e Doutorado em Direito da PUCRS, Porto Alegre, ano 2, n. 2, p. 214-242, 2008, p. 235.

[35] LEIVAS, Paulo Gilberto Cogo. *Teoria dos Direitos Fundamentais Sociais*. Porto Alegre: Livraria do Advogado, 2006, p. 32.

[36] DWORKIN, op. cit., p. 46-47.

[37] GUASTINI, Riccardo. *Das Fontes às Normas*. Trad. Edson Bini. Apresentação: Heleno Taveira Tôrres. São Paulo: Quartier Latin, 2005, p. 146-147.

Por sua vez, Dworkin pensa diferente, sustentando que uma adequada teoria do Direito tem de ser também uma teoria da fundamentação dos princípios,[38] notadamente dos princípios fundamentais, estando estes relacionados diretamente com os direitos fundamentais.

A teoria defendida por Dworkin visualiza o direito como um sistema formado tanto por princípios como por regras. Segundo esta corrente, os princípios passam a ter aplicação obrigatória para os juízes, *de tal modo que eles incorrem em erro ao não aplicá-los quando pertinente*.[39] Alexy afirma que *o conteúdo normativo da teoria dos direitos fundamentais consiste em uma teoria dos princípios ou dos valores*.[40]

De acordo com o pensamento de Hart, reconhece-se um poder discricionário ao julgador, indo o juiz *além do direito*, quando se vale de princípios extralegais. Segundo este pensamento positivista, o referido poder discricionário é utilizado quando o juiz decide um caso *mediante a criação de um novo item de legislação,* na hipótese em que tal situação não está coberta por uma regra.[41] Já, em contrapartida, o juiz não teria este poder discricionário quando há uma regra disponível a ser enquadrada no caso concreto, segundo a mesma concepção do positivismo jurídico.[42] Em contrapartida, Dworkin sustenta que o juiz não tem esse poder discricionário.

O declínio do positivismo[43] é associado à derrota do fascismo na Itália e do nazismo na Alemanha, pois esses movimentos políticos chegaram ao poder dentro de um sistema de legalidade da época. Lembra Cappelletti, ao ressaltar as distorções do sentido de justiça evidenciados no positivismo, que *a lei alemã, de 1944, permitia que um homem, denunciado por sua mulher, fosse condenado à pena capital, pelo "crime" de criticar Hitler, quando em licença militar, em sua casa*.[44] Os principais acusados de Nuremberg, em suas defesas, alegaram o estrito cumprimento da lei e a obediência a or-

---

[38] Recorde-se que os positivistas, como Hart, sustentam que os princípios são extralegais.

[39] DWORKIN, 2007, p. 48.

[40] ALEXY, Robert. *Teoria dos Direitos Fundamentais*. Tradução de Virgílio Afonso da Silva. São Paulo: Malheiros, 2008, p. 565.

[41] DWORKIN, op. cit., p. 46-50.

[42] Ibid., p. 54.

[43] Conforme assevera Menezes Cordeiro na introdução à obra de Canaris, um *positivismo cabal não admite – não pode admitir – a presença de lacunas. E quando, levado pela evidência, acabe por aceitá-las, não apresenta, para elas, qualquer solução material: a integração da lacuna – operação que, por excelência, exige contributo máximo da Ciência do Direito – realizar-se-á, pois, à margem do pensamento jurídico.* (CANARIS, Claus-Wilhelm. *Pensamento Sistemático e Conceito de Sistema na Ciência do Direito*. Trad. A. Menezes Cordeiro. 3. ed. Lisboa: Fundação Calouste Gulbenkian, 2002, p. XX-XXII).

[44] CAPPELLETTI, Mauro. Repudiando Montesquieu?: a expansão e a legitimidade da "justiça constitucional". Trad. Fernando Sá. *Revista da Faculdade de Direito da UFRGS*, Porto Alegre, v. 20, p. 127-150, 2001, p. 263.

dens vindas da autoridade competente. Dessa forma, ao final da segunda guerra mundial o sistema era extremamente criticado, por ser alheio a valores éticos e se embasar apenas na lei, como uma estrutura meramente formal.[45]

Em sentido oposto ao positivismo, que dissociava o Direito do valor justiça, preconiza Alexy que a irradiação dos direitos fundamentais como direito positivo em todos os âmbitos do sistema jurídico inclui, portanto, uma irradiação – requerida pelo direito positivo – da ideia de justiça a todos os ramos do direito.[46] A partir da positivação dos direitos fundamentais, é inviável separar o direito do valor justiça.[47] Do mesmo modo e ao contrário do positivismo – que dissociava o Direito de valores morais, arrazoa Alexy que a vigência das normas de direitos fundamentais significa que o sistema jurídico é um sistema aberto em face da moral, o que se torna evidente a partir dos conceitos básicos de direitos fundamentais, como os conceitos de dignidade, de liberdade e de igualdade.[48]

O direito contemporâneo compõe-se de princípios de justiça, sustentando Dworkin que o *direito não* se esgota *por nenhum catálogo de regras ou princípios*.[49] Logo, o fracasso do positivismo está diretamente relacionado com a sua intenção de não aceitar que o direito também trabalhe com uma ordem de princípios e de valores, além das regras.[50] Dizia Bobbio que *o ordenamento é, no final das contas, incompleto*.[51] Nesta mesma senda, Canaris conceitua sistema jurídico *como uma ordem axiológica ou teleológica de princípios gerais de Direito*.[52] Ao restar estabelecido que o sistema é aberto[53] e incompleto,[54] fundado em uma ordem axiológica ou teleológica

---

[45] Cf. observações feitas por Ingo Sarlet em aula ministrada no Mestrado em Direito da PUC/RS, 2009.

[46] ALEXY, 2008, p. 544.

[47] Segundo Ledur, *o Estado, especialmente por meio do legislador, está obrigado a providenciar uma ordem social justa*. (LEDUR, José Felipe. *Direitos Fundamentais Sociais*: efetivação no âmbito da democracia participativa. Porto Alegre: Livraria do Advogado, 2009, p. 114).

[48] ALEXY, op. cit., loc. cit.

[49] DWORKIN, Ronald. *O Império do Direito*. Trad. Jefferson Luiz Camargo. São Paulo: Martins Fontes, 2003, p. 485, 492.

[50] Canotilho sustenta que, juntamente com uma compreensão aberta do âmbito normativo das normas concretamente consagradoras de direitos fundamentais, possibilita-se a concretização e desenvolvimento plural de todo o sistema constitucional (CANOTILHO, J. J. Gomes. *Direito constitucional e Teoria da* Constituição. 7. ed. Lisboa: Almedina, 2003, p. 380).

[51] BOBBIO, 2008, p. 281.

[52] CANARIS, 2002, p. 77.

[53] Nesse mesmo sentido: ANDRADE, José Carlos Vieira de. *Os Direitos Fundamentais na Constituição Portuguesa de 1976*. 2. ed. Coimbra: Almedina, 2001, p. 102.

[54] O Direito é completável, segundo Guastini (2005, p. 178-184).

de princípios gerais de Direito, estamos lidando com valoração o tempo todo.[55]

Notadamente neste nosso mundo global e contemporâneo, que se modifica, com evoluções e involuções, com extrema rapidez, não se pode mais falar na plenitude da lei, na inexistência de lacunas no Direito,[56] pois *inexistem soluções previamente estruturadas, como produtos semi-industrializados em uma linha de montagem, para os problemas jurídicos,* conforme escreveu Eros Grau, concluindo no seguinte sentido:

> Cada solução jurídica, para cada caso, será sempre, renovadamente, uma nova solução. Por isso mesmo – e tal deve ser enfatizado –, a interpretação do direito realiza-se não como mero exercício de leitura de textos normativos, para o quê, bastaria ao intérprete, ser alfabetizado.[57]

Até mesmo as regras criadas pela legislação devem ser objeto de interpretação, *por vezes, mesmo quando disso resulta a não execução daquilo que é chamado de "intenção do legislador".*[58] Interessante a observação de Juarez Freitas, de que *Kelsen, em que pese tenha adotado o caminho positivista incongruente, admitiu que as normas jurídicas são molduras e que o intérprete é quem automaticamente delimita seu conteúdo.*[59] É imperioso considerar que o sistema jurídico é um sistema aberto[60] no sentido de que *é incompleto, se modifica,* justamente porque o Direito é produto histórico, resultado da cultura, encontrando-se, assim, em contínua evolução.[61]

O fracasso do positivismo decorre também do seu distanciamento de valores como a moral, a ética e a justiça. Para Hegel, por exemplo, o conceito de Direito trabalha com os conceitos de moralidade e eticidade, entendendo ser necessário fundamentar o Direito na moral. Hegel, portanto, rompe com as ideias de Kant e, posteriormente com as ideias defendidas por Kelsen, que separavam os conceitos de Direito e de moral.[62]

---

[55] FREITAS, Juarez. *A Interpretação Sistemática do Direito.* 4. ed. São Paulo: Malheiros, 2004, p. 53-54.

[56] Na lição de Bobbio, as lacunas existem não no sentido de ausência de uma norma a ser aplicada, *mas de ausência de critérios válidos para decidir qual norma aplicar.* Esta lacuna também se configura em outro aspecto, quando se constata *a ausência não de uma solução, seja ela qual for, mas de uma solução satisfatória, ou, em outras palavras, não a ausência de uma norma, mas a ausência de uma norma justa, ou seja, daquela norma que gostaríamos que existisse, mas não existe,* sendo estas chamadas de lacunas ideológicas (BOBBIO, 2008, p. 281).

[57] GRAU, Eros Roberto. *Ensaio e Discurso sobre a Interpretação/Aplicação do Direito.* 3. ed. São Paulo: Malheiros, 2005a, p. 32.

[58] DWORKIN, 2007, p. 59.

[59] FREITAS, 2004, p. 39.

[60] Conforme Canotilho, o *sistema jurídico do Estado de direito democrático português é um sistema normativo aberto de regras e princípios,* sendo considerado um sistema jurídico por ser um *sistema dinâmico de normas.* (CANOTILHO, 2003, p. 1159).

[61] GRAU, Eros Roberto. *O Direito Posto e o Direito Pressuposto.* 6. ed. São Paulo: Malheiros, 2005b, p. 22.

[62] WEBER, 2009, p. 111-116.

Com brilhante poder de síntese, Eros Grau elenca quatro aspectos para criticar o positivismo: primeiro, por não admitir a presença de lacunas, muito embora elas estejam presentes em inúmeras situações; em segundo lugar porque os positivistas não conseguem operar com conceitos indeterminados, que necessitam ser preenchidos com valorações, acarretando discricionariedades que se transformam em mero arbítrio do juiz; em terceiro lugar porque os positivistas não solucionam os conflitos entre princípios, chegando, até mesmo, a negá-los, quando remetem a solução à discricionariedade do juiz; por último, porque o positivismo não aborda a questão da legitimidade do Direito, restringindo-se a operar com um sistema exclusivo de legalidade.[63]

1.3. Uma concepção contemporânea para o princípio da legalidade

O século XIX é a idade da codificação, que traduz uma ideia de plenitude. O código de Napoleão – Código Civil Francês – é a maior evidência deste fenômeno, pois se expressava por regras e tinha este espírito da plenitude, sendo o grande símbolo da codificação do século XIX.[64] Na época havia a preocupação com dois valores principalmente: liberdade e segurança, sendo que a liberdade foi o valor triunfal da Revolução Francesa, cuja expressão maior restou consagrada no princípio da autonomia da vontade. O Código de Napoleão de 1804, no art. 1142, por exemplo, legitima a transformação de direitos em obrigação, vindo a autorizar que toda obrigação, quando não cumprida, fosse resolvida em perdas e danos, quando então passamos a ter a pessoalização dos direitos.[65] Esta característica também restou evidenciada na legislação construída posteriormente no Brasil, em especial com o caráter patrimonial da execução evidenciado no Código de Processo Civil de 1973, com a liberdade dada ao devedor de escolher em cumprir a sua obrigação na forma específica ou então de aceitar que fosse resolvida em perdas e danos na hipótese do descumprimento.

Lembra Bobbio que, a cada grande codificação, se desenvolvia, entre os juristas e juízes, *a tendência de se ater escrupulosamente aos códigos,* cuja conduta dos juristas franceses foi *chamada de fetichismo da lei,* sendo forma-

---

[63] GRAU, op. cit., p. 31.

[64] Segundo Napoleão, interpretar a lei é corrompê-la. Dizia Napoleão que *uma lei ruim aplicada presta mais serviços que uma boa lei interpretada.* (BALZAC, Honoré de (Compilador). *Como Fazer a Guerra*: máximas e pensamentos de Napoleão. compilados por Honoré de Balzac. Trad. Paulo Neves. Porto Alegre: L&PM, 2005. Napoleão I, Imperador da França, 1804-1815, p. 68).

[65] TARUFFO, Michele. A Atuação Executiva dos Direitos: perfis comparatísticos. Trad. Teresa Arruda Alvim Wambier. *Revista de Processo*, São Paulo, n. 59, p. 72-97, 1990, p. 83.

da na França a escola jurídica chamada de escola da exegese.[66] Esta escola se formou também na Itália e na Alemanha, além da França. Segundo Bobbio:

> O caráter peculiar da escola da exegese é a admiração incondicional pela obra realizada pelo legislador através da codificação, uma confiança cega na suficiência das leis, a crença definitiva de que o código, uma vez emanado, baste completamente a si mesmo, não tenha lacunas, em resumo, o dogma da completude jurídica.[67]

Empregava-se a técnica legislativa mediante a criação de uma regra que, por sua vez, gerava um dever-ser e impunha uma conduta. Buscava-se a certeza nas decisões, com a completude do sistema.[68] Vivia-se o fenômeno do Estado-legislativo, esperando-se, na criação das leis e na mecanização da sua aplicação, a solução para os problemas da época, sendo a interpretação jurídica realizada com o uso do método clássico chamado subsuntivo. Por esse método, há um processo silogístico de subsunção dos fatos à norma, sendo a lei a premissa maior; os fatos, a premissa menor; e a sentença, a conclusão. O papel do juiz consistia em simplesmente aplicar a norma ao caso em concreto, desempenhando a função de mero conhecedor da norma, sem trazer nenhuma outra criação do Direito. Nesse processo, cabia ao intérprete revelar o sentido das normas que seriam aplicadas ao caso concreto, elaborando meramente um juízo de fato, e não de valor. Por isso que, através deste método, não há função criativa do Direito, mas apenas uma atividade de conhecimento técnico-científico.[69]

O Estado Liberal de Direito, com a elevação ao patamar supremo do princípio da legalidade, visou eliminar o fracassado absolutismo, a fim de que a lei surgisse como instrumento de barreira para decisões exclusivamente discricionárias dos monarcas.[70] A burguesia da época buscou na lei impedir os desmandos do absolutismo do rei, o que acabou acarretando que o Direito fosse reduzido à lei.[71]

As ideias construídas por Montesquieu, na teoria da separação dos poderes, amplamente aceitas pelo Estado liberal da época, tinham como propósito limitar a atuação dos juízes ao texto de lei, cabendo exclusiva-

---

[66] BOBBIO, 2008, p. 10, 265.

[67] Ibid., p. 265.

[68] Ibid., p. 270-271.

[69] BARROSO; BARCELLOS, 2003, p. 331.

[70] Segundo Colussi, o Estado Liberal se notabiliza pela separação entre Estado e Sociedade, quando são garantidas liberdades individuais, especialmente a propriedade e a liberdade contratual. (COLUSSI, Luiz Antonio. *Direito, Estado e Regulação Social*: o papel do contrato de trabalho numa sociedade em transformação. São Paulo: LTr, 2009, p. 23).

[71] MARINONI, Luiz Guilherme. *Curso de Processo Civil*. São Paulo: Revista dos Tribunais, 2006. v. 1, p. 23-24.

mente ao legislativo a tarefa de criação do Direito. Estas premissas, consagradas pela obra clássica de Montesquieu, *Do Espírito das Leis*, cumpriram o objetivo da época, que era precipuamente impedir o despotismo absolutista. Neste novo modelo de Estado Legislativo buscava-se impedir os excessos e abusos que marcaram o regime absolutista, reservando-se ao judiciário apenas a tarefa de exprimir o que já havia sido expressado pelo legislativo no texto de lei.[72]

Enfatiza Cappelletti que é de suma importância compreender o contexto da época, com a teoria da separação dos poderes, quando Montesquieu chegou a sublinhar que *o judiciário é, em certo sentido, nulo, em relação aos demais poderes constituídos*.[73] Explica Capelletti:

> Embora Montesquieu, diferentemente de Locke, tenha apresentado o judiciário como um dos "três poderes", seguindo-se ao legislativo e ao executivo, deixou claro, contudo, que esse terceiro ramo, na realidade, não é um "poder".[74]

Pretendia Montesquieu a independência dos juízes (Judiciário) em relação ao rei, rompendo-se com a submissão que vingava na época. Montesquieu, ao defender a tese de que os magistrados deveriam se limitar a dizer as palavras da lei, estava buscando uma independência da magistratura em relação ao absolutismo, tendo em vista estarem os juízes da época completamente identificados com o regime feudal, conforme refere Capelletti:

> Perfeitamente compreensível, dado o tipo de juízes daquele tempo, pregasse um iluminado Montesquieu que os juízes não deveriam ser investidos de nenhum poder político.[75]

Buscava-se uma lei geral e abstrata, como forma de garantir a liberdade e a igualdade formal das pessoas, evitando-se discriminações. No Estado Liberal o pensamento da burguesia era estabelecer mecanismos de proteção dos cidadãos contra os abusos do poder público, funcionando a lei como um real instrumento a serviço da liberdade burguesa. Esta era a preocupação da época, desejando-se que todos os cidadãos fossem tratados de forma igual, sem discriminação (igualdade formal), bem como que a norma fosse geral e abstrata, a fim de não ser editada para o atendimento de interesses específicos e pré-determinados.

No Estado Liberal não se pensava, ainda, na defesa e no atendimento das múltiplas necessidades sociais, pois havia barreiras anteriores que

---

[72] Lembra Marinoni que os juízes anteriores à Revolução Francesa eram comprometidos com o poder feudal, sendo que seus cargos eram hereditários e não apenas podiam ser comprados, mas também vendidos, razão pela qual resta plenamente explicada a subserviência do judiciário da época ao poder instituído (MARINONI, 2006, p. 25-26).

[73] Cf. CAPPELLETTI, 2001, p. 270-271.

[74] CAPPELLETTI, loc. cit.

[75] Ibid., p. 269.

necessitavam ser superadas.[76] No entanto, posteriormente, iniciava-se um novo problema, decorrente dos abusos da legislação, muitas vezes elaborada sem qualquer correlação com os princípios de justiça e com os reais valores da sociedade.[77] Na busca da solução de um problema, criou-se outro extremamente grave, conforme conclui Cappelletti:

> O modelo montesquiano (e roussoniano), tal como introduzido pela legislação Revolucionária Francesa – enquanto tentativa de proteção contra a tirania –, deixou as portas abertas às tiranias do legislativo e do executivo. A famosa *loi revolucionária* de 16-24 Agosto de 1790 da "organization judiciaire" – cujos princípios dever-se-iam tornar os pilares do sistema judicial francês e de outros sistemas continentais, influenciados pela Franca –, estabeleceu que não seria permitido nenhum controle pelo judiciário de atos legislativos ou administrativos.[78]

Com o envelhecimento dos códigos, com as alterações da sociedade decorrentes da revolução industrial, com os movimentos sociais e com a transformação da sociedade essencialmente agrícola, o dogma da completude do ordenamento jurídico passa a ser criticado, sendo preconizado pelos defensores da nova escola pós-positivismo que o direito está em constante evolução e, portanto, repleto de lacunas.[79] Passa a ser descoberta a insuficiência dessa escola do fetichismo da lei, sendo um dos maiores representantes dessa reação o alemão Eugen Ehrlich.[80]

A partir da superação histórica do jusnaturalismo e do fracasso político do positivismo, passou a ganhar força uma construção bem mais ampla a respeito da função do Direito. A era pós-positivismo busca reaproximar o Direito da ética; busca traçar novos ideais a serem alcançados pelo Direito em sua interpretação, especialmente em virtude da sua função social, no sentido de transpor a reflexão puramente filosófica e partir para a prática jurisprudencial, gerando efeitos positivos sobre a realidade fática.[81]

Resta concebido, na expressão de Bobbio, que:

---

[76] MARINONI, 2006, v. 1, p. 27.

[77] Ibid., p. 26.

[78] CAPPELLETTI, 2001, p. 272.

[79] Cf. Barroso, lacuna consiste na falta de regra jurídica positiva para regular determinado caso. O processo de preenchimento de eventuais vazios normativos recebe o nome de integração. Nela não se cuida, como na interpretação, de revelar o sentido de uma norma existente e aplicável a dada espécie, mas de pesquisar no ordenamento uma norma capaz de reger adequadamente uma hipótese que não foi expressamente cogitada pelo legislador. A Constituição de 1934 impunha ao intérprete e aplicador do direito o dever de integrar a ordem jurídica, ao dispor no Art. 113, inciso 37: "Nenhum juiz deixará de sentenciar por motivo de omissão na lei". As Constituições subsequentes não reeditaram a regra que, todavia, ganhou assento na Lei de Introdução ao Código Civil (Art. 4º.) e no Código de Processo Civil (Art. 126) (BARROSO, Luís Roberto. *Interpretação e Aplicação da Constituição*: fundamentos de uma dogmática constitucional transformadora. São Paulo: Saraiva, 1996, p. 132).

[80] BOBBIO, 2008, p. 263-267.

[81] BARROSO; BARCELLOS, 2003, p. 335-337.

Só o direito livre era capaz de preencher as lacunas da legislação. O dogma da completude caía, como inútil e perigosa resistência à adequação do direito às exigências sociais. Passou a ocupar seu lugar a convicção de que o direito legislativo era lacunoso, e que as lacunas podiam ser preenchidas não mediante o próprio direito estabelecido, mas apenas através da redescoberta e da formulação de um direito livre.[82]

Nesta nova era pós-positivista há o resgate de valores, a diferenciação entre princípios e regras, a concepção do papel central dos direitos fundamentais e a reaproximação entre o Direito e a ética.[83] Nesse contexto, busca Marinoni conceber uma nova visão a respeito do princípio da legalidade, por defender que não há mais como se pensar em norma geral ou abstrata. Defende que o princípio da legalidade, atualmente, não pode mais ficar adstrito à lei, mas sim à consideração dos princípios de justiça, na medida em que a lei deve estar em conformidade com os direitos fundamentais, encontrando limite e contorno nos princípios constitucionais, sobretudo no referido princípio de justiça. Refere que as normas constitucionais são vinculantes da interpretação das leis, cabendo ao jurista, nesta fase neoconstitucionalista, a tarefa de construção e não mais de simples revelação da lei.[84]

Neste novo período resta concebido que o método clássico subsuntivo (de aplicação das normas jurídicas) nem sempre se mostrará suficiente para a efetivação da justiça.[85] Integrado nesta nova orientação hermenêutica, sustenta Häberle:

A interpretação conhece possibilidades e alternativas diversas. A vinculação se converte em liberdade na medida em que se reconhece que a nova orientação hermenêutica consegue contrariar a ideologia da subsunção.[86]

Para uma melhor compreensão deste estudo, são importantes as lições de Rawls sobre justiça. Enfatiza Rawls que uma teoria deve ser rejeitada ou revisada se não é verdadeira; da mesma forma, leis e instituições devem ser reformadas ou abolidas se são injustas. Ao arrazoar a respeito da justiça social, acrescenta que o objeto primário da justiça é a maneira pela qual as instituições sociais mais importantes distribuem direitos e

---

[82] BOBBIO, 2008, p. 270.

[83] Conforme Jorge Miranda, a evolução e as vicissitudes dos direitos fundamentais acompanham o processo histórico, as lutas sociais e os contrastes de regimes políticos – bem como o progresso científico, técnico e econômico (que permite satisfazer necessidades cada vez maiores de populações cada vez mais urbanizadas). Do Estado liberal ao Estado social de Direito, o desenvolvimento dos direitos fundamentais faz-se no interior das instituições representativas e procurando, de maneiras bastante variadas, a harmonização entre direitos de liberdade e direitos econômicos, sociais e culturais (MIRANDA, Jorge. *Manual de Direito Constitucional.* 2. ed. Coimbra: Coimbra, 1998. t. 4, p. 2).

[84] MARINONI, 2006, v. 1, p. 44-46.

[85] BARROSO; BARCELLOS, 2003, p. 331.

[86] HÄBERLE, Peter. *Hermenêutica Constitucional.* Trad. Gilmar Ferreira Mendes. Porto Alegre: Sergio Antonio Fabris, 2002, p. 30.

deveres fundamentais e determinam a divisão de vantagens provenientes da cooperação social. O sentido mais específico que Aristóteles atribui à justiça é o de evitar que se tire alguma vantagem em benefício próprio, tomando o que pertence a outro, ou recusando a alguém o que lhe é devido, como por exemplo, o pagamento de uma dívida.[87]

Segundo Mitidiero, não é mais dado ao juiz a liberdade de decidir exclusivamente com base em uma pauta de legalidade, devendo procurar a concretização da ideia de justiça, não podendo se conformar com soluções manifestamente injustas.[88] Logo, busca-se incessantemente a construção de um processo justo.[89] Para tanto, a lei processual deve ser aplicada de maneira sistemática e teleológica, em consonância com o sistema, seus princípios e garantias, devendo a melhor e mais justa solução ser encontrada no próprio sistema.[90] A lei, para ser válida, tem que estar em sintonia com a Constituição, significando que deva estar adequada às diretrizes fixadas nos princípios constitucionais e sobretudo de acordo com os direitos fundamentais.[91]

Desse modo, com a evolução do princípio da legalidade da época do Estado Liberal, o próprio conceito de jurisdição se alterou, não se podendo mais falar na simples exteriorização da lei pelo Judiciário, mas sim na sua interpretação conforme os princípios constitucionais e os direitos fundamentais.[92] De acordo com o pensamento de Cappelletti, a Justiça Constitucional legitima-se na era posterior à Segunda Guerra Mundial, quando são adotadas novas Constituições escritas por diversos países, com severas limitações ao processo de emendas constitucionais, a fim de que sejam protegidos os direitos fundamentais dos cidadãos.[93]

1.4. Uma teoria do Direito para o Estado Constitucional

Com o reconhecimento desta nova fase de compreensão da teoria geral do Direito, com a superação do sistema positivista e com uma leitura mais ampla acerca do princípio da legalidade, surge o chamado Estado

---

[87] RAWLS, John. *Uma Teoria da Justiça*. Tradução Almiro Pisetta e Lenita M. R. Esteves. São Paulo: Martins Fontes, 1997, p. 4-12.

[88] MITIDIERO, Daniel. *Colaboração no Processo Civil*: pressupostos sociais, lógicos e éticos. São Paulo: RT, 2009, p. 40-41.

[89] Ibid., p. 39-40.

[90] OLIVEIRA, Carlos Alberto Alvaro de. *Do Formalismo no Processo Civil*. 3. ed. rev., atual. e aum. São Paulo: Saraiva, 2009, p. 225, 266.

[91] CANOTILHO, 2003, p. 721.

[92] MARINONI, 2006, v. 1, p. 44.

[93] CAPPELLETTI, 2001, p. 264.

Constitucional, passando a Constituição a ser a guia para qualquer interpretação jurídica, sobretudo com base em seus princípios fundamentais, com o objetivo da concretude dos direitos fundamentais.[94]

Este fenômeno da constitucionalização do Direito passou a ser debatido a partir da década de 60, inicialmente pelos alemães, tornando evidente que não estamos mais falando em algo novo, quando já decorridos, no mínimo, mais de quarenta anos de construção deste processo dogmático.[95] Canotilho assevera que o Estado Constitucional é fruto do desenvolvimento constitucional do próprio Estado, que procura estabelecer uma conexão interna entre democracia e Estado de Direito, sendo estas as suas duas grandes virtudes.[96]

A concretização deste Estado Constitucional percorreu diversas fórmulas políticas e jurídico-constitucionais a seguir enumeradas: *rule of law, État légal, Rechtsstaat* e *Estado de direito*.[97] É interessante relembrarmos estes modelos, com as suas semelhanças ou distinções, a fim de que sejam bem compreendidas as boas lições e também os erros do passado, com vistas a uma adequada construção e implementação de um Estado Constitucional contemporâneo.

A fórmula *rule of law*, praticada na Inglaterra e também nos Estados Unidos, exigia fosse observado um processo justo legalmente regulado, tendo também o sentido de igualdade de acesso aos tribunais para defesa dos direitos com base nos princípios da *common law*. Nos Estados Unidos, essas ideias foram inovadoras, passando o Estado Constitucional a assegurar o direito do povo de fazer uma lei superior, isto é, uma Constituição.[98] Neste modelo, o direito baseia-se na concepção do que é justo para o caso em concreto, operando-se pela cláusula do *due process of law*, amparando-se nos precedentes judiciais.[99] Os tribunais devem exercer a justiça em nome do povo, anotando Canotilho que:

> Se necessário, os juízes farão uso do seu "direito-dever de acesso à constituição desaplicando as "más leis" do governo e declarando-as nulas (*judicial review of legislation*).[100]

---

[94] Segundo Jorge Miranda, parece ser de origem francesa a expressão *"Estado constitucional"*, e de origem alemã a expressão *"Estado de Direito"*. (MIRANDA, Jorge. *Teoria do Estado e da Constituição*. Rio de Janeiro: Forense, 2005, p. 44).

[95] Cf. observações feitas por Ingo Sarlet em aula ministrada no Mestrado em Direito da PUC/RS, 2009.

[96] CANOTILHO, op. cit., p. 87.

[97] Ibid., p. 87-89.

[98] CANOTILHO, loc. cit.

[99] MITIDIERO, 2009, p. 49.

[100] CANOTILHO, op. cit., p. 95.

No sistema da *Common Law*, existe uma clara distinção das competências políticas e do domínio do Direito, ficando a cargo do Legislativo apenas as deliberações políticas e ao Judiciário, a resolução das questões jurídicas, não havendo notícias da aplicação do princípio da legalidade na sua concepção clássica, mas sim do seu princípio rival do *due process of law*.[101]

A concepção francesa de constitucionalismo *État légal* buscava conceber uma ordem jurídica hierárquica, de acordo com o princípio da igualdade perante a lei, a fim de evitar privilégios antigos, buscando-se, com isso, a limitação do poder pelo direito.[102] O modelo *État légal* tem origem no direito romano-canônico, evidenciado em países como Itália, França e Alemanha, por exemplo. Inspira-se fundamentalmente em um sistema jurídico de legalidade, cuja origem remonta ao modelo de Justiniano, cabendo ao Legislativo estabelecer as decisões políticas e também trazer as soluções jurídicas.[103] Aponta Canotilho que no sistema *État légal*, na França, até mesmo a Constituição acaba cedendo à primazia da lei:

> A limitação do poder pelo direito acabaria, em França, numa situação paradoxal. A *supremacia da constituição* foi neutralizada pela *primazia da lei*. Daí que um célebre jurista francês[104] se tenha referido ao "Estado de direito francês" como um *Estado legal* ou *Estado de legalidade* relativamente eficaz no cumprimento do princípio da legalidade por parte da administração mas incapaz de compreender o sentido da supremacia da constituição, à imagem da *Paramount law* americana e insensível à força normativa dos direitos e liberdades "declarados" logo na *Déclaration* de 1789.[105]

Em outras palavras, no modelo *État légal*, fica evidente que a Constituição acaba cedendo ao sistema legal implementado, com a consagração absoluta do princípio da legalidade, que ganha *status* capaz de fazer frente até mesmo aos ditames constitucionais.

O constitucionalismo alemão, retratado na expressão *Rechtsstaat*, com o significado de Estado de direito, surge no início do século XIX, com o propósito de estabelecer a limitação do Estado pelo direito, inclusive ao próprio soberano. Este Estado de direito é concebido como um verdadeiro Estado Liberal, que se limita à defesa da ordem e segurança públicas, não interferindo nas questões econômicas e sociais que ficam a mercê da liberdade individual e da liberdade de concorrência.[106] Neste

---

[101] MITIDIERO, op. cit., loc. cit.
[102] CANOTILHO, op. cit., p. 95-96.
[103] MITIDIERO, op. cit., p. 50.
[104] Referindo-se a *Carré de Malberg*, em sua obra *Contribution à la théorie générale de l'État*, em 1922, em Paris.
[105] CANOTILHO, 2003, p. 96.
[106] Ibid., p. 96-97.

Estado liberal legislativo, pretende-se acabar com privilégios e discriminações presenciados no regime anterior, amparando-se na concepção de igualdade entre todos os cidadãos, cujo valor é retratado em uma lei genérica e abstrata, a fim de que todos passem a ser tratados de forma igual perante a lei.[107]

Todavia, o pensamento refletido acima, na construção do Estado de direito constitucional, que submetia o Estado ao Direito e também limitava os poderes do Estado, necessitava ser legitimado pelo povo, pois tal modelo não pode ser visto apenas como um Estado de Direito. Canotilho assevera que o princípio da soberania popular é elemento chave na concepção de um estado constitucional, na medida em que o poder político deriva do poder vindo do povo. Desse modo, este Estado tem que se estruturar como um Estado de direito democrático, sendo condição para formação deste modelo de estado a legitimação democrática do poder. Conclui Canotilho que o Estado constitucional é bem mais do que um Estado de Direito, pois o elemento democrático não foi introduzido apenas para travar o poder, sendo visto como um elemento necessário de legitimação do poder.[108]

Na França, o modelo *État légal* surge a partir da revolução que assume o poder do Estado, enquanto o *Rechtsstaat* tem origem na doutrina construída pelos juristas alemães, por seus professores de direito, com base nas suas produções jurídicas, não tendo a mesma origem estatal do modelo francês. No *Rechtsstaat* alemão, o Direito não se esgota na lei, como se constata no modelo francês do *État legal,* passando a trabalhar com um modelo de supralegalidade, que vai dar origem a um sistema de supremacia da Constituição assegurada pelo Tribunal Constitucional Alemão. Por essas características, a doutrina passou a nominar o Estado de Direito alemão como um Estado de Juízes, notadamente pelo poder constituído aos seus juízes.[109]

No Estado Constitucional, o intérprete passa a se guiar pela Constituição, devendo toda e qualquer interpretação jurídica ter início e fim na Constituição do seu Estado. Konrad Hesse, ao enfrentar o problema da força normativa da Constituição, sustentou que:

> A concretização plena da força normativa constitui meta a ser almejada pela Ciência do Direito Constitucional. Ela cumpre seu mister de forma adequada não quando procura demonstrar que as questões constitucionais são questões do poder, mas quando envida esforços para evitar que elas se convertam em questões de poder (*Machtfragen*). Em outros termos, o Direito Constitucional deve explicitar as condições sob as quais as normas cons-

---

[107] MARINONI, 2006, v. 1, p. 40.
[108] CANOTILHO, 2003, p. 97-100, passim.
[109] MITIDIERO, 2009, p. 55-56.

titucionais podem adquirir a maior eficácia possível, propiciando, assim, o desenvolvimento da dogmática e da interpretação constitucional. Portanto, compete ao Direito Constitucional realçar, despertar e preservar a vontade de Constituição (*Wille zur Verfassung*), que, indubitavelmente, constitui a maior garantia de sua força normativa. Essa orientação torna imperiosa a assunção de uma visão crítica pelo Direito Constitucional, pois nada seria mais perigoso do que permitir o surgimento de ilusões sobre questões fundamentais para a vida do Estado.[110]

O Estado de Direito necessita de mecanismos oriundos do próprio Estado para proteção dos direitos criados por este Estado. Sarlet ressalta que o Estado de Direito exige e implica a garantia dos direitos fundamentais, ao passo que estes exigem e implicam o reconhecimento e a garantia do Estado de Direito para a sua realização.[111] Acrescenta que os direitos fundamentais são *conditio sine qua non do* Estado constitucional democrático. Finaliza Sarlet:

> Os direitos fundamentais integram, portanto, ao lado da definição da forma de Estado, do sistema de governo e da organização do poder, a essência do Estado Constitucional, constituindo, neste sentido, não apenas parte da Constituição formal, mas também elemento nuclear da Constituição material.[112]

A propósito, lembra Canotilho que um dos pilares fundamentais do Estado de direito é a existência de uma proteção jurídica e judiciária a esses direitos, sustentando *que a garantia dos direitos fundamentais só pode ser efetiva quando, no caso de violação destes, houver uma instância independente que restabeleça a sua integridade.*[113]

Portanto, nesta nova concepção contemporânea para o princípio da legalidade, em um Estado Constitucional de Direito, o sistema da primazia da lei subordina o sistema à lei e ao Direito, e não apenas à lei, pois já restou demonstrado haver situações em que o aplicador tem o dever de recusar o cumprimento da lei. Tem-se a convicção da instrumentalidade do Direito, da instrumentalidade do próprio sistema. Segundo Juarez Freitas, *a vontade do sistema excede a própria "voluntas legis"*, pois não é possível atualmente flagrar *com plena exatidão a intenção do legislador ou da lei, com alta dose de certeza.*[114]

---

[110] HESSE, Konrad. *A Força Normativa da Constituição*. Porto Alegre: Fabris, 1991, p. 27.

[111] SARLET, Ingo Wolfgang. *A Eficácia dos Direitos Fundamentais*. Porto Alegre: Livraria do Advogado, 2005, p. 68-69.

[112] Ibid., p. 67-68.

[113] CANOTILHO, 2003, p. 273-274.

[114] FREITAS, 2004, p. 75.

1.5. As características e as funções das regras e dos princípios de um Estado Constitucional. A Constituição como sistema aberto de regras e princípios

Neste novo sistema jurídico, constituído em um Estado Constitucional, as regras e princípios possuem funções importantes, porém distintas.[115] A palavra *regra* deriva da expressão *regula,* que significa *padrão*, enquanto a palavra *norma* procede do latim *norma,* manifestando-se no adjetivo "normal", significando o que em regra costuma acontecer; isto é, o que é normal.[116] Sendo assim, toda regra tem como finalidade dispor acerca de situações que normalmente acontecem; razão pela qual, a regra muitas vezes pode abranger casos demais, mas nunca casos de menos, situações normais que deverão incidir.[117] Por sua vez, segundo Alexy, a discussão acerca do *conceito de norma não tem fim,* distinguindo-se do conceito de enunciado normativo, pois a mesma *norma pode ser expressa por meio de diferentes enunciados normativos. Uma norma é o significado de um enunciado normativo,* podendo, então, se expressar por diversas maneiras.[118]

Para o alcance dos objetivos traçados no próprio sistema, com o intuito de se buscar a almejada segurança jurídica, bem como a efetividade jurisdicional, o Estado necessita destas duas espécies de normas, tanto de regras como de princípios.[119] Um sistema compreendido apenas por princípios poderia, com certa facilidade, acarretar arbitrariedades. Do mesmo modo, não se admitem apenas regras, que viriam a engessar de maneira demasiada este sistema, gerando por vezes flagrantes injustiças, sobretudo em situações excepcionais, nos chamados *hard cases.* Por tais razões, os modernos ordenamentos jurídicos são tidos como um conjunto de princípios, de regras e de postulados, cada um deles com funções distintas.[120]

As regras têm como objetivo atribuir segurança ao sistema, possuindo quatro funções básicas. Visam a reduzir ou eliminar problemas de coordenação entre as pessoas, servindo para coordenar interesses em uma sociedade extremamente complexa, a fim de que pontos comuns sejam encontrados e as pessoas sejam unidas. Buscam também solucionar ou reduzir problemas de conhecimento, determinando o que é proibido ou permitido, neutralizando aspectos pessoais do destinatário e do seu apli-

---

[115] ÁVILA, Humberto. *Teoria dos Princípios*: da definição à aplicação dos princípios jurídicos. 9. ed. São Paulo: Malheiros, 2009, p. 103-104.

[116] KELSEN, 1986, p. 5.

[117] Cf. Humberto Ávila em aula ministrada na Escola Judicial do TRT da 4ª Região, 2009.

[118] ALEXY, 2008, p. 53-54, 56.

[119] Segundo Alexy, *toda norma é ou uma regra ou um princípio.* (Ibid., p. 91).

[120] Optamos pela classificação desenvolvida no Brasil por Humberto Ávila (ÁVILA, 2009, p. 25-27).

cador.[121] A terceira função elencada é de que as regras têm como objetivo reduzir ou eliminar custos, relacionados a tempo e a dinheiro, pois ao regrarmos condutas, diminuem-se as necessidades de deliberação específica sobre o que já está previamente regrado. Por último, as regras têm como intuito estabelecer controles do poder, limitando o exercício do poder, na medida em que há a impessoalidade do critério disposto, devendo ser aplicadas de forma uniforme e não de maneira arbitrária ou desproporcional.[122]

Ao contrário do que parte da doutrina sustenta, as regras veiculam, sim, valores, notadamente, o valor segurança, ao trazerem a previsibilidade da ação do ser humano. Humberto Ávila procura recuperar a dignidade das regras, para não chegarmos a arbitrariedades, revigorando a função dos princípios como critério de aplicação das regras. Sustenta, com isso, que as regras devem ser aplicadas conforme critérios de justiça, e os princípios, segundo o critério da razoabilidade.[123]

Os princípios positivam um valor, sendo reconhecidos como normas que garantem bens jurídicos e considerados instrumentos de justiça.[124] Exercem uma função de abertura do sistema, devendo ser aplicados com critérios, de maneira proporcional. Segundo Guastini, os princípios são normas que servem de fundamento e de justificação para outras normas, pois geralmente cada princípio constitui o fundamento de uma multiplicidade de outras normas.[125] Logo, os princípios fundamentam as regras.[126] Possuem função interpretativa quando servem para a interpretação das regras,[127] e função integrativa (ou bloqueadora) ao preverem uma regra de conduta quando ela não existe, podendo também gerar uma eficácia bloqueadora de uma regra existente no sistema; isto é, visando a impedir a aplicação de uma regra no caso concreto, quando incompatível com o sistema.[128]

---

[121] ÁVILA, 2009, p. 48-49.

[122] Ibid., p. 103-114, passim.

[123] Cf. Humberto Ávila em aula ministrada na Escola Judicial do TRT da 4ª Região, 2009.

[124] GRAU, 2005a, p. 45. Canaris (2002, p. 96), por sua vez, entende que princípios não são normas, preconizando que *os princípios necessitam, para a sua realização, da concretização através de subprincípios e de valorações singulares com conteúdo material próprio. De facto, eles não são normas e, por isso, não são capazes de aplicação imediata, antes devendo primeiro ser normativamente consolidados ou normativizados.*

[125] GUASTINI, Riccardo. *Distinguiendo*: estudios de teoría y metateoría del derecho. Trad. Jordi Ferrer i Beltrán. Barcelona: Gedisa editorial, 1999, p. 151.

[126] RAWLS, 1997, p. 213.

[127] Sustenta Juarez Freitas que quando configurada qualquer antinomia lesiva, ou para evitá-la, entre princípios, regras e valores, a interpretação sistemática opera escalonando-os, devendo os princípios servir de diretrizes harmonizadoras ou solucionadoras, por se situarem na base e no ápice do sistema, isto é, atuando como fundamento e cúpula do sistema (FREITAS, 2004, p. 71).

[128] ÁVILA, 2009, p. 97-102.

O grande problema contemporâneo é o uso indiscriminado dos princípios, com o desprezo de regras sem qualquer sentido ou fundamentação. Nesta hipótese, com certeza, estaremos diante da utilização equivocada de um princípio em detrimento de uma regra, pois os princípios devem ser aplicados mediante a utilização de critérios objetivos, ressaltando com propriedade Humberto Ávila:

> Como já mencionado, as regras possuem uma rigidez maior, na medida em que a sua superação só é admissível se houver razões suficientemente fortes para tanto, quer na própria finalidade subjacente à regra, quer nos princípios superiores a ela. Daí por que as regras só podem ser superadas (*defeasibility of rules*) se houver razões extraordinárias para isso, cuja avaliação perpassa o postulado da razoabilidade, adiante analisado.[129]

Constata-se, também, com frequência, a aplicação equivocada de um princípio em razão do desconhecimento do próprio conteúdo deste princípio, por exemplo, na leitura equivocada do basilar princípio constitucional da dignidade da pessoa humana.[130] Esses equívocos evidenciam uma fase da euforia dos princípios, quando as regras são avaliadas como normas de segunda categoria, com a tendência de tudo ser decidido com base nos princípios, esquecendo-se, muitas vezes, das regras existentes, constitucionais e justas.[131] Conforme assevera Alexy, *na medida em que o legislador constituinte tenha tomado decisões na forma de regras, elas são vinculantes, a não ser que seja possível introduzir razões constitucionais suficientes contra essa vinculação*.[132]

Um ordenamento ideal é aquele que convive de maneira harmônica com regras e princípios, não devendo se pensar na exclusão destes ou daquelas.[133] As regras possuem a sua importância no sistema jurídico e não podem ser simplesmente desconsideradas, devendo ser interpretadas com certo grau de rigidez e afastadas somente em caráter excepcional, quando afrontarem a ordem constitucional. Arrazoa Alexy que não é suficiente *compreender as normas de direitos fundamentais apenas como regras ou apenas como princípios. Um modelo adequado é obtido somente quando às dis-*

---

[129] ÁVILA, 2009, p. 103.

[130] Para Alexy, por exemplo, não há um princípio absoluto da dignidade da pessoa humana estabelecido na Constituição alemã, na medida em que a norma da dignidade humana deve ser tratada em parte como regra e em parte como princípio. *Não é o princípio que é absoluto, mas a regra respectiva. A relação de preferência do princípio da dignidade humana em face de outros princípios determina o conteúdo da regra da dignidade humana.* Desse modo, o princípio da dignidade da pessoa humana prevalecerá contra os princípios colidentes (ALEXY, 2008, p. 111-113).

[131] ÁVILA, op. cit., loc. cit.

[132] ALEXY, op. cit., p. 554.

[133] Com propriedade enfatiza Humberto Ávila que tanto as regras quanto os princípios possuem o mesmo conteúdo de dever-ser (ÁVILA, op. cit., p. 63).

posições de direitos fundamentais são atribuídos tanto regras quanto princípios. Ambos são reunidos em uma norma constitucional de caráter duplo.[134]

Um sistema exclusivo de princípios não traz problemas apenas de insegurança jurídica, mas também de injustiça, porque não estabelece um tratamento isonômico.

1.6. Regras e princípios: aspectos distintivos, conflitos e soluções para suas antinomias

Apresentados os dois modelos de compreensão e aplicação do sistema jurídico,[135] ainda que em breve síntese conforme proposto, resta agora trabalharmos alguns aspectos distintivos entre regras e princípios,[136] tarefa esta bastante tormentosa consoante expõe Dworkin, ao sustentar que *regras ou princípios podem desempenhar papéis bastante semelhantes e a diferença entre eles* ser reduzida a aspectos meramente formais.[137]

Segundo Dworkin, a diferença entre princípios jurídicos e regras jurídicas é de natureza lógica, pois, enquanto as regras são aplicáveis à maneira do tudo-ou-nada,[138] os princípios possuem uma dimensão que as regras não têm: *a dimensão de peso ou importância*. Com isso, os princípios não seriam aplicados por esse modo do tudo-ou-nada, mas pela dimensão de peso, porque diante do caso em concreto, verifica-se qual dos dois princípios em conflito tem o peso maior.[139] Por isso não se tem como fugir de um sentido arbitrário, entendido como a adoção de certas escolhas, quando das decisões tomadas pelos juízes.

Por sua vez, quando há conflito entre regras, uma irá necessariamente suplantar a outra. A escolha daquela que será válida, em detrimento da outra, é trazida pelo próprio sistema jurídico, por outras regras, *que dão precedência à regra promulgada pela autoridade de grau superior, à regra promulgada mais recentemente, à regra mais específica ou outra coisa desse gênero.* Além da técnica trazida acima, o sistema norte-americano também dá prevalência para a regra fundada pelos princípios mais importantes.[140]

---

[134] ALEXY, op. cit., p. 144.

[135] Dedicaremos um tópico específico para tratarmos dos postulados normativos.

[136] O melhor, segundo Guastini, é não tentar achar uma distinção exata entre princípios e regras, porque a distinção é sutil (GUASTINI, 1999, p. 146-148).

[137] DWORKIN, 2007, p. 44.

[138] Para Alexy, no entanto, essa distinção entre princípios e regras não pode ser baseada no modo tudo ou nada de aplicação proposto por Dworkin (ÁVILA, 2009, p. 38).

[139] DWORKIN, op. cit., p. 42-43.

[140] Ibid., p. 43.

Alexy diz que os princípios atuam como mandados de otimização, contendo uma ordem vinculante para que os órgãos estatais, inclusive o Poder Judiciário, maximizem – otimizem a eficácia e efetividade dessas normas-princípio. Princípios são *normas que ordenam que algo seja realizado na maior medida possível dentro das possibilidades jurídicas e fáticas existentes.* A eficácia final do princípio se afere na sua concretização, no caso em concreto. Já as regras *contêm determinações no âmbito daquilo que é fática e juridicamente possível*, pois *são normas que sempre serão ou não satisfeitas,* na medida em que *se uma regra vale, então, deve* ser feito *exatamente aquilo que ela exige.* Com base nessas conceituações, conclui Alexy que *a distinção entre regras e princípios é uma distinção qualitativa, e não uma distinção de grau*, acrescentando que essa diferença é mais perceptível nas hipóteses de colisões entre princípios e de conflitos entre regras.[141]

Segundo Canotilho, regras são normas que, verificados determinados pressupostos, exigem, proíbem ou permitem algo em termos definitivos, sem qualquer exceção. Já os princípios são normas que exigem a realização de algo, da melhor forma possível, de acordo com as possibilidades fáticas e jurídicas. Os princípios não proíbem, permitem ou exigem algo em termos de tudo-ou-nada.[142]

Para Ana Paula de Barcellos, princípios e regras são enunciados normativos. Os princípios descrevem um fim relativamente indeterminado, mas não absolutamente indeterminado, havendo apenas certo espaço de indeterminação, pois existe o núcleo do princípio que traz os seus elementos básicos. Esses princípios poderão também descrever a multiplicidade de meios para realização do fim estabelecido no próprio princípio. Já as regras são descrições de condutas que definem meios para realização de um fim. Em um possível conflito, sustenta Ana Paula de Barcellos que as regras têm preferência sobre a área não nuclear do princípio.[143]

Na concepção de Humberto Ávila, regras e princípios são institutos diversos, cada um deles com características e finalidades próprias, tendo, por conseguinte, modos de interpretação diferentes.[144] Prossegue Ávila, afirmando que certos autores fazem uma distinção fraca entre princípios e regras, havendo outros autores que trazem uma distinção forte.[145] Para o primeiro grupo, a única distinção é que as regras seriam mais determina-

---

[141] ALEXY, 2008, p. 90-92.

[142] CANOTILHO, 2003, p. 1255.

[143] BARCELLOS, Ana Paula de. *O Começo da História*: a eficácia jurídica dos princípios constitucionais: o princípio da dignidade da pessoa humana. Rio de Janeiro: Renovar, 2003, p. 53-57.

[144] ÁVILA, 2009, p. 103-104.

[145] Guastini, por exemplo, estabelece a distinção em sentido forte e em sentido débil. Os princípios são considerados uma espécie de normas. Esta é a diferença débil trazida por Guastini (1999, p. 143-146).

das e os princípios mais indeterminados, havendo apenas uma diferença de grau entre eles, estando superada a ideia de que os princípios seriam apenas programas, não vinculantes.[146]

Nos últimos dez anos, essa distinção passou a ser forte, quando se definiu que as regras seriam aplicadas por meio de subsunção. Subsunção seria a verificação pelo aplicador da ocorrência do fato previsto na regra; isto é, ocorrendo o fato deverá ser aplicada a regra.[147] A atividade do intérprete se limitaria na verificação de um encaixe conceitual. *Pelo método clássico subsuntivo, a função do juiz consiste simplesmente em aplicar a regra jurídica ao caso concreto, desempenhando a função de mero conhecedor da norma, sem trazer nenhuma outra criação do Direito, elaborando um juízo de fato e não de valor.*[148]

Todavia, Humberto Ávila pensa de forma diversa, sustentando que as regras também devem ser interpretadas, pois trazem orientações gerais que muitas vezes podem ser injustas ao caso concreto. Logo, ao contrário do que dispõe boa parte da doutrina, consoante já demonstrado, sustenta Ávila que *não é coerente afirmar que somente os princípios possuem uma dimensão de peso*, pois as regras também podem e devem ser ponderadas. Por tais razões, as regras podem ser adaptadas ao caso concreto, mediante interpretação.[149]

Juarez Freitas também argumenta que a rede de princípios, regras e valores não deve ser vista numa lógica do "tudo ou nada", mas que haverá de ser dialética sempre, no campo dos princípios e das regras, não se constatando uma zona de vinculação pura sem espaço à ponderação ou à hierarquização axiológica.[150]

---

[146] ÁVILA, 2009, p. 39-42.

[147] Segundo Luís Roberto Barroso e Ana Paula de Barcellos, a interpretação jurídica operou-se, por muito tempo, exclusivamente com o uso do método clássico chamado subsuntivo, que se opera mediante um processo silogístico de subsunção dos fatos à norma. A lei é a premissa maior, os fatos são a premissa menor, e a sentença é a conclusão. O papel do juiz consistia em simplesmente aplicar a norma ao caso em concreto, desempenhando a função de mero conhecedor da norma, sem trazer nenhuma outra criação do Direito. Cabia ao intérprete revelar o sentido das normas que serão aplicadas ao caso concreto, elaborando um juízo de fato, e não de valor. Por isso que, através deste método, não há função criativa do Direito, mas apenas uma atividade de conhecimento técnico-científico. O avanço dos estudos acerca de uma nova interpretação constitucional se dá com o desenvolvimento de mecanismos originários de realização da vontade do texto constitucional. O método clássico subsuntivo, que se opera na aplicação de regras jurídicas, assim como os métodos de hermenêutica tradicionais – gramatical, histórico, sistemático e teleológico – continuam sendo utilizados para a solução dos casos concretos e para a exegese das normas. Entretanto, nem sempre se mostram suficientes para a efetivação da justiça (BARROSO; BARCELLOS, 2003, p. 331).

[148] SANTOS JÚNIOR, Rubens Fernando Clamer dos. *A Eficácia dos Direitos Fundamentais dos Trabalhadores*. São Paulo: LTr, 2010, p. 100.

[149] ÁVILA, op. cit., p. 25-26, 59.

[150] FREITAS, 2004, p. 58.

Quanto aos princípios, não há maiores discussões no sentido de serem aplicados mediante um juízo de ponderação, e não por subsunção. Com base na teoria desenvolvida por Dworkin, a ponderação operacionaliza-se pelo sopesamento de princípios diante do caso concreto. Isto é, os princípios não seriam aplicados pelo método do tudo-ou-nada, mas pela dimensão de peso, porque, diante do caso em concreto, verifica-se qual dos dois princípios em conflito tem o peso maior.[151] Como exemplo, vale-se da metáfora da balança, tendo que ser visto qual dos dois princípios aplicáveis e porventura conflitantes tem maior peso, a fim de que seja feita a escolha através da ponderação.[152]

Alexy sustenta que a aplicação dos princípios se dá por ponderação, mediante a criação de regras de prevalência por serem considerados *normas de borracha*, sendo vistos como elásticos que não são aplicados como *trilhos de trem*. Preenchendo-se determinadas condições, um princípio vai prevalecer em relação ao outro, o que não ocorre nas regras abstratas.[153]

Dworkin e posteriormente Alexy estabeleceram também outra diferença nos modos de colisão entre princípios e regras. Enquanto o conflito entre regras é um conflito no plano abstrato – no plano da validade, o conflito de princípios se dá no plano concreto – no plano da eficácia e da contingência. Se duas regras entram em conflito, instaura-se um problema que Alexy chama de dentro ou fora, constituindo-se o que ele tipifica como um duelo de vida e morte. Em contrapartida, no conflito entre princípios, um dos princípios não morre, saindo no máximo ferido, mas continuando a viver. Neste caso, o conflito não é posto no mesmo patamar do conflito entre regras, não sendo de vida ou morte, pois o princípio continua vivendo.[154] Ao contrário do que sustenta Alexy, Humberto Ávila entende que determinadas regras só entram em conflito no caso concreto, portanto, no plano da eficácia, e não no plano da validade.[155]

Segundo Alexy, no caso de uma colisão de princípios, é necessário um sopesamento, no qual se deve indagar se a importância da satisfação de um princípio justifica o necessário grau de não satisfação de um outro.[156] A prevalência de um princípio em relação ao outro colidente é estabelecida mediante um juízo de ponderação, por possuir uma dimensão de peso. Isto não significa que o princípio *cedente deva ser considerado*

---

[151] DWORKIN, 2007, p. 42-43.

[152] ÁVILA, 2009, p. 112-114. A seguir, quando da análise dos postulados normativos, voltaremos a examinar a ponderação.

[153] ALEXY, 2008, p. 144-166, passim.

[154] ALEXY, loc. cit.

[155] ÁVILA, op. cit., p. 52-54.

[156] ALEXY, 2008, p. 569.

inválido, constatando-se apenas a sua *precedência em face do outro sob determinadas condições*.[157]

No conflito entre regras, a solução buscada por Alexy consiste em declarar inválida uma dessas regras por serem aplicadas ao *modo do tudo-ou-nada*, ou então se abrindo uma *cláusula de exceção*.[158] Esta cláusula de exceção é exemplificada por Alexy na hipótese de incêndio em uma sala de aula e da existência de duas regras conflitantes: uma delas que proíbe a saída dos alunos antes do sinal e outra regra que impõe o dever de saída dos alunos dessa sala em caso de incêndio. O conflito é solucionado mediante a possibilidade de os alunos saírem da sala em caso de toque do alarme de incêndio, inserindo-se assim uma cláusula de exceção na primeira regra que proíbe a saída dos alunos, exceto em caso de incêndio.[159]

Humberto Ávila entende que o conflito entre princípios deve ser resolvido mediante a criação de regras de prevalência, fazendo com que os princípios também sejam aplicados ao modo tudo-ou-nada.[160] Ao passo que se houver um *conflito real entre um princípio e uma regra de mesmo nível hierárquico, num confronto horizontal, deverá prevalecer a regra e, não, o princípio*, em respeito à decisão parlamentar. Esta é a *função eficacial de trincheira das regras*, informada por Ávila.[161]

Por sua vez, na hipótese de antinomia entre uma norma constitucional e outra norma infraconstitucional, deverá prevalecer a norma hierarquicamente superior, *pouco importando a espécie normativa, se princípio ou regra*. Como, por exemplo, *no caso de confronto entre uma regra constitucional e um princípio legal, deve prevalecer a primeira; e se houver um conflito entre uma regra legal e um princípio constitucional, deve prevalecer o segundo.* Desse modo, sustenta Ávila que a prevalência não depende da espécie normativa (princípio ou regra), mas da hierarquia, salientando que a *única hipótese de prevalência de um princípio constitucional em detrimento de uma regra constitucional seria a de ser constatada uma razão extraordinária que impedisse a aplicação da regra*.[162]

---

[157] ALEXY, 2008, p. 36-37, 93-94.

[158] Ibid., p. 36-37.

[159] Ibid., p. 92-93.

[160] ÁVILA, 2009, p. 37-38.

[161] Ibid., p. 103. Entretanto, para Juarez Freitas, as regras e valores não se distinguem dos princípios apenas pela "fundamentalidade dos princípios", mas a partir do reconhecimento de uma diferença substancial de grau hierárquico (distinção mais de grau hierárquico do que de essência). Sustenta, então, que *devem as regras ser entendidas como preceitos menos amplos e axiologicamente inferiores aos princípios. Existem justamente para harmonizar e dar concretude aos princípios fundamentais, e não para deles retirar a sua nuclear eficácia direta e imediata.* Por isso, conclui Juarez Freitas, que as regras nunca poderão ser aplicadas mecanicamente ou de modo passivo, pois a compreensão das regras implica uma simultânea aplicação dos princípios em conexão com as várias frações do ordenamento. (FREITAS, 2004, p. 57-58).

[162] ÁVILA, 2009, p. 105.

Destarte, defende Ávila o modelo do positivismo ético ou presumido, vindo com isso a rejeitar tanto um modelo de formalismo puro, em que a rigidez é absoluta e inexiste espaço para outras construções, como também um modelo particularista quando da aplicação de regras, com a adoção de critérios e escolhas puramente pessoais. No conflito de princípios, deve-se utilizar a técnica da ponderação, especificamente o postulado da proporcionalidade, que nada mais é do que uma espécie do gênero ponderação. Por óbvio que as regras devem ser observadas, mas podem ser superadas quando colidirem com a ordem constitucional, o que deve ser demonstrado com um ônus argumentativo maior do que o normal.[163]

1.7. Uma nova categoria de normas? Os postulados normativos

Como já visto, a ciência jurídica contemporânea procura, incessantemente, estabelecer a distinção entre princípios e regras, com o intuito de se buscar a melhor e mais efetiva concretização do Direito. O debate ganha relevo a partir da dogmática construída por Dworkin[164] e posteriormente por Alexy,[165] dentre tantos outros. A discussão deixa de ser travada exclusivamente no plano acadêmico, passando a ser vista no interior dos tribunais, a fim de que seja buscada a melhor aplicação das normas jurídicas.[166]

Humberto Ávila procura ir além dessa distinção, não apenas por mero amor ao debate terminológico, mas por entender necessário distinguir diferentes designações para diversos fenômenos. Nesse sentido, pugna pela continuidade da distinção entre princípios e regras, muito embora por fundamentos diversos dos utilizados pela doutrina em geral, por entender que os princípios não retratam exclusivamente valores, mas também espécies de comportamentos.[167]

Alexy, por exemplo, se refere ao ora intitulado postulado da proporcionalidade, também conhecido como princípio, como a máxima da

---

[163] Cf. Ibid., p. 118-120, bem como de acordo com as lições extraídas de aula ministrada por Ávila na Escola Judicial do TRT da 4ª Região, 2009.

[164] DWORKIN, 2007, p. 23-127, passim.

[165] ALEXY, 2008, p. 85-143, passim.

[166] Segundo Humberto Ávila, normas não são textos nem o conjunto deles, mas os sentidos construídos a partir da interpretação sistemática de textos normativos; razão pela qual os dispositivos se constituem no objeto da interpretação e as normas no seu resultado (ÁVILA, 2009, p. 30). Canotilho aponta a distinção entre texto e norma, salientando que enquanto o texto da norma é o sinal linguístico, a norma é o que se revela ou designa; razão pela qual conclui que o recurso ao texto para se averiguar o conteúdo semântico da norma constitucional não significa a identificação entre texto e norma (CANOTILHO, 2003, p. 1218).

[167] ÁVILA, 2009, p. 25.

proporcionalidade. Sustenta que não se trata de um princípio propriamente dito porque a adequação, a necessidade e a proporcionalidade em sentido estrito não são sopesados contra algo, sendo apenas verificado se estes pressupostos foram ou não satisfeitos e se a sua não satisfação gerou uma ilegalidade. Por tais razões, entende que as três máximas parciais da proporcionalidade devem ser consideradas regras.[168]

Com isso, Humberto Ávila questiona se todas as normas operam apenas como princípios ou apenas como regras, propondo uma nova categoria chamando-a de postulados normativos, a fim de que proporcionalidade não seja confundida com justa proporção, com razoabilidade, com proibição de excesso, com ponderação, com o dever de concordância prática[169] ou com proporcionalidade em sentido estrito. Esses postulados são reconhecidos como metanormas, justamente porque visam a estruturar a aplicação de outras normas (regras e princípios).[170]

Faz-se mister não apenas a diferenciação de regras e princípios – chamadas de normas de primeiro grau, mas também a diferenciação dos postulados normativos – intitulados normas de segundo grau, porque estas espécies normativas não operam de forma idêntica. Segundo Ávila, estas espécies normativas não estão situadas no mesmo nível, pois enquanto os princípios e as regras são normas objeto de aplicação, os postulados são normas que orientam a aplicação das outras normas. A distinção também se dá porque não possuem os mesmos destinatários, especialmente porque os postulados são endereçados ao intérprete e aplicador do direito, enquanto os princípios e as regras são primariamente dirigidos ao Poder Público e aos contribuintes.[171]

Os postulados, segundo Ávila, são classificados em inespecíficos e específicos, sendo a ponderação, a concordância prática e a proibição de excesso espécies de postulados inespecíficos, enquanto a igualdade, a razoabilidade e a proporcionalidade são tidos como os demais postulados específicos.[172]

Conforme já enfatizado, estes postulados operam de maneiras distintas. A ponderação, por exemplo, impõe o sopesamento dos valores, bens, interesses, direitos, princípios ou razões em discussão, configuran-

---

[168] ALEXY, 2008, p. 117.

[169] Para Virgílio Afonso da Silva, a diferença marcante entre concordância prática e proporcionalidade reside *na questão da exigibilidade do sopesamento*, tendo em vista que a concordância prática não implica sopesamento de bens ou valores. SILVA, Virgílio Afonso da. Interpretação Constitucional e Sincretismo Metodológico. In: SILVA, Virgílio Afonso da (Org.). *Interpretação Constitucional*. São Paulo: Malheiros, 2005, p. 128.

[170] ÁVILA, op. cit., p. 24-26, 179.

[171] Ibid., p. 122.

[172] Ibid., p. 143-161, passim.

do-se como um mecanismo para atribuição de pesos a esses elementos que porventura estejam em conflito.[173] Entretanto, esta ponderação deve ser feita de forma estruturada, com a utilização de critérios materiais, mediante adequada fundamentação e com a indicação precisa do que está sendo sopesado. Superada esta primeira etapa argumentativa, realiza-se a ponderação, com a indicação de primazia entre um e outro princípio colidente por exemplo, na hipótese recorrente da ponderação de princípios.[174]

Nessa ponderação, Canotilho chama a atenção para a diferenciação entre harmonização de princípios e ponderação de princípios:

> Ponderar princípios significa sopesar a fim de se decidir qual dos princípios, num caso concreto, tem maior peso ou valor os princípios conflituantes. Harmonizar princípios equivale a uma contemporização ou transacção entre princípios de forma a assegurar, nesse caso concreto, a aplicação coexistente dos princípios em conflito. Por isso, a ponderação reconduz-se, no fundo, como já foi salientado na doutrina (Guastini), à criação de uma hierarquia axiológica móvel entre princípios conflituantes. Hierarquia, porque se trata de estabelecer um "peso" ou "valor" maior ou menor entre princípios. Móvel, porque se trata de uma relação de valor instável, que é válida pra um caso concreto, podendo essa relação inverter-se noutro caso.[175]

Segundo Guastini, a ponderação consiste em estabelecer, entre os dois princípios em conflito, uma hierarquia axiológica móvel. Hierarquia axiológica é uma relação de valor criada mediante um juízo de valor comparativo, prevalecendo o princípio que possui mais valor sobre o outro. Por hierarquia móvel entende-se uma relação de valor instável, mutável, valendo apenas para o caso concreto e podendo ser modificada num caso diverso. Desse modo, a solução vale apenas para a controvérsia em particular, não podendo ser prevista a mesma solução para controvérsias futuras e distintas.[176]

Através da concordância prática, encaminha-se a ponderação no sentido de se buscar a máxima realização dos valores colidentes, que estão apontando, no caso concreto, para sentidos opostos. Com efeito, pretende-se um equilíbrio entre os valores que porventura estejam se imbricando, a fim de que seja buscada uma *síntese dialética*[177] entre essas normas e se-

---

[173] Cf. Torres, a ponderação vai se transformando em princípio, tendo como função buscar a harmonização e o equilíbrio dos princípios fundamentais (TORRES, Ricardo Lobo. A metamorfose dos direitos sociais em mínimo existencial. In: SARLET, Ingo Wolfgang (Org.). *Direitos Fundamentais Sociais*: estudos de direito constitucional, internacional e comparado. Rio de Janeiro: Renovar, 2003, p. 29).

[174] ÁVILA, op. cit., p. 143-144.

[175] CANOTILHO, 2003, p. 1241.

[176] GUASTINI, Riccardo. Teoria e Ideologia da Interpretação Constitucional. *Revista Interesse Público*, São Paulo, n. 40, p. 217-256, 2006, p. 250.

[177] A expressão é utilizada por Dürig (*apud* ÁVILA, 2009, p. 145).

jam otimizados os valores em conflito. Na lição de Konrad Hesse, busca-se, por intermédio da concordância prática, que *os bens jurídicos constitucionalmente protegidos* sejam coordenados de tal modo que, na solução do problema, todos eles tenham preservada a sua identidade.[178]

Segundo Canotilho, o princípio da concordância prática ou da harmonização impõe a coordenação e combinação dos bens jurídicos em conflito de forma a evitar o sacrifício (total) de uns em relação aos outros, atuando diretamente na colisão de direitos fundamentais ou entre direitos fundamentais e bens jurídicos constitucionalmente protegidos, com objetivo de conseguir uma harmonização ou concordância prática entre estes bens.[179]

Por sua vez, o postulado da proibição de excesso proíbe a restrição excessiva de qualquer direito fundamental, na medida em que a realização de um valor ou princípio não poderá causar a aniquilação de outro elemento imbricado, ratificando Ávila que *a realização de uma regra ou princípio constitucional não pode conduzir à restrição a um direito fundamental que lhe retire um mínimo de eficácia.*[180]

Desse modo, nenhuma medida poderá restringir excessivamente um direito fundamental, pouco importando suas razões, tendo em vista os limites trazidos pelo postulado da proibição de excesso.[181]

Por sua vez, o postulado da igualdade pode funcionar como regra, como princípio e também como postulado. Como regra quando proíbe a adoção de medidas discriminatórias, como princípio quando prescreve sejam adotadas medidas isonômicas e como postulado quando busca estruturar a aplicação do direito em virtude dos elementos que o compõem (valores, princípios, bens etc).[182]

Diferenciar sem razão é violar o princípio da igualdade, consagrado no art. 5º, cabeça, da CF, sendo vedada a utilização de razões arbitrárias, bem como *a utilização de critérios distintivos inadequados*, como consequência inclusive do que dispõem os princípios constitucionais do Estado de Direito e do devido processo legal, previstos nos arts. 1º e 5º, LIV, respectivamente, da Constituição Federal.[183]

---

[178] HESSE, Konrad. *A Interpretação Constitucional*. In: TEMAS fundamentais do direito constitucional. Textos selecionados e traduzidos por Carlos dos Santos Almeida, Gilmar Ferreira Mendes, Inocêncio Mártires Coelho. São Paulo: Saraiva, 2009a, p. 113.

[179] CANOTILHO, 2003, p. 1225.

[180] ÁVILA, op. cit., p. 146.

[181] Ibid., p. 147.

[182] Ibid., p. 150.

[183] Ibid., p. 158.

Noticia Canotilho que o postulado da igualdade é controlado pelo Tribunal Constitucional português com base em três princípios: no *princípio da proibição de arbítrio*, que não tolera diferenciações de tratamento sem justificação razoável, mediante a aferição por critérios objetivos, bem como que inadmite a identidade de tratamento para situações manifestamente distintas; no *princípio da proibição de discriminações*, que veda o estabelecimento de distinções entre cidadãos, fundada *sobre categorias meramente subjectivas ou em razões de tais categorias;* e no *princípio da obrigação de diferenciações* como mecanismo de compensação da *desigualdade de oportunidades*, visando a eliminar desigualdades fáticas por parte dos poderes públicos.[184]

Já a razoabilidade é empregada em mais de um sentido, buscando estruturar a aplicação de outras normas, princípios e, sobretudo, de regras, servindo como diretriz para demonstrar inclusive quando que a norma geral não será aplicada ao caso concreto em virtude das suas particularidades, como explica Humberto Ávila:

> Primeiro, a razoabilidade é utilizada como diretriz que exige a relação das normas gerais com as individualidades do caso concreto, quer mostrando sob qual perspectiva a norma deve ser aplicada, quer indicando em quais hipóteses o caso individual, em virtude de suas especificidades, deixa de se enquadrar na norma geral.[185]

Portanto, a razoabilidade serve de instrumento para aplicação das normas jurídicas, devendo ser presumido o que normalmente acontece e não o extravagante, quando então irá possibilitar, em circunstâncias especiais, que a norma geral não deva ser aplicada ao caso específico, por estarmos diante de uma situação anormal, isto é, extraordinária.[186] Segundo Luís Roberto Barroso, *o princípio da razoabilidade é um parâmetro de valoração dos atos do Poder Público para aferir se eles estão informados pelo valor superior inerente a todo ordenamento jurídico: a justiça.*[187]

Essa concepção de razoabilidade é de fundamental importância quando impõe o afastamento de uma regra na hipótese de o caso concreto não se adequar à generalização dessa norma geral, porquanto este postulado atua diretamente na interpretação das regras gerais, como decorrência do princípio da justiça, consagrado no preâmbulo[188] e no art. 3º

---

[184] CANOTILHO, 2003, p. 1298.

[185] ÁVILA, 2009, p. 152.

[186] Ibid., p. 153-154.

[187] BARROSO, Luís Roberto. *Interpretação e Aplicação da Constituição*. 5. ed. São Paulo: Saraiva, 2003, p. 224.

[188] Cf. Teixeira, o preâmbulo das Constituições indica o seu espírito. Entre duas interpretações, deve-se evidentemente preferir a que esteja de acordo com esse espírito, com essa finalidade (TEIXEIRA, José Horácio Meirelles. *Curso de Direito Constitucional*: revisto e atualizado por Maria Garcia. Rio de Janeiro: Forense Universitária, 1991, p. 278).

da CF.[189] Não estando a regra em consonância com a situação extraordinária, deve ser afastada, por ser geral e, portanto, omissa ao caso particularíssimo.

Resta evidente que a regra geral somente deverá ser aplicada se estiver enquadrada no caso específico (dever de equidade), pois a razoabilidade justamente busca a harmonização do geral com o individual.[190]

1.7.1. Em especial: o postulado da proporcionalidade

O postulado da proporcionalidade revela-se nos dias atuais como sendo um dos mais importantes instrumentos de controle dos atos do Poder Público, sendo aplicado *sempre que houver uma medida concreta destinada a realizar uma finalidade*.[191] Na Alemanha, por exemplo, este postulado vem sendo estudado e desenvolvido desde o século XIX, tendo como origem o direito administrativo, muito embora o reconhecimento doutrinário e jurisprudencial, na esfera jurídico-constitucional, tenha ocorrido somente com o advento da atual Lei Fundamental da Alemanha, em 1949.[192]

Reconhece-se no sistema alemão hierarquia constitucional a este postulado, vinculando inclusive o próprio legislador e servindo de mecanismo de interpretação das leis conforme a constituição, bem como na *interpretação de conceitos jurídicos*.[193] No campo processual, este postulado[194] se sobressai, tendo em vista a necessidade imperiosa de que as decisões judiciais sejam substancialmente razoáveis e corretas, mostrando-se necessária a utilização desse instrumento para se buscar a justiça do caso concreto.[195]

O postulado da proporcionalidade tem *origem no princípio do Estado de* Direito e também na *vinculação das leis e do próprio legislador aos direitos fundamentais*.[196] A sua vinculação com o Direito Constitucional dá-se por

---

[189] ÁVILA, op. cit., p. 155.

[190] Ibid., p. 159.

[191] Ibid., p. 161-162.

[192] SCHOLLER, Heinrich. O Princípio da Proporcionalidade no Direito Constitucional e Administrativo da Alemanha. Trad. Ingo Wolfgang Sarlet. *Revista Interesse Público*, São Paulo, n. 2, p. 93-107, 1999, p. 93. Segundo Bonavides, este "princípio é antiqüíssimo", sendo redescoberto nos últimos duzentos anos, quando passou a ser utilizado no Direito Constitucional (BONAVIDES, Paulo. *Curso de Direito Constitucional*. 22. ed. São Paulo: Malheiros, 2008, p. 398).

[193] SCHOLLER, op. cit., p. 103.

[194] Utilizando-se da expressão empregada por Ávila (op. cit., p. 161).

[195] DIDIER JÚNIOR, Fredie. *Curso de Direito Processual Civil*: Teoria Geral do Processo e Processo de Conhecimento. 8. ed. Salvador: Jus Podivm, 2007. v. 1, p. 31-34.

[196] SCHOLLER, op. cit., p. 105.

via dos direitos fundamentais, sendo, na atualidade, reconhecido como verdadeiro instrumento de correção da lei e das *insuficiências legislativas provocadas pelo próprio Estado*. Por tudo isso, é reconhecido e aceito por grande parte da jurisprudência constitucional de inúmeros países da Europa, configurando-se como um postulado essencial da Constituição.[197]

No Brasil, muito embora não esteja a proporcionalidade formalmente expressa em nossa Carta Constitucional, é admitido como *norma esparsa no texto constitucional*, sendo reconhecido como *direito positivo em nosso ordenamento constitucional*.[198] Esta conclusão é extraída com base na norma contida no § 2º do art. 5º da CF,[199] por ter a proporcionalidade como origem o princípio do Estado de Direito, expresso no art. 1º da CF, e também como fundamento o princípio da igualdade, também constante na CF, no art. 5º.[200] Por tais fundamentos, Bonavides considera que:

> O princípio da proporcionalidade é hoje axioma do Direito Constitucional, corolário da constitucionalidade e cânone do Estado de direito, bem como regra que tolhe toda a ação ilimitada do poder do Estado no quadro de juridicidade de cada sistema legítimo de autoridade. A ele não poderia ficar estranho, pois, o Direito Constitucional brasileiro.[201]

Visto, assim, como "princípio dos princípios", verdadeiro *principium* ordenador do direito na linguagem usada por Guerra Filho.[202]

Este postulado serve de instrumento de controle do postulado da igualdade, quando é verificada a *legitimidade do fim do tratamento desigualitário; a adequação e necessidade deste tratamento* para o alcance do fim pretendido; e a *proporcionalidade do tratamento desigual* relativamente aos fins buscados. Noutros termos, sustenta Canotilho: *é o tratamento desigual adequado e exigível para alcançar um determinado fim? Este fim é tão importante que possa justificar uma desigualdade de tratamento em sentido normativo?*[203]

A sua aplicação depende de uma relação de causalidade entre meio e fim, significando o fim um estado desejado de coisas, quando deverão

---

[197] BONAVIDES, 2008, p. 395-396.

[198] Segundo Sarlet, *o princípio da proporcionalidade é um exemplo de direito fundamental implicitamente positivado no sistema*. Cf. observações feitas por Sarlet em aula ministrada no Curso de Especialização em Direito do Trabalho, Processo do Trabalho e Direito Previdenciário promovido pela UNISC/RS, 2006.

[199] *O art. 5º, §2º da Constituição possibilita o reconhecimento de direitos fundamentais que não estão positivados no próprio texto constitucional. Aliás, a referida norma impõe (não apenas autoriza) o reconhecimento dos direitos fundamentais que estejam fora do catálogo, previstos em tratados internacionais, assim como aqueles decorrentes do regime e dos princípios da Constituição, podendo estar até mesmo implícitos ou não escritos no sistema, conforme já referido.* (SANTOS JÚNIOR, 2010, p. 32).

[200] BONAVIDES, 2008, p. 434-436.

[201] Ibid., p. 436.

[202] GUERRA FILHO, Willis Santiago. Princípio da Proporcionalidade e Devido Processo Legal. In: SILVA, Virgílio Afonso da (Org.). *Interpretação Constitucional*. São Paulo: Malheiros, 2005, p. 265.

[203] CANOTILHO, 2003, p. 1298.

ser avaliados os ganhos e as perdas entre a restrição de um direito e a promoção de um fim, como ressalta Ávila.[204] Isto é, os meios devem servir para a consecução dos fins previstos na Constituição e nas leis.[205] De acordo com este postulado, toda atuação estatal deve ser adequada, necessária (com a utilização do meio menos gravoso) e proporcional em sentido estrito (*mandamento do sopesamento propriamente dito*), para ser promovido o fim desejado.[206]

Na lição de Ávila, incumbe ao Poder Judiciário "avaliar a avaliação" feita pelo Poder Legislativo (ou pelo Poder Executivo) relativamente à premissa escolhida. O Legislativo somente irá realizar ao máximo o princípio democrático se escolher a premissa que melhor promova a finalidade pública que motivou sua ação ou se tiver uma razão justificadora para ter se afastado da escolha da melhor premissa.[207] Prossegue Ávila sustentando que este postulado não se confunde com a ideia de proporção em suas variadas manifestações, sendo aplicável apenas para as situações em que há uma relação de causalidade entre dois elementos discerníveis, um meio e um fim, quando deverão ser feitos três exames fundamentais:

> [...] o da adequação (o meio promove o fim?), o da necessidade (dentre os meios disponíveis e igualmente adequados para promover o fim, não há outro meio menos restritivo do(s) direito(s) fundamentais afetados?) e o da proporcionalidade em sentido estrito (as vantagens trazidas pela promoção do fim correspondem às desvantagens provocadas pela adoção do meio?)[208]

A ação deve ser adequada no sentido de ser idônea, refletindo-se na sua aptidão em promover o resultado pretendido.[209] Por necessidade, entenda-se que devemos escolher, dentre todos os meios adequados para atingir o fim, aquele que melhor promove o fim desejado. A proporcionalidade em sentido estrito expressa, na lição de Alexy, o que significa a otimização em relação aos princípios colidentes, sustentando que:

> Ela é idêntica à lei do sopesamento, que tem a seguinte redação: Quanto maior for o grau de não-satisfação ou de afetação de um princípio, tanto maior terá que ser a importância da satisfação do outro. Isso expressa que a otimização em relação aos princípios colidentes nada mais é que o sopesamento. A lei do sopesamento mostra que ele pode ser dividido em três passos. No primeiro é avaliado o grau de não-satisfação ou afetação de um dos princípios. Depois, em um segundo passo, avalia-se a importância da satisfação do princí-

---

[204] ÁVILA, 2009, p. 161-163.
[205] SCHOLLER, 1999, p. 99.
[206] ALEXY, 2008, p. 116-117.
[207] ÁVILA, 2009, p. 174.
[208] Ibid., p. 161-162.
[209] Cf. observações feitas por Ingo Sarlet em aula ministrada no Mestrado em Direito da PUC/RS, 2009.

pio colidente. Por fim, em um terceiro passo, deve ser avaliado se a importância da satisfação do princípio colidente justifica a afetação ou a não-satisfação do outro princípio.[210]

Ressalta Scholler que meios que são adequados podem, mas não precisam ser necessários. Em contrapartida, meios necessários serão sempre adequados.[211] Na aplicação da proporcionalidade em sentido estrito, assume relevância determinante a ponderação entre os fins e os meios. Os fins a serem alcançados e os bens jurídicos para cuja realização ou proteção o Estado pode (ou deve) intervir devem igualmente encontrar guarida na ordem constitucional.[212]

Konrad Hesse, quando aborda o *princípio da concordância prática*, estabelece uma íntima relação entre os princípios constitucionais, ora reconhecidos como postulados, especialmente com a ponderação e com o postulado da proporcionalidade. Refere que:

> Onde ocorram colisões não se deve, através de uma precipitada "ponderação de bens" ou, inclusive, de uma abstrata "ponderação de valores", realizar um dos bens com o sacrifício do outro. Pelo contrário, o princípio da unidade da Constituição exige um trabalho de "otimização": faz-se necessário estabelecer os limites de *ambos* os bens a fim de que os dois alcancem uma efetividade ótima. A fixação desses limites deve observar em cada caso concreto o princípio da proporcionalidade; não deve ir além do necessário para a concordância entre ambos os bens jurídicos. "Proporcionalidade significa, nesse contexto, uma relação entre duas magnitudes variáveis, concretamente aquela que corresponda melhor a essa tarefa de otimização e não uma relação entre um 'objetivo' constante e um ou mais 'meios' variáveis".[213]

A colisão deve ser resolvida por meio de um sopesamento entre os interesses conflitantes. Na lição de Alexy, o objetivo do sopesamento *é definir qual dos interesses – que abstratamente estão no mesmo nível – tem maior peso no caso concreto*.[214] Portanto, proporcionalidade é verificar vantagens *versus* desvantagens para se chegar à melhor solução, devendo, dentre todos os meios disponíveis, ser usado aquele que melhor promove o fim. Os efeitos positivos devem superar os efeitos negativos decorrentes da aplicação deste postulado, revelando-se este procedimento num mecanismo proporcional de aplicação dos princípios.[215]

Este postulado configura-se como um importante mecanismo de proteção dos direitos fundamentais. Estabelece que a norma deve ser interpretada, no caso em concreto, para a melhor realização do fim cons-

---

[210] ALEXY, 2008, p. 593-594.
[211] SCHOLLER, 1999, p. 99.
[212] Ibid., p. 106.
[213] HESSE, 2009a, p. 114-115.
[214] ALEXY, 2008, p. 95.
[215] ÁVILA, 2009, p. 159-161.

titucional proposto ou decorrente do sistema como um todo. Possibilita também que o juiz gradue o peso da norma, a fim de que ela não produza um resultado indesejado pelo sistema, fazendo a justiça do caso concreto. Resta concebida esta ideia, sendo a proporcionalidade seguidamente utilizada como um parâmetro de justiça, assumindo uma dimensão material. Porém, frequentemente, também tem função instrumental, na interpretação de outras normas.[216]

Por conseguinte, fica claro que a proporcionalidade em si é retratada em uma balança, sendo os princípios os objetos colocados nesta balança, razão pela qual a proporcionalidade não pode ser considerada um princípio autônomo, mas apenas um instrumento de aplicação de princípios no caso concreto. Portanto, proporcionalidade é um critério de aplicação dos princípios, sendo por este fundamento reconhecida como um postulado normativo, que visa a estruturar a interpretação e aplicação de princípios e também de regras.[217] Finaliza com propriedade Ávila ao sustentar que:

> Todas essas considerações levam ao entendimento de que o controle de constitucionalidade poderá ser maior ou menor, mas sempre existirá, devendo ser afastada, de plano, a solução simplista de que o Poder Judiciário não pode controlar outro Poder por causa do princípio da separação dos Poderes. O princípio democrático só será realizado se o Poder Legislativo escolher premissas concretas que levem à realização dos direitos fundamentais e das finalidades estatais. Os direitos fundamentais, quanto mais forem restringidos e mais importantes forem na ordem constitucional, mais devem ter sua realização controlada. A tese da insindicabilidade das decisões do Poder Legislativo, sustentada de modo simplista, é uma monstruosidade que viola a função do guardião da Constituição atribuída ao Supremo Tribunal Federal, a plena realização do princípio democrático e dos direitos fundamentais bem como a concretização do princípio da universalidade da jurisdição.[218]

Para Bonavides, uma das maiores virtudes da proporcionalidade é de limitar os cerceamentos aos direitos fundamentais, transformando, enfim, o legislador num funcionário da Constituição, estreitando assim o espaço de intervenção ao órgão especificamente incumbido de fazer as leis.[219]

Não menos importante é lembrar que o postulado da proporcionalidade não possui aplicação irrestrita, pois necessita do preenchimento de pressupostos específicos para ser corretamente empregado, mediante o exame da adequação, da necessidade e da proporcionalidade em sentido estrito. Serve de alerta a crítica de Eros Grau, ao referir que a doutrina tem banalizado este postulado de modo a torná-lo um *princípio superior*, pre-

---

[216] BARROSO; BARCELLOS, 2003, p. 362-363.

[217] Cf. observações feitas por Humberto Ávila em aula ministrada na Escola Judicial do TRT da 4ª Região, 2009.

[218] ÁVILA, 2009, p. 175-176.

[219] BONAVIDES, 2008, p. 424.

tendendo aplicá-lo a todo e qualquer caso concreto.[220] Portanto, somente quando preenchidos seus requisitos poder-se-á falar na sua aplicabilidade em seu caráter trifásico,[221] sob pena de ter a sua utilização distorcida para a prática de atos arbitrários, quando justamente deveria funcionar em sentido oposto, com escopo de coibir tais condutas.[222]

2. A cultura processual no Estado Constitucional

2.1. A evolução histórico-metodológica da ciência processual: o praxismo e o processualismo

O Direito Processual, no decorrer dos tempos, percorreu diversas fases e etapas, com vistas ao seu desenvolvimento e a sua autonomia. Cândido Rangel Dinamarco enumera três fases metodológicas do processo. O período inicial era chamado de sincretismo, quando o processo confundia-se com mero procedimento, sendo os conhecimentos nesta fase puramente empíricos; o período autonomista ou conceitual, quando o processo alcança a sua autonomia em relação ao direito material. E, por último, a fase instrumentalista, também chamada de período teleológico, quando são reconhecidos escopos sociais e políticos na ordem processual, evidenciando-se a *instrumentalidade do processo* em relação ao direito material.[223]

Daniel Mitidiero, por sua vez, preconiza que o processo civil já caminha em uma nova etapa após percorrer a fase do instrumentalismo, que vem a ser o formalismo-valorativo.[224] Fredie Didier Jr. também reconhece que o processo civil já se encontra em uma quarta fase metodológica, chamada de neoconstitucionalismo, neoprocessualismo ou ainda de formalismo-valorativo.[225] Alinham-se, portanto, quatro grandes fases do

---

[220] GRAU, 2005a, p. 184.

[221] Uma medida é adequada se atinge o fim almejado; exigível por causar o menor prejuízo possível; e proporcional em sentido estrito se as vantagens que trouxer superarem as desvantagens. Cf. GUERRA FILHO, 2005, p. 265.

[222] ÁVILA, op. cit., p. 162.

[223] DINAMARCO, Cândido Rangel. *Instituições de Direito Processual Civil*. São Paulo: Malheiros, 2001. v. 1, p. 252-255.

[224] Optamos por desenvolver esse pensamento, sendo visualizadas quatro grandes fases metodológicas do processo até o presente momento.

[225] DIDIER JÚNIOR, Fredie. *Curso de Direito Processual Civil*: teoria geral do processo e processo de conhecimento. 12. ed. Salvador: *jus* Podivm, 2010. v. 1, p. 26-29.

processo civil: praxismo, processualismo, instrumentalismo e formalismo-valorativo.[226]

O praxismo inspira-se fortemente na doutrina lusitana.[227] Corresponde à fase da pré-história do processo civil, quando o processo ainda não era visto como um ramo autônomo do Direito.[228] Neste período, o processo não era reconhecido como uma relação de direito público desenvolvida entre Estado (tribunais) e partes.[229] No praxismo, o processo civil era visto como um apêndice do direito material, sendo chamado de direito adjetivo.[230] O processo era tido como um mero procedimento, sendo a ação um desdobramento do direito subjetivo.[231]

Somente na fase do processualismo, o processo civil passa a ser considerado como disciplina autônoma, deixando de ser considerado um mero procedimento, advindo neste período as grandes discussões de inúmeros institutos do processo.[232] No início do século XIX, surge na Alemanha[233] o movimento chamado de pandectística[234] (direito das pandectas), cujo objetivo era refinar e purificar conceitos, estando A. Wach e Bernhard Windscheid dentre aqueles autores de maior expressão na época.[235]

Em 1868, Oskar Bülow lançou sua obra,[236] procurando, a partir do direito romano clássico (*legis actiones e per formulas*), legitimar uma relação de preliminariedade na ciência do processo, vindo a estabelecer uma estrutura bifásica.[237] Sustentou então que inicialmente devem ser examinadas as questões processuais, chamando-as pela primeira vez de pres-

---

[226] MITIDIERO, 2009, p. 29.

[227] Manuel Mendes de Castro foi apontado por Pontes de Miranda como um dos maiores autores de Portugal ao tempo do praxismo, na doutrina do processo (MARQUES, José Frederico. *Instituições de Direito Processual Civil*. 2. ed. Rio de Janeiro: Forense, 1962. v. 1, p. 154).

[228] Nicola Picardi assim denominou esta fase metodológica do processo. Cf. MITIDIERO, Daniel. *Elementos para uma Teoria Contemporânea do Processo Civil Brasileiro*. Porto Alegre: Livraria do Advogado, 2005, p. 17.

[229] SILVA, Ovídio A. Baptista da. *Curso de Processo Civil*. 7. ed. Rio de Janeiro: Forense, 2006. v. 1, p. 4.

[230] MITIDIERO, op cit., p. 30-32.

[231] SILVA, op. cit., loc. cit.

[232] MITIDIERO, 2009, p.34.

[233] Lembra Mitidiero que nessa época os personagens centrais do discurso jurídico na Alemanha eram os professores; na França, os legisladores e na Inglaterra, os Juízes (Ibid., p. 49-54).

[234] Rapidamente a pandectística ultrapassou as fronteiras do Estado alemão, influenciando inúmeros outros países da Europa, inclusive França, ainda que de maneira menos intensa, e Inglaterra, pelas ideias desenvolvidas por Austin (WIEACKER, Franz. *História do Direito Privado Moderno*. Trad. A. M. Botelho Hespanha. 3. ed. Lisboa: Fundação Calouste Gulbenkian, 1967, p. 506-507).

[235] Ibid., p. 509-510.

[236] *La teoría de las excepciones procesales y los presupuestos procesales*.

[237] PONTES DE MIRANDA. *Comentários ao Código de Processo Civil*. Rio de Janeiro: Forense, 1973. t. 1, prólogo, p. XXV.

supostos processuais, para depois ser analisado quem tem razão, quando do exame do que passou a ser chamado de mérito da causa.[238]

Bülow, em 1868, é quem separa direito material e processo pelo ângulo do direito processual, estabelecendo que a relação processual é um vínculo de direito público.[239] Posteriormente, Wach, a partir do conceito de ação declaratória negativa, vai separar direito material e processo pelo ângulo da ação.[240] A teorização da ação teve como finalidade separar o direito material do direito processual. As teorias italianas são frutos desta doutrina. Buscava-se que a ação se isolasse do direito material, havendo um procedimento único para a tutela de quaisquer direitos, sendo que na sociedade da época apenas interessava o direito de família, de propriedade, contratos e obrigações. A ação seguia um procedimento único para chegar até a sentença, sendo este procedimento abstrato para servir a toda e qualquer ação, a pretexto de se demonstrar a autonomia do processo.[241]

Portanto, a consagração do Direito Processual Civil como ciência é relativamente recente, ocorrendo este fenômeno apenas no final do século XIX, precisamente em 1868, na Alemanha.[242]

Por obra de Carnelutti, na Teoria Geral do Processo, separa-se mais ainda o direito material do processo, buscando-se uma autonomia plena do processo.[243] Tanto é que a revista de direito processual italiano civil suprimiu o civil do seu título quando Carnelutti assumiu a direção da revista no lugar de Chiovenda. O próprio Carnelutti advertiu, no prólogo da sua obra *Sistema de Direito Processual Civil*, que *o que se ensina neste livro é apenas Direito processual civil e não Direito processual penal, o qual se emprega apenas como objeto de comparação; análoga observação como enquanto ao processo coletivo*.[244] Na verdade, portanto, a Teoria Geral do Processo construída é uma teoria do processo civil apenas, e não de todos os processos (trabalhista e penal, por exemplo).[245]

---

[238] MITIDIERO, op. cit., p. 33-34.

[239] Assim também dispõe: BUZAID, Alfredo, *Estudos e Pareceres de Direito Processual Civil*. São Paulo: Revista dos Tribunais, 2002, p. 87-88.

[240] CHIOVENDA, Giuseppe. *Instituições de Direito Processual Civil*. Campinas: Bookseller, 1998. v. 1, p. 39, 41.

[241] Cf. OLIVEIRA, Carlos Alberto Álvaro de. *Teoria e Prática da Tutela Jurisdicional*. Rio de Janeiro: Forense, 2008, p. 19-78 *passim*; Cf. MITIDIERO, 2009, p. 31-34.

[242] CHIOVENDA, op. cit., p. 39. MARQUES, 1962, v. 1, p. 135-136.

[243] Esse posicionamento fica evidente nas fases de evolução do direito processual italiano, elencadas por Carnelutti em sua obra (CARNELUTTI, Francesco. *Sistema de Direito Processual Civil*. Trad. Hiltomar Martins Oliveira. São Paulo: Classic Book, 2000, p. 46-47).

[244] Ibid., p. 34.

[245] SENTÍS MELENDO, Santiago. Calamandrei. O Homem e a Obra. In: CALAMANDREI, Piero. *Direito Processual Civil*. Trad. Luiz Abezia e Sandra Drina Fernandez Barbiery. Campinas: Bookseller, 1999, p. 31.

No processualismo, restou reconhecido que os requisitos de validade e eficácia do processo não são os mesmos do direito material, podendo existir direito material sem processo ou processo sem o direito material. Em sentido oposto, lembra Liebman que os *juristas romanos não faziam a distinção entre direito subjetivo material e ação. Direito e ação formavam um só corpo, que era a "actio"*.[246] Com isso, sustenta Bülow, pela primeira vez, a autonomia do processo em relação ao direito material. Bülow separa direito e processo, a partir dos pressupostos processuais, sustentando que devem ser criados conceitos processuais por ser o processo autônomo em relação ao direito material. Este é o programa da processualística alemã, trazida basicamente por Adolf Wach,[247] sendo que um dos seus grandes objetivos é justamente esboçar as funções processuais a partir do direito romano clássico, criando conceitos puros no campo processual por não admitirem a intromissão do direito material em sua conformação.[248]

Essa fase do processualismo, que teve início na Alemanha no final do século XIX, se desenvolve na Itália no início do século XX, sobretudo por Chiovenda.[249] A escola de Chiovenda, também chamada de histórico-dogmática,[250] consagra a ideologia de que a cada função processual (binômio cognição-execução forçada) corresponde um processo.[251] Este pensamento fica evidente na lição trazida por Liebman, de que *a sentença condenatória confere ao vencedor o poder de pedir a execução em seu favor*. Sustentava Liebman que a sentença condenatória distinguia-se das sentenças declaratórias e constitutivas porque estas preenchiam sua função e esgotavam a tutela jurídica pedida pelo autor, *com o simples fato de terem sido proferidas e de estarem revestidas da autoridade da coisa julgada*, não sendo suscetíveis e nem carecendo de execução.[252] Conclui Liebman que *a sentença condenatória, ao contrário, não se consuma em si mesma*, necessitando da execução caso perdure o inadimplemento pelo devedor.[253]

Em 1903 Chiovenda demonstra a autonomia da ação em face do direito subjetivo material, realçando a natureza publicista do processo

---

[246] LIEBMAN, Enrico Tullio. *Estudos sobre o Processo Civil Brasileiro*. São Paulo: Saraiva, 1947, p. 47.

[247] Wach conceitua ação como sendo um instrumento autônomo, de direito público (MARQUES, 1962, v. 1, p. 136).

[248] Cf. OLIVEIRA, 2008, p. 19-78, *passim*; MITIDIERO, 2009, p. 33-34.

[249] MARQUES, 1962, v. 1, p. 136-138.

[250] CHIOVENDA, 1998, v. 1, p. 6.

[251] SENTÍS MELENDO, 1999, p. 29-31.

[252] Segundo Liebman, cognição e execução são ordenadas em dois processos distintos, *construídos sobre princípios e normas diferentes, para a obtenção de finalidades muito diversas.* (LIEBMAN, Enrico Tullio. *Processo de Execução*. São Paulo: Saraiva, 1946, p. 81).

[253] LIEBMAN, op. cit., p. 31-32.

civil.[254] Este quadro é retratado no Código de Processo Civil Brasileiro de 1939, que tem como intenção evidenciar a publicização do processo, servindo o processo para o exercício da jurisdição pelo Estado, bem como se dando ênfase ao princípio da oralidade, seguindo-se a doutrina de Chiovenda.[255] Este quadro perdurou até a década de 1980 – meados do século XX na Itália, sendo trazido para o Brasil por Liebman. A mentalidade da abstração do processo em relação ao direito material fica evidente nas lições trazidas por Liebman. Por tal razão não se conseguiu na época separar o ilícito do dano.[256]

Na escola desenvolvida por Chiovenda, a jurisdição é concebida como uma função de concretização da vontade da lei no processo.[257] Chiovenda chegou a sustentar que a jurisdição significa a atuação da lei, somente se manifestando a jurisdição a partir da revelação da vontade do legislador.[258] Ao tratar da jurisdição, dizia Calamandrei que a *regra fundamental é que o juiz deve ser o servidor da lei e seu intérprete fiel*.[259] Sustentava Calamandrei:

> A justiça que administra o juiz é, no sistema de legalidade, a *justiça em sentido jurídico*, isto é, no sentido mais estreito e menos opinável, de conformidade com o direito constituído, independentemente da correspondência deste com a "justiça social".[260]

Portanto, a escola de Chiovenda é seguidora daquela doutrina construída no Estado Liberal, inspirada nos valores da Revolução Francesa e no Iluminismo.[261] Continua-se a separar claramente a função do legislador e do juiz, cabendo exclusivamente àquele a criação do direito e aos juízes a sua aplicação.[262] Na doutrina de Chiovenda, assevera Ovídio Baptista da Silva, a produção do direito era monopólio do próprio Estado.[263] Essa escola, muito embora tenha afirmado ser o processo um instituto tipicamente de direito público, manteve-se fiel ao positivismo clássico do

---

[254] CHIOVENDA, op. cit., p. 42-48.

[255] DINAMARCO, Cândido Rangel. *Fundamentos do Processo Civil Moderno*. 4. ed. São Paulo: Malheiros, 2001, p. 32-33.

[256] MITIDIERO, op. cit., p. 23-24.

[257] CHIOVENDA, 1998, v. 1, p. 7, 19, 39.

[258] Cf. Ibid., p. 237. Chiovenda conceitua ação como *o poder jurídico de dar vida à condição para a atuação da vontade da lei*. (Ibid., p. 42).

[259] CALAMANDREI, Piero. *Direito Processual Civil*. Trad. Luiz Abezia e Sandra Drina Fernandez Barbiery. Campinas: Bookseller, 1999, p. 101.

[260] Ibid., p. 100.

[261] MARQUES, 1962, v. 1, p. 132.

[262] Registra-se a crítica de Pontes de Miranda, ao dizer que deve ser evitada qualquer alusão à sentença como "vontade concreta da lei", *voluntarismo em que incorreu Chiovenda*. (PONTES DE MIRANDA, 1973, prólogo, p. XXIII).

[263] SILVA, 2006, v. 1, p. 14.

Estado Liberal.[264] Carnelutti e Calamandrei, conforme visto, mantiveram as mesmas ideias, de que a função do juiz é expressar a vontade da lei, subordinando-se, por conseguinte, à vontade trazida pelo legislador. A distinção entre seus pensamentos e o de Chiovenda era sutil, não se alterando na sua essência. Enquanto Chiovenda sustentava que a jurisdição tinha como escopo declarar a vontade da lei sem criar uma nova regra, Carnelutti[265] e Calamandrei[266] sustentaram que a jurisdição criava uma regra individual que passava a integrar o ordenamento jurídico, muito embora não deixasse de continuar a declarar apenas o disposto no texto de lei. Continuava-se a se seguir o positivismo clássico.[267]

Destarte, o processualismo é fruto da cultura do momento histórico em que foi construído. Nesse período buscava-se que a ação se isolasse do direito material, havendo um procedimento único e abstrato para a tutela de quaisquer direitos, a pretexto de demonstrar a autonomia do processo.[268]

2.2. Em especial: o Código Buzaid como ápice do processualismo

No ano em que foi promulgado o Código de Processo Civil de 1939, chega ao Brasil Enrico Tullio Liebman, trazendo consigo toda a bagagem teórica que irá inspirar o Código projetado por Buzaid.[269] De 1939 a 1945, Liebman reside no Brasil e forma um grupo de estudos em Processo Civil, na Faculdade de Direito de São Paulo, com a participação de diversos jovens estudiosos da época, que se formam discípulos do mestre. Dentre os integrantes deste grupo, estão José Frederico Marques, que se torna posteriormente professor catedrático da Pontifícia Universidade Católica de São Paulo, bem como Buzaid e Vidigal, tornando-se os dois professores catedráticos na Faculdade do Largo do São Francisco.[270] Surge, assim, o que posteriormente foi denominado por Alcalá-Zamora de escola pro-

---

[264] MARINONI, 2006, v. 1, p. 33-35.

[265] Lembra Ovídio Baptista da Silva que Carnelutti, em 1936, ainda *considerava jurisdicional somente o processo declaratório, dito Processo de Conhecimento*. (SILVA, Ovídio A. Baptista da. *Jurisdição e execução na tradição romano-canônica*. 3. ed. Rio de Janeiro: Forense, 2007, p. 34).

[266] CALAMANDREI, 1999, p. 142-147.

[267] MARINONI, 2006, v. 1, p. 38-39.

[268] OLIVEIRA, Carlos Alberto Álvaro de; MITIDIERO, Daniel. *Curso de Processo Civil*. São Paulo: Atlas, 2010. v. 1, p. 13-14.

[269] Liebman, exilado da Itália, vem para São Paulo (MARQUES, 1962, v. 1, p. 166-167).

[270] BUZAID, Alfredo, *Grandes Processualistas*. São Paulo: Saraiva, 1982, p. 14-15. DINAMARCO, 2001, v. 1, p. 270.

cessual de São Paulo,[271] a partir das lições extraídas da obra de Liebman, inclusive dos encontros ocorridos em sua casa.[272]

O direito processual passa a ser estudado com base em três institutos fundamentais: jurisdição, ação e processo. Salienta-se a distinção entre relação jurídica processual e relação jurídica material, dentre outras premissas.[273] Como já referido, Buzaid estava no grupo de estudos e se torna dileto discípulo de Liebman, tornando-se, após alcançar a cátedra de processo civil da Universidade de São Paulo, Ministro da Justiça, sendo encarregado de elaborar o anteprojeto do CPC.[274]

Segundo Buzaid, a dogmática do processo civil moderno distingue--lhe três funções: a) de conhecimento; b) de execução; c) e cautelar. A primeira consiste em declarar o direito, competindo ao juiz dar razão a quem efetivamente a tem.[275] Salienta que na função de conhecimento o juiz é *vox legis* enquanto *ius dicit*. Já a função de execução se funda na existência de título executivo judicial ou extrajudicial.[276]

Na concepção de Liebman, este processo de conhecimento se encerrava com o pronunciamento de uma sentença, ensejando a execução da sentença após o seu trânsito em julgado, permitindo-se excepcionalmente a sua execução provisória.[277] Preconizava Liebman que não é função do juiz expedir ordens às partes, e sim, apenas declarar qual a situação existente entre elas de acordo com o direito vigente.[278] Segundo Liebman, condenar significa declarar um dano, tendo que haver um novo processo para remover a repressão ao dano.[279] Dizia Liebman:

> Assim, é perfeitamente natural que a cognição e a execução sejam ordenadas em dois processos separados e distintos, construídos sobre princípios e normas diferentes, para a obtenção de finalidades muito diversas.[280]

---

[271] MARQUES, 1962, v. 1, p. 167.

[272] Posteriormente, surge uma escola brasileira de direito processual, com diversos professores em várias partes do Brasil, já existindo uma segunda geração de juristas que também se serviu dos ensinamentos de Liebman, inclusive em estudos na própria Itália. Cf. DINAMARCO, 2001, cap. 1, t. 1, p. 35-38. Id., 2001, v. 1, p. 270.

[273] DINAMARCO, 2001, p. 36.

[274] Id., 2001, v. 1, p. 264.

[275] Liebman enfatizava a necessidade do título executório para se promover a execução, separando assim as funções cognitivas e executivas (LIEBMAN, 1946, p. 23).

[276] BUZAID, 2002, p. 36-37. Do mesmo modo, segundo Liebman: *nulla executio sine titulo*. (LIEBMAN, 1946, p. 23).

[277] Id., 1947, p. 31-32.

[278] Conforme ressalta Ovídio Baptista da Silva (SILVA, 2007, p. 19).

[279] O descumprimento da obrigação originária produzia o *nascimento de obrigação secundária por perdas e danos*. (LIEBMAN, 1946, p. 11).

[280] Id., 1947, p. 42.

Com isto, resta clara a influência de Liebman no CPC de 1973, sobretudo porque seu anteprojeto foi feito por um dos seus maiores discípulos, Alfredo Buzaid, cujo pensamento fica evidente, por exemplo, no estabelecimento das condições da ação, na natureza abstrata da ação, na disposição da coisa julgada e da execução forçada.[281]

Posteriormente, Buzaid, na condição de Ministro da Justiça, vem a sancionar o projeto elaborado por ele próprio, do novo CPC, juntamente com o Presidente Médici.[282] O Código é promulgado em 1973, sendo uma cópia fidedigna da doutrina italiana, exceto no que tange à disposição atinente aos procedimentos especiais.[283] Divide-se em: processo de conhecimento, de execução, cautelar, procedimentos especiais e disposição finais.[284]

O modelo do Código Buzaid[285] perdura até 1994, quando então surgem inúmeras reformas processuais que acabam descaracterizando o modelo anterior e concebendo uma nova ordem processual brasileira. Mitidiero ressalta a formatação desse novo modelo com as reformas processuais iniciadas em 1994, que culminaram para uma reestruturação do Código de Processo Civil, dando fim à era do Código Buzaid.[286] Dinamarco, por sua vez, também enfatiza que as reformas processuais configuraram uma nova linha metodológica do processo, com vistas ao seu resultado efetivo.[287]

Segundo Buzaid, o processo civil é uma instituição técnica, infenso a fatores culturais.[288] O Código de Processo Civil brasileiro, chamado Código Buzaid, tinha, dentre as suas principais características, ser um código essencialmente individualista, patrimonialista e que privilegiava a tutela repressiva.[289] A omissão do código acerca das ações coletivas também evi-

---

[281] DINAMARCO, 2001, cap. 1, t. 1, p. 38; BUZAID, 1982, p. 13-18.

[282] MITIDIERO, Daniel. O Processualismo e a Formação do Código Buzaid. *Revista de Processo*, São Paulo, v. 35, n. 183, p.165-194, maio 2010, p. 176-177.

[283] Registra-se que o anteprojeto do Código apresentado por Buzaid não contemplava o livro quarto, relativo aos procedimentos especiais de jurisdição contenciosa e de jurisdição voluntária (MITIDIERO, loc. cit.).

[284] BUZAID, 1982, p. 20-21.

[285] A expressão Código Buzaid é utilizada por Daniel Mitidiero, dentre outros, para evidenciar a *existência de um verdadeiro sistema processual proposto por Buzaid*, bem como *para separar este sistema do modelo processual hoje vigente*. Conforme observações feitas em nota de rodapé (MITIDIERO, op. cit., p.177).

[286] Conforme observações feitas em nota de rodapé (MITIDIERO, 2010, p. 177).

[287] DINAMARCO, 2001, v. 1, p. 108.

[288] MITIDIERO, 2009, p. 23-24.

[289] Liebman chamava de sanção, por exemplo, a responsabilidade por perdas e danos do devedor que não cumpriu a obrigação, ou deixou de cumpri-la pelo modo e no tempo devido (LIEBMAN, 1946, p. 11).

dencia a sua característica individualista, isto porque no século XIX não havia preocupação com situações coletivas.[290] Não havia, portanto, *preocupação com questões de cunho social e metaindividuais*.[291]

As duas últimas características do código estão ligadas à categoria do dano. Segundo Marinoni, a unificação das categorias da ilicitude e da responsabilidade civil constitui o reflexo da ideia de que toda violação de direito pode ser valorada em pecúnia. Inibir a violação não é o mesmo que inibir o dano. Como consequência, a associação de ilícito e dano deriva da suposição de que a violação do direito somente pode exigir do processo civil tutela contra o dano – na forma específica ou pelo equivalente em dinheiro –, mas jamais uma tutela voltada a remover o ilícito (independentemente de ele ter provocado dano).[292] Justamente essa concepção teórica adotada pelo Código Buzaid, segundo Mitidiero, impediu que se identificasse e se viabilizasse uma tutela jurisdicional repressiva, voltada tão somente à remoção do ilícito ou de seus efeitos, tendo em vista a confusão estabelecida entre ato ilícito, fato danoso e responsabilidade civil.[293]

O livro I do CPC – do processo de conhecimento – tem forte inspiração no pensamento de Chiovenda. Conforme Chiovenda, a relação de cognição finda normalmente com a sentença que se pronuncia sobre o mérito, excepcionalmente com a sentença que extingue a ação sem resolução de mérito, com a composição das partes, renúncia ou com a perempção.[294] Os procedimentos especiais foram incluídos posteriormente no projeto, não sendo tratados por processo, e sim, apenas por procedimentos por retratarem o que foi chamado de procedimentos de mera rotina do foro. Resta concebida a doutrina de que no processo de conhecimento só se conhece e no de execução só se executa (por existir uma presunção).[295] O meio de discussão do título é através de um processo incidental chamado de embargos (ação incidental de conhecimento). O provimento cautelar é uma resposta imediata a um dano jurídico. O processo cautelar é visto como uma unidade porque mistura cognição e execução. O que fundamenta a diferença com o processo de conhecimento é a estrutura dos

---

[290] MITIDIERO, 2010, p. 182-183.

[291] Ibid., p. 185.

[292] MARINONI, Luiz Guilherme, *Técnica Processual e Tutela dos Direitos*, São Paulo: Revista dos Tribunais, 2004, p. 158-159.

[293] MITIDIERO, op. cit., p. 189-190.

[294] CHIOVENDA, 1998, v. 1, p. 84.

[295] BUZAID, 2002, p. 36-37; LIEBMAN, 1946, p. 23-24; MITIDIERO, op. cit, p.179-181.

provimentos cautelares, por serem estes provisórios e aqueles definitivos. Este é o Código de Buzaid, praticado por nós por 20 anos no Brasil.[296]

Para Dinamarco, a clássica separação funcional entre o processo de conhecimento e a execução forçada acaba acarretando pouca celeridade processual.[297] Assim, segundo Mitidiero, o Código Buzaid é uma fratura no direito processual brasileiro, que buscou impor, como padrão da tutela dos direitos, um livro I – processo de conhecimento, e um livro II – processo de execução, cujas atividades eram tidas como puras e que não se misturavam.[298] Anteriormente, tínhamos o CPC de 39, que não possuía essa estrutura. No entanto, Buzaid foi um crítico ao Código de Processo Civil de 1939, salientando que o Código teria sido construído em um curto espaço de tempo, sem o devido debate perante a sociedade. Apesar de salientar que o Código de 39 se inspirou nos Códigos da Alemanha, de Portugal e da Áustria, a fim de somar a experiência desses modelos europeus, Buzaid foi contundente em sua crítica:

> Sente-se, ao tomar contato com o Código, que há nele duas almas: na primeira parte, uma alma viva e atualizada com o progresso contemporâneo da ciência; nas demais, uma alma envelhecida. Cada qual fala a sua própria linguagem. É por isso que não se casam harmonicamente.
>
> Dentre todas as partes do Código, aquela que apresenta maiores defeitos é, sem dúvida nenhuma, a do sistema de recursos.[299]

Já o Código Buzaid foi concebido com base no Código Civil de Beviláqua, que foi o último código oitocentista, segundo Pontes de Miranda, pensado com base no modelo social do século XIX. Os propósitos sociais e culturais do código Buzaid são as determinantes do século XIX, que se utilizaram do Código Civil francês de 1804 e do Código Civil alemão de 1895 como suas principais fontes.[300]

Por conseguinte, o Código Buzaid tem um referencial teórico atrasado, pois se baseava no Código Civil de 1916, que por sua vez se baseava no modelo do século XIX, sendo esta a crítica apontada por Mitidiero. Os institutos baseavam-se sempre nas ideias de liberdade e de segurança, que vinham refletidos nos direitos de propriedade (também de posse), contratos, família e sucessórios. Buscava-se a tutela por um equivalente em dinheiro, obtendo-se o fenômeno da mercantilização dos direitos. To-

---
[296] MITIDIERO, 2010, p. 179-181.
[297] DINAMARCO, 2001, v. 1, p. 290.
[298] MITIDIERO, op. cit., p. 177-181
[299] BUZAID, Alfredo. *Estudos de Direito I*. São Paulo: Saraiva, 1972, p. 81-82.
[300] MITIDIERO, op. cit., p.182-184.

dos esses valores se expressavam muito bem em dinheiro, estando assim refletido o CPC.[301]

Destarte, o fruto do processualismo é a consagração de um procedimento comum (único), para se chegar a uma sentença através da ação. Este procedimento compreendia cognição, execução e cautela, conforme disposto no projeto inicial do CPC de Buzaid.[302] Apenas as elites da época, cuja classe era compreendida basicamente por fazendeiros, mercadores e comerciantes, foram contempladas com tutelas jurisdicionais diferenciadas, mais ágeis e eficazes. Os comerciantes manejavam com títulos de créditos, havendo então uma tutela diferenciada para assegurar seus direitos, que consistia na ação executiva direta fundada em título executivo extrajudicial.[303] Ao comentar que no Brasil a execução podia ocorrer por duas vias diversas (por execução de sentença e por ação executiva), o próprio Liebman ressaltava que o direito processual brasileiro se diferenciava da maior parte dos países do continente europeu, nos quais existia um único tipo de execução, enfatizando que não existia naquelas legislações a ação executiva criada no Brasil.[304]

A segunda tutela jurisdicional diferenciada criada para atender aos anseios da classe dominante da época, no caso os grandes proprietários rurais, foram as ações possessórias, com técnicas mais céleres e eficazes para a proteção desses direitos. Resta sabido, há bastante tempo, que as leis especiais surgem, muitas vezes, a partir do *lobby* daqueles que detêm o poder, que acaba redundando na criação de leis específicas para que sejam atendidas as suas necessidades de forma mais adequada. Coincidência ou não com este fenômeno é o Decreto-Lei nº 911, de 1969, que protege a alienação fiduciária, instituindo técnicas diferenciadas para defesa desse direito, inclusive com a possibilidade de prisão civil do devedor.[305]

Resta concebida a ideia de que o cidadão comum podia trabalhar com o procedimento comum/único, mas para as elites teria que haver procedimentos especiais, mais céleres e efetivos, com técnicas diferenciadas.[306] Importante lembrarmos que essas particularidades, no que tange

---

[301] MITIDIERO, 2010, p. 187-189.

[302] Ibid., p. 179-181

[303] Ibid., p. 185-187.

[304] LIEBMAN, 1947, p. 30.

[305] MITIDIERO, op. cit., p. 185. O Decreto-Lei nº 911/69 dispõe em seu artigo 4º a possibilidade de prisão civil do depositário infiel do respectivo bem alienado em garantia. No entanto, atualmente o STF decidiu pela impossibilidade da prisão civil do depositário infiel inclusive nos casos de alienação fiduciária, nos termos da súmula vinculante nº 25.

[306] As ações executivas operavam com títulos de crédito, possibilitando execução prévia à execução, enquanto as ações possessórias possibilitavam a concessão de tutelas preventivas e antecipações de tutela. Cf. MITIDIERO, loc. cit.

aos procedimentos especiais, não foram trazidas da Itália como os demais tomos do Código de Buzaid, pois na doutrina italiana não havia procedimentos especiais, mas apenas o procedimento único.[307]

Pelo Código de Buzaid, o direito se rende à vontade do executado, sendo resolvido por perdas e danos. Sobre isso vale lembrar a crítica de Marinoni, de que o direito *não pode ser desconsiderado após o dano, ou entregue à forma de ressarcimento pelo equivalente em dinheiro, como se todo direito pudesse ser convertido em pecúnia, ou como se esta fosse a única forma para o ressarcimento*.[308] De acordo com o modelo concebido por Buzaid, o executado não podia ser obrigado a fazer alguma coisa, como hoje é obrigado face às regras contidas nos artigos 461 e 461-A do CPC, em respeito ao valor da liberdade (autonomia da vontade) do executado.[309] Essa é a premissa do Código francês de Napoleão. Na época, o juiz não podia obrigar o executado a fazer ou não fazer algo. Esse é o contexto cultural da época.[310]

Portanto, todo o Processo Civil brasileiro foi pensado com base em uma tutela repressiva, e não com base em uma tutela preventiva. Aliás, conforme já salientamos anteriormente, o art. 1.142 do Código de Napoleão já previa que todas as obrigações de fazer ou não fazer podiam ser resolvidas, em caso de não cumprimento, em perdas e danos.[311] Segundo Marinoni, *o CPC transformou o direito ao ressarcimento na forma específica em direito de obter dinheiro, ao dar ao lesado uma via processual completamente incapaz de permitir-lhe obter ressarcimento na forma específica*.[312] Está na gênese do Processo Civil o conceito de repressão, e não de prevenção; por tal razão, que o nosso código de processo é repressivo e patrimonialista.[313]

2.3. A reação ao processualismo

Essa fase autonomista do processo o separou da realidade social, pois acabou distanciando-o demasiadamente do direito material e, por consequência, dos seus principais objetivos, no sentido de servir como

---

[307] BUZAID, 1982, p. 20-21.

[308] MARINONI, 2004, p. 163.

[309] Para Liebman, *as obrigações de fazer ou não fazer são, pois, em maior ou menor extensão inexequíveis*. No entanto, já lembrava Liebman das astreintes instituídas pela jurisprudência francesa, para se buscar a concretização dessas obrigações (LIEBMAN, 1946, p. 337).

[310] MITIDIERO, 2010, p. 184, 189.

[311] TARUFFO, 1990, p. 83.

[312] MARINONI, 2004, p. 163.

[313] MITIDIERO, op. cit., p. 182-183, 185, 189.

instrumento de concretização do direito material.[314] Posteriormente, restou evidente o equívoco dessa doutrina do processualismo construída ao longo do tempo, no sentido de que existiam dois processos autônomos, sendo o primeiro apenas com a finalidade de certificar a existência do direito, e o segundo que visava a sua efetivação. Apenas por exceção permanece o processo autônomo de execução, na medida em que nos demais casos haverá a execução conjunta ao dito processo de conhecimento, sempre que se buscar efetivar materialmente um título executivo que imponha uma obrigação de fazer, não fazer, entregar coisa ou pagar quantia.[315]

Ao final do século XX, a partir da década de 70, na Itália, e da década de 80, no Brasil, temos a superação do processualismo. Atualmente, busca-se a aproximação do processo com o direito material, pois o processo somente será efetivo se puder corresponder às necessidades do direito substancial.[316] Por direito de ação, passa a ser entendido o direito a um processo justo e a uma tutela jurisdicional adequada, efetiva e tempestiva. Pretende-se reaproximar o direito processual da realidade social, isto é, da cultura, para voltar a existir um laço entre o processo e o direito material. Nesta nova fase, busca-se um processo de resultados, enfatizando Dinamarco que *o processo vale pelos resultados que produz na vida das pessoas*.[317]

Principalmente na Itália, na década de 70, percebe-se que, ao lado dos direitos clássicos, começaram a surgir os chamados novos direitos, como os litígios de massa, que devem ser atendidos pelo Direito.[318] Atualmente, a sociedade não está preocupada apenas em ressarcir danos e com a expressão econômica dos bens. Hoje temos direitos que não podem ser medidos em pecúnia, como por exemplo, os direitos de personalidade, o direito à saúde, ao ensino ou ao meio-ambiente. Nesse novo contexto, entende-se que o ato ilícito deve ser separado do dano, a fim de que deixe de ser prestada apenas uma tutela repressiva pelo Estado, refletida em moeda.[319] Com este intuito, afasta-se a ideia concebida no Código Buzaid acerca da mercantilização dos direitos, surgindo as reformas processuais que incrementaram as técnicas processuais executivas com caráter nitida-

---

[314] MARINONI, Luiz Guilherme, *A Tutela Inibitória*. 4. ed. São Paulo: Revista dos Tribunais, 2006, p. 439; MITIDIERO, 2009, p. 34.

[315] Cf. DIDIER JÚNIOR et al. *Curso de Direito Processual Civil*. 8. ed. Salvador: JusPodivm, 2009. v. 5, p. 29-31.

[316] MARINONI, op. cit., p. 445.

[317] DINAMARCO, 2001, v. 1, p. 108.

[318] CAPPELLETTI, Mauro. O Acesso à Justiça e a Função do Jurista em nossa Época. *Revista de Processo*, São Paulo, n. 61, p.144-160, 1991, p. 150.

[319] Enfatiza Marinoni que o ressarcimento em dinheiro sempre foi considerado subsidiário em relação ao ressarcimento na forma específica (MARINONI, 2004, p. 163).

mente preventivo.[320] A previsão atípica das multas coercitivas é um exemplo desta nova fase. Esta necessidade decorreu da alteração da cultura, refletindo-se na concepção contemporânea da finalidade e dos objetivos traçados ao processo.[321]

Nesta nova ótica, destacam-se dois autores na Itália: Denti[322] e Cappelletti.[323] Estes autores percebem que existem problemas que devem ser resolvidos pelo Processo Civil. Inicialmente, elencam a dificuldade do custo econômico do processo, que acaba impossibilitando o amplo acesso à Justiça por todos. Em segundo lugar, evidenciam a exigência de tutela dos novos direitos, essencialmente transindividuais e também dos direitos acidentalmente transindividuais, tidos como aqueles em que há o agrupamento de pessoas pelos mesmos direitos, o que ocorre com alguns direitos buscados junto às empresas, por exemplo. O Processo Civil passa a ter que resolver os novos litígios, os conflitos de massa. Por fim, enfatizam a necessidade de ser mudada a cultura, o pensamento processualístico, impondo-se, muito mais do que reformas processualísticas, reformas culturais.[324]

O Brasil foi o país que mais respondeu a essas questões. Para estes três problemas, Cappelletti apresenta três ondas renovatórias do Processo Civil.[325] Em resposta ao primeiro problema elencado, responde-se com a criação de uma advocacia voltada para a tutela dos necessitados. No Brasil, a resposta vem na Constituição de 1988 com a criação da Defensoria Pública. Busca-se resolver o problema dos custos econômicos do processo, como empecilho ao acesso integral à justiça, com a possibilidade de concessão do benefício da gratuidade judiciária. Surgem os juizados de pequenas causas e posteriormente os juizados especiais cíveis no Brasil, com o intuito de ser resolvido também o custo da máquina estatal, com o propósito de se implementar uma justiça leiga e informal.[326]

---

[320] MITIDIERO, 2010, p. 185-187.

[321] Enfatizam Alvaro de Oliveira e Mitidiero que as reformas do CPC, ocorridas a partir de 1994, especialmente com as leis nº 8.952/94, 10.444/02 e 11.232/05, *traduzem o esforço do legislador infraconstitucional em desenhar um processo justo, capaz de outorgar tutela jurisdicional adequada, efetiva e tempestiva aos direitos,* marcando a reformulação estrutural do processo civil brasileiro (OLIVEIRA; MITIDIERO, 2010, p. 108-109).

[322] Vittorio Denti busca examinar o processo na perspectiva da tutela dos direitos (MARINONI, op. cit., p. 148).

[323] DINAMARCO, 2001, v. 1, p. 255.

[324] Ibid., p. 113-114.

[325] BUENO, Cassio Scarpinella. *Curso Sistematizado de Direito Processual Civil*: teoria geral do direito processual civil. 2. ed. São Paulo: Saraiva, 2008. v. 1, p. 51-53.

[326] MARINONI, Luiz Guilherme. *Novas Linhas do Processo Civil*: o acesso à justiça e os institutos fundamentais do direito processual. São Paulo: Revista dos Tribunais, 1993, p. 41-51, passim; DINAMARCO, 2001, v. 1, p. 113-114.

Para solucionar o segundo problema enumerado, os olhares se voltam para a tutela dos direitos coletivos (essencialmente coletivos) e para a tutela coletiva dos direitos acidentalmente coletivos (individuais homogêneos).[327] Segundo Cappelletti, nas sociedades contemporâneas o indivíduo isolado é desarmado. Nos conflitos de massa, impõe-se o abandono de concepções e estruturas puramente individualísticas do processo jurisdicional, pois o indivíduo mostra-se incapaz de se proteger por si mesmo de forma adequada.[328] No Brasil não temos uma forte experiência no processo coletivo, vindo da Itália o maior legado doutrinário sobre a matéria, muito embora não haja na Itália uma legislação específica a respeito. Apesar de ter se inspirado na doutrina italiana, o Brasil conseguiu ter uma legislação para tutela dos direitos coletivos e individuais homogêneos antes da Itália. A resposta no Brasil veio com a lei da ação civil pública e depois com a Constituição Federal (art. 129, inciso III), e também com a previsão do mandado de segurança coletivo (art. 5º, inciso LXX).[329]

Por fim, resta concebida a ideia de Cappelletti, de que se deva assumir o acesso à justiça como um método de pensamento, não tendo que se preocupar apenas com aspectos técnicos, mas sim com os valores. Enfatiza Cappelletti que o obstáculo econômico tem sido um dos principais problemas *pelos quais muitas pessoas não estão em condições de ter acesso às cortes de justiça por causa de sua pobreza, aonde seus direitos correm o risco de serem puramente aparentes.*[330] Além do Processo Civil ser trabalhado à luz da cultura, tem que ser trabalhado à luz da Constituição, para que não fique à mercê de mudanças repentinas.[331] Resta cristalizada a nova ideologia de que acesso à justiça não equivale a mero ingresso em juízo, mas sim acesso à ordem jurídica justa, com a obtenção de justiça substancial.[332]

No Brasil, século XX, década de 70, três autores se destacam com a doutrina que visa a atribuir maior efetividade ao processo com vistas à concretização do direito material. São eles José Carlos Barbosa Moreira, Cândido Rangel Dinamarco e Ada Pellegrini Grinover. Dinamarco se no-

---

[327] MARINONI, 2004, p. 39-40.

[328] CAPPELLETTI, Mauro. *Juízes Legisladores?* Trad. Carlos Alberto Alvaro de Oliveira. Porto Alegre: Sergio Antonio Fabris Editor, 1999, p. 58-59.

[329] DINAMARCO, op. cit., p. 113-114, 155-156.

[330] CAPPELLETTI, 1991, p. 148.

[331] CAPPELLETTI, Mauro. Acesso à Justiça como Programa de Reforma e como Método de Pensamento. In: PROCESSO, ideologias e sociedade. Trad. Elicio de Cresci Sobrinho. Porto Alegre: Sergio Antonio Fabris, 2008. v. 1, p. 385-392, passim.

[332] DINAMARCO, 2001, v. 1, p. 114-115.

tabiliza com a sua tese *A instrumentalidade do processo*,[333] a despeito de Lacerda, anteriormente, também já mostrar preocupação com esse tema.[334]

Para que sejam atendidos de forma concreta, plena e satisfatória também os chamados novos direitos, surge o movimento das tutelas diferenciadas, trazido principalmente por Proto Pisani, da Itália, que tinha como escopo leis e estatutos especiais; isto é, regras especiais.[335] Passam a ser criados estatutos jurídicos específicos para abarcar situações particulares, iniciando-se a idade da decodificação.[336]

Surge o movimento das reformas processuais, sedimentando-se o pensamento de que tanto os direitos clássicos como também os novos direitos devem ser atendidos, impondo-se ao legislador que legisle para concretizar um processo justo. Com isso, o Código de Processo passa a ocupar o papel central e não mais de plenitude, passando o intérprete do direito a operar com cláusulas gerais e abertas.[337] Didier Jr. aponta o uso da técnica legislativa das cláusulas gerais como uma das mais importantes características do atual pensamento jurídico contemporâneo, redundando em um papel ainda mais *ativo* do órgão jurisdicional *na criação do direito*.[338]

Esta nova filosofia é aceita integralmente no Brasil, com o surgimento de uma gama de novas leis, acarretando inúmeras alterações legislativas. Em 1994, com a primeira reforma, o Código de Processo Civil assume esta nova postura, com a alteração completa do modelo concebido por Buzaid. Passamos a ter um novo código, principalmente a partir dos artigos 273 e 461 do CPC. As Leis n°s 8.952/94, 10.444/02, 11.232/05 e 11.382/06 evidenciaram a mudança do Código Buzaid, acarretando uma transformação radical do seu modelo inicial.[339]

Houve uma transformação do Código, e as reformas posteriores sedimentaram este novo Código. Todavia, a mais importante vem em 1988, com a Constituição Federal, quando em seu art. 5º, incisos XXXV, consagra o processo justo e a tutela jurisdicional adequada, tempestiva e efetiva dos direitos. Esta metodologia resta corroborada em 2004, com a Emenda Constitucional nº 45, que veio a acrescentar ao art. 5º da CF o in-

---

[333] BUENO, 2008, v. 1, p. 55.

[334] Cf. aponta em nota de rodapé (MITIDIERO, 2009, p. 35).

[335] DINAMARCO, op. cit., p. 280-281.

[336] Savigny foi o principal protagonista da luta contra a codificação. Cf. BOBBIO, 1995, p. 113.

[337] Lembra Didier Jr. que as cláusulas gerais desenvolveram-se inicialmente no âmbito do Direito Privado, trazendo como principais exemplos as cláusulas gerais da boa-fé, da função social da propriedade e da função social do contrato (DIDIER JÚNIOR, 2010, v. 1, p. 35).

[338] Ibid., p. 24-25.

[339] OLIVEIRA; MITIDIERO, 2010, p. 107-109.

ciso LXXVIII, sedimentando o novo entendimento acerca do processo, no sentido de ser assegurada a adequação, a tempestividade e a efetividade da tutela.

2.3.1. A instrumentalidade do processo: a tese de Cândido Rangel Dinamarco

Inicialmente, o processo civil era visto como um fenômeno técnico, sobretudo a partir das ideias germânicas que foram alargadas posteriormente pelos autores italianos, com destaque para Chiovenda. A partir desse modelo, tínhamos uma estruturação técnica do processo.

Após a superação da fase do processualismo, a doutrina contemporânea procurou demonstrar que o Processo Civil, assim como o direito em geral, são fenômenos essencialmente culturais.[340] Reale, ao abordar o conceito de cultura, traz uma noção inicial de que *a cultura pressupõe, em cada um de nós, um longo e continuado processo de seleção ou de filtragem de conhecimentos e experiências, do qual resulta, por assim dizer, um complexo de ideias e de símbolos que passa a fazer parte integrante de nossa própria personalidade*.[341] Kelsen, a propósito, já sustentava que o Direito é um fenômeno social.[342] Posteriormente Dworkin igualmente defendeu esta posição, considerando também o direito um fenômeno social.[343] Eros Grau enfatiza inclusive que o *direito é sempre fruto de uma determinada cultura. Por isso não pode ser concebido como um fenômeno universal e atemporal.*[344] Couture, quando do exame do conteúdo e da denominação do direito processual civil, assevera que *el vocablo derecho está tomado en el sentido que le corresponde como rama de las ciencias de la cultura.*[345]

Resta formada, pela doutrina contemporânea, a noção de que o direito está *intimamente imbricado com a experiência e a cultura do povo*.[346] Por essas razões, Mitidiero enaltece o trabalho de Dinamarco, por ter procurado superar essa perspectiva puramente técnica do direito processual, passando a vê-lo como um sistema que tem escopos sociais, políticos e jurídicos a alcançar, vindo a romper com a compreensão de que o pro-

---

[340] MITIDIERO, 2009, p. 24-25.

[341] REALE, Miguel. *Conceito de Cultura*: seus temas fundamentais. In: Paradigmas da Cultura Contemporânea. 2. ed. São Paulo: Saraiva, 2005, p. 2.

[342] BARZOTTO, 1999, p. 62.

[343] DWORKIN, 2003, p. 17; BOBBIO, 2008, p. 10.

[344] GRAU, 2005b, p. 20.

[345] COUTURE, Eduardo J. *Fundamentos del Derecho Procesal Civil*. 3. ed. Buenos Aires: Depalma, 1973, p. 8.

[346] MITIDIERO, 2005, p. 11-12.

cesso deve ser entendido apenas sob o seu ângulo interno.[347] A respeito, sublinha Dinamarco:

> Para o adequado cumprimento da função jurisdicional, é indispensável boa dose de sensibilidade do juiz aos valores sociais e às mutações axiológicas da sua sociedade. O juiz há de estar comprometido com esta e com as suas preferências. Repudia-se o juiz indiferente, o que corresponde a repudiar também o pensamento do processo como instrumento meramente técnico. Ele é um instrumento político, de muita conotação ética, e o juiz precisa estar consciente disso. As leis envelhecem e também podem ter sido mal feitas.[348]

Couture, igualmente, enfatiza o conteúdo axiológico, ao abordar a finalidade do processo.[349] Sustenta que:

> Por último, se propone la determinación de los fines o resultados del proceso. La respuesta aspira a satisfacer la pregunta para qué sirve el proceso? El contenido de esta respuesta será axiológico. Debe fijar la función del proceso en el mundo del derecho.[350]

Assim, Dinamarco defende a chegada de uma terceira fase do direito processual, configurada por uma visão instrumental do processo, sintetizada no pensamento abaixo transcrito:

> O processualista sensível aos grandes problemas jurídicos sociais e políticos do seu tempo e interessado em obter soluções adequadas sabe que agora os *conceitos* inerentes à sua ciência já chegaram a níveis mais do que satisfatórios e não se justifica mais a clássica postura metafísica consistente nas investigações conceituais destituídas do endereçamento teleológico. Insistir na autonomia do direito processual constitui, hoje, como que preocupar-se o físico com a demonstração da divisibilidade do átomo.[351]

Na fase do instrumentalismo o processo é visto como um instrumento a serviço do direito material.[352] Enfatiza Dinamarco, a despeito das críticas formuladas, que Liebman nunca esqueceu que o processo é um instrumento a serviço do direito objetivo substancial, bem como que o ordenamento jurídico somente tem sentido se encarado como servo da justiça e do bem.[353] A propósito, Galeno Lacerda já sustentava que o processo serve como instrumento em favor da justiça, sendo esta a sua única razão de ser.[354]

---

[347] MITIDIERO, 2005, 2009, p. 35.
[348] DINAMARCO, Cândido Rangel. *A Instrumentalidade do Processo*. 8. ed. São Paulo: Malheiros, 2000, p. 294-95.
[349] COUTURE, op. cit., p. 4.
[350] COUTURE, loc. cit.
[351] DINAMARCO, 2000, p. 21.
[352] MITIDIERO, 2009, p. 34-35.
[353] DINAMARCO, 2001, cap. 1, t. 1, p. 34.
[354] LACERDA, Galeno. O Código e o Formalismo Processual. Revista da Ajuris, Porto Alegre, n. 28, p. 7-14, 1983, p. 10. Cf. salienta também: OLIVEIRA, 2009, p. 248.

A norma processual tem natureza instrumental, pois tem a finalidade de concretizar a tutela do direito material.[355] Enfatiza também Dinamarco que velhos formalismos e hábitos comodistas minam o sistema. Preocupa-se, sempre, com a busca de justiça como resultado útil a ser obtido com o processo.[356]

O processo civil é um instrumento do direito material, com objetivo da realização do direito material, figurando o valor justiça como objetivo-síntese da jurisdição no plano social.[357] Entretanto, além desse escopo jurídico, que busca a afirmação da vontade concreta do direito, há mais dois escopos: um político e um social. O instrumentalismo busca fazer uma abertura do processo para além do escopo jurídico.[358]

No escopo social busca-se a paz jurídica, além da realização do direito material. Sustenta Dinamarco que o escopo de pacificar pessoas mediante a eliminação de conflitos com justiça é, em última análise, a razão mais profunda pela qual o processo existe e se legitima na sociedade.[359] O processo deve operar também como elemento de pacificação da sociedade.[360] O processo também deve servir de mecanismo para educar as pessoas, a fim de que sejam respeitados os direitos, bem como sejam devidamente exercidos. Este é o segundo escopo social do processo, de educar para a defesa de direitos próprios e respeito aos alheios.[361]

Já no escopo político, atribui-se uma função pedagógica ao processo, que visa a afirmar o direito e a dignidade do direito. As lesões e as ameaças de direito não ficarão a "troco de banana", devendo ser reparadas de forma adequada, também com o intuito pedagógico, a fim de se evitar a repetição do mesmo dano.[362] A estabilidade das instituições estatais releva-se como um importante escopo político do processo, assim como a participação política que acaba realçando os valores da cidadania, seja com o uso da ação popular ou da ação direta de inconstitucionalidade, que se revelam em relevantes *vias de legítima participação política* dos cidadãos. O processo passa a ser visto como verdadeiro mecanismo de preservação do valor liberdade, mediante a defesa dos indivíduos e das entidades contra ilegalidades praticadas pelo Estado. Destaca-se também

---

[355] MARINONI, 2006, v. 1, p. 212.
[356] DINAMARCO, 2000, p. 272.
[357] Cf. Ibid., p. 293.
[358] Ibid., p. 149-151.
[359] DINAMARCO, 2001, v. 1, p. 128.
[360] DINAMARCO, loc. cit.
[361] Ibid., p. 129.
[362] Cf. observações feitas por Daniel Mitidiero em aula ministrada no Mestrado em Direito da PUC/RS, 2009.

o exercício das chamadas liberdades públicas, para que seja limitado o poder e preservada a esfera de liberdade dos cidadãos, mediante o uso de diversos remédios de natureza processual, como por exemplo, o *habeas corpus*, o *habeas data*, o mandado de segurança individual e coletivo e também o mandado de injunção.[363]

Dinamarco traz meios para se chegar a esses fins. Primeiramente, enfatiza que o processo deve manter uma relação estreita com a Constituição Federal, tendo que ser mantida uma tutela constitucional do processo. Isto se dá com as garantias constitucionais do processo civil e com uma tutela processual da Constituição, a partir dos *writs* constitucionais e a partir dos controles constitucionais difusos e concentrados.[364] Por fim, sustenta que cabe aos representantes do Estado cumprir os fins do Estado, afirmando que *o resultado do processo é obra da jurisdição*.[365]

Neste novo contexto sedimentado a partir da *revolução hermenêutica da segunda metade do século XX*, ao contrário do que se preconizava na fase do processualismo, há uma relativização do binômio direito material e processual, não se concebendo mais que a jurisdição[366] venha a cumprir apenas uma função declaratória concebida exclusivamente pelo legislador, pois é também função do juiz participar desse processo de construção da ordem jurídica, de acordo com uma visão mais elástica e contemporânea do princípio da legalidade.[367]

2.3.2. O formalismo-valorativo: a tese de Carlos Alberto Alvaro de Oliveira

O Processo Civil deve ser interpretado de acordo com os direitos fundamentais. Consoante estas premissas, defende Mitidiero o início de uma nova fase do processo civil, que vem a ser o formalismo-valorativo proposto por Carlos Alberto Alvaro de Oliveira. Esta novel etapa busca retratar outra visão metodológica do processo, que passa a se inspirar pelos seguintes valores: justiça, participação leal, segurança e efetividade.[368] Os valores da lealdade e da boa-fé devem ser observados por todos que se envolvem no processo, e não apenas pelas partes.[369]

---

[363] DINAMARCO, op. cit., p. 130-131.

[364] Id., 2000, p. 24-28.

[365] Ibid., p. 77-79; Id., 2001, v. 1, p. 299-300.

[366] Defende Dinamarco que a jurisdição é o centro da teoria do processo (Id., 2000, p. 77-79) e cf. as lições de Mitidiero em aula ministrada no Mestrado em Direito da PUC/RS, 2009.

[367] MITIDIERO, 2009, p. 36, 39.

[368] Ibid., p. 47.

[369] OLIVEIRA, 2009, p. 250.

Alvaro de Oliveira visualiza o processo como autêntica ferramenta de natureza pública, indispensável para a realização da justiça e da pacificação social, que não pode ser compreendido como mera técnica, mas sim como instrumento de realização de valores, especialmente de valores constitucionais. Ressalta o afastamento, em nossa época, do modelo próprio do positivismo jurídico, buscando-se a intensificação na aplicação dos princípios e sustentando que a interpretação deva se dar conforme a Constituição.[370]

Enfatiza Alvaro de Oliveira que lei processual obsoleta, manifestamente iníqua ou injusta, que não corresponde às condições sociais do momento, cuja aplicação rígida e formal seja capaz de causar dano ao sistema não deve ser aplicada. Prossegue dispondo que a solução do conflito deve pender pela justiça do caso, mesmo *contra legem*. O que não pode é a decisão ser contrária ao direito, podendo ser contrária à lei.[371]

O processo somente pode ser pensado, identificando-se inicialmente a que ele serve, quais são seus propósitos e suas finalidades. Nesse sentido, o processo deve ser visto como meio de formação do direito, seja material, seja processual.[372] Deve ser grifado que a finalidade principal do processo é a realização do direito.[373] Essas premissas são importantes porque o processo não constitui fim em si mesmo, dentro da ideia de seu caráter essencialmente instrumental.[374]

Nesta nova fase do direito processual, defendida por Alvaro de Oliveira, enfatiza-se que a jurisdição deve ser prestada de forma ampla, sem dilações ou formalismos excessivos.[375] Com isso, com frequência deve ser resolvida a antinomia que se faz presente entre formalismo e justiça.[376] O garantismo e a eficiência devem ser postos em relação de adequada proporcionalidade, devendo haver a devida ponderação dentre dois valores fundamentais: efetividade e segurança jurídica, a fim de se alcançar um processo tendencialmente justo. De acordo com a função interpretativa-individualizadora, com intuito de atingir as finalidades essenciais do processo, busca-se um processo justo e equânime, sob o ponto de vista processual, e justiça material, sob o ponto de vista material, respeitados

---

[370] OLIVEIRA, Carlos Alberto Álvaro de. O Processo Civil na Perspectiva dos Direitos Fundamentais. In: ——. (Org.). *Processo e Constituição*. Rio de Janeiro: Forense, 2004, p. 1-3.
[371] OLIVEIRA, 2009, p. 255.
[372] Id., 2004, p. 11.
[373] OLIVEIRA, op. cit., p. 215.
[374] Ibid., p. 234.
[375] Id., 2004, p. 12.
[376] Id., 2009, p. 234.

os direitos fundamentais de ambas as partes.[377] Nesse sentido, Galeno Lacerda já sustentava: *A lei que rege a forma deve ser interpretada e aplicada em função do fim.* Nesta perspectiva, os malefícios do formalismo no processo resultam, em regra, de defeitos na interpretação da lei processual.[378]

Observa Alvaro de Oliveira que somente na análise do caso concreto será possível determinar o que vem a ser processo justo.[379] Porém, deve-se julgar segundo o interesse particular do caso concreto somente em circunstâncias excepcionais, para se evitar o arbítrio, a desigualdade e a injustiça, na medida em que um dos objetivos do formalismo é restringir o arbítrio judicial e promover a igualdade entre as partes, com vistas à eficiência do processo.[380] Por essas razões, as formalidades da justiça são importantes, sendo o procedimento necessário no formalismo-processual.[381] No entanto, o formalismo não pode fugir dos seus propósitos, de servir à realização do direito, visando à solução de mérito do litígio.[382]

O grande problema a ser resolvido é o formalismo excessivo, devendo-se buscar o equilíbrio entre a observância do procedimento formal e do formalismo puro e simples, sem propósito e sem finalidade.[383] O formalismo oco e vazio deve ser rechaçado.[384] A forma sem sentido não precisa ser observada, a despeito do sucesso de um direito procedimental depender da observância de certas formas.[385]

Na Suíça, por exemplo, proíbe-se o formalismo excessivo, cuja leitura que se faz a seu respeito vem a ser a formalidade não prevista em lei. Interpretação em sentido contrário equivale à denegação de justiça, buscando-se resolver o problema com base no princípio da igualdade. Na Argentina, evita-se o uso inadequado da forma, o abuso formal particularmente no âmbito processual, chamado de rigorismo formal. O problema, como já referido, é justamente o formalismo excessivo, discutido na Alemanha como questão de política judiciária, onde se tenta resolvê-lo com o emprego de cláusulas gerais e da equidade processual.[386]

---

[377] OLIVEIRA, op. cit., p. 248.
[378] LACERDA, 1983, p. 8.
[379] OLIVEIRA, op. cit., p. 15.
[380] OLIVEIRA, 2009, p. 216.
[381] Ibid., p. 260.
[382] Ibid., p. 216-217.
[383] Ibid., p. 260.
[384] Ibid., p. 247.
[385] Ibid., p. 233.
[386] Ibid., p. 227, 230.

O ato deve ser tido como válido se, realizado de outra forma, atingir a sua finalidade, sendo sábio a respeito o disposto no artigo 794 da CLT, inclusive pela simplicidade da sua redação, ao dispor que só haverá nulidade quando resultar dos atos inquinados manifesto prejuízo às partes litigantes. Este dispositivo, conjugado com as premissas contidas no artigo 796 da CLT, de que a nulidade não será pronunciada quando arguida por quem lhe tiver dado causa ou quando for possível suprir-se a falta ou repetir-se o ato, sintetizam com extrema clareza as ideias construídas acerca da utilidade, eficácia e efetividade buscadas no processo.

3. A dogmática do processo no Estado Constitucional

3.1. A qualificação e os fins do Processo no Estado Constitucional: o direito ao processo justo. O direito ao processo justo como condição para obtenção de decisão justa

No Estado Constitucional, a doutrina permanece discutindo a finalidade do processo; seus objetivos e seu alcance. O instituto do *due process* representava nos primórdios essencialmente um direito de defesa dos cidadãos perante o Estado. Todavia, esta concepção histórica altera-se radicalmente a partir do momento em que as constituições modernas passam a assegurar o direito de acesso ao Poder Judiciário para busca do direito. Desde então, esse direito passa a ser visto sob uma dupla dimensão. Continua sendo considerado um direito de defesa perante o Judiciário contra atos do poder público, mas principalmente passa a ser visto como um direito de proteção do particular frente ao Estado perante a violação dos seus direitos por terceiros. Fica claro que o Estado assume o dever de proteção, sendo reconhecido o direito do particular de exigir essa proteção. Assim como o Estado tem o direito de exigir do cidadão que resolva seus litígios perante os órgãos jurisdicionais e não através da autotutela, em contrapartida assume o Estado o dever de resolver tais conflitos, de forma justa, adequada e satisfatória.[387] Nesse sentido, sustenta Canotilho que esta garantia da via judiciária visa justamente garantir uma proteção judicial através dos tribunais para os particulares, concluindo que:

---
[387] Cf. CANOTILHO, 2003, p. 496.

Uma primeira e ineliminável dimensão do direito à protecção judiciária é a proteção jurídica individual. O particular tem o direito fundamental de recorrer aos tribunais para assegurar a defesa dos seus direitos e interesses legalmente protegidos (cfr. art. 20º/1).[388]

Exige-se do Estado uma proteção jurídica efetiva, e não meramente formal com o simples direito de petição ou de propositura de ação.[389] Este é o dever assumido pelo Estado, como lembra Canotilho mais uma vez de maneira elucidativa:

> A garantia institucional conexiona-se com o dever de uma garantia jurisdicional de justiça a cargo do Estado. Este dever resulta não apenas do texto da constituição, mas também de um princípio geral ("de direito", das "nações civilizadas") que impõe um dever de protecção através dos tribunais como um corolário lógico: (1) do monopólio de coacção física legítima por parte do Estado; (2) do dever de manutenção da paz jurídica num determinado território; (3) da proibição de autodefesa a não ser em circunstâncias excepcionais definidas na Constituição e na lei (cfr. CRP. art. 21º).[390]

Argumenta Juarez Freitas que o processo tem de alcançar um fito satisfatório, aceitável racionalmente em tempo útil, exigindo-se uma visão teleológica e consequencialista a respeito.[391] Canotilho sustenta que se busca não apenas garantir o acesso aos tribunais, mas principalmente *possibilitar aos cidadãos a defesa de direitos e interesses legalmente protegidos através de um acto de "jurisdictio".*[392]

Este direito à tutela jurisdicional efetiva, consagrado na Constituição Federal de 1988, principalmente no art. 5º, inciso XXXV, é reconhecido como um direito formalmente fundamental, que deverá ser densificado através de outros direitos fundamentais materiais. Com esta fórmula, percebe-se a dimensão do direito fundamental à tutela jurisdicional efetiva e tempestiva, pois é através dele que os demais direitos materiais serão realizados. Segundo Canaris, ao dispor a respeito da Lei Fundamental Alemã, a vinculação do legislador de direito privado aos direitos fundamentais é imediata.[393] A propósito, ressalta Canotilho que *os direitos e interesses do particular determinam o próprio fim do direito de acesso aos tribunais, mas este, por sua vez, garante a realização daqueles direitos e interesses.*[394]

---

[388] CANOTILHO, loc. cit.

[389] COMOGLIO, Luigi Paolo. I Modelli di Garanzia Constituzionale del Processo. *Rivista Trimestrale di Diritto e Procedura Civile*. Milano: Giuffrè, n. 3, p. 673-741, 1991, p. 698-735.

[390] CANOTILHO, 2003, p. 497.

[391] Cf. observações feitas por Juarez Freitas em aula ministrada no Mestrado em Direito da PUC/RS, 2009.

[392] CANOTILHO, op. cit., p. 433.

[393] CANARIS, Claus-Wilhelm. *Direitos Fundamentais e Direito Privado*. Tradução de Ingo Wolfgang Sarlet e Paulo Mota Pinto. Coimbra: Almedina, 2006, p. 129.

[394] CANOTILHO, op. cit., p. 497.

Esta discussão, do direito a um processo justo, também chamado de equitativo, é antiga, mas notadamente ganha força nos atuais modelos de Estado, sociais e democráticos de direito, com a consagração em suas Constituições da teoria dos direitos fundamentais, bem como com a superação do sistema positivista consagrado nos séculos anteriores e do modelo preponderante de codificação dos direitos.[395]

O direito ao processo equitativo está consagrado desde a Declaração Universal dos Direitos do Homem (art. 10º),[396] estando atualmente também expresso no art. 20º da Constituição de Portugal, no art. 6º da Convenção Europeia dos Direitos do Homem e no art. 14 do Pacto Internacional Relativo aos Direitos Civis e Políticos. Estas noções têm origem no sistema constitucional americano do *due process of law*, o qual exigia a observância de um processo definido por lei previamente à decisão de alguém ser privado da sua vida, da sua liberdade ou da sua propriedade. Esta ideia refletia a teoria processual construída pela doutrina americana, ao exigir um processo delimitado previamente no texto de lei.[397]

A mesma doutrina americana construiu outros critérios orientadores para um processo justo, através da intitulada teoria substantiva. De acordo com esta teoria, o processo deve ser materialmente informado pelos princípios de justiça, não sendo suficiente que este processo seja meramente operacionalizado pelo texto de lei. O processo justo vai muito além do processo legal, não ficando adstrito exclusivamente a tais contornos, exigindo-se do Estado que este processo, além de legal, seja justo e adequado, conforme ensina Canotilho a respeito da teoria substantiva:

> A teoria substantiva pretende justificar a ideia material de um processo justo, pois uma pessoa tem direito não apenas a um processo legal, mas sobretudo, a um processo legal, justo e adequado, quando se trate de legitimar o sacrifício da vida, liberdade e propriedade dos particulares.[398]

O processo equitativo admite e exige a análise específica da situação posta nos autos, das condições particulares de cada caso, admitindo-se soluções diferenciadas e não uniformes, a fim de se buscar alcançar a justiça no caso em concreto, prestando-se a tutela jurisdicional de maneira

---

[395] Lembra Canotilho que os códigos civis eram vistos como a principal fonte de direito, e não as constituições, quando inclusive fixavam princípios gerais do direito, ficando a cargo das Constituições apenas a simples organização dos poderes políticos do Estado (CANOTILHO, 2003, p. 121).

[396] Ressalta Cappelletti que a Declaração Universal dos Direitos do Homem de 1948 é um dos principais exemplos da chamada dimensão "transnacional" do direito e da justiça no mundo contemporâneo, buscando-se superar os *rígidos critérios das soberanias nacionais, com a criação do primeiro núcleo de uma "lex universalis" e com a constituição*. As outras duas dimensões apontadas por Cappelletti são a dimensão constitucional e a social, visando esta o acesso ao Direito e à Justiça (CAPPELLETTI, 2008, v. 1, p. 379-381).

[397] CANOTILHO, op. cit., p. 492-493.

[398] Ibid, p. 494.

adequada. Por exemplo, o art. 20º/4 da Constituição Portuguesa assevera que *todos têm direito a que uma causa em que intervenham seja objecto de decisão em prazo razoável e mediante processo equitativo*.

Para Didier Jr., o princípio do devido processo legal é o principal exemplo de cláusula geral processual, afirmando que as cláusulas gerais servem *para a realização da justiça do caso concreto*.[399] O processo efetivamente impõe atos diferenciados conforme o caso concreto. Deixa-se de enxergar o processo de maneira engessada e com um único procedimento, cujos atos certamente não serão sempre os mesmos, pois tais comandos terão como intuito buscar a medida mais justa para o problema apresentado a ser solucionado. Ensina Canotilho:

> Os juízes, baseados em princípios constitucionais de justiça, poderiam e deveriam analisar os requisitos intrínsecos da lei. Mais um passo era dado para a evolução do processo devido. Este passará a ser considerado como protecção alargada de direitos fundamentais quer nas dimensões processuais quer nas dimensões substantivas. A protecção alargada através da exigência de um processo equitativo significará também que o controlo dos tribunais relativamente ao caráter "justo" ou "equitativo" do processo se estenderá, segundo as condições particulares de cada caso, às dimensões materiais e processuais do processo no seu conjunto.[400]

Este sistema de defesa dos direitos, oriundo do princípio do Estado de Direito, intitulado por Canotilho como princípio da proteção jurídica e das garantias processuais, visa criar garantias processuais e procedimentais, a fim de que se obtenha um procedimento justo e adequado de acesso ao judiciário e de realização do direito.[401] A Constituição portuguesa, por exemplo, contém inúmeras normas que visam assegurar a realização do direito material, que são imprescindíveis para o alcance dos objetivos traçados ao processo, sintetizados por Canotilho:

> Como a realização do direito é determinada pela conformação jurídica do procedimento e do processo, a Constituição contém alguns princípios e normas designadas por garantias gerais de procedimento e de processo.[402]

---

[399] DIDIER JÚNIOR, 2010, v. 1, p. 34-35.

[400] CANOTILHO, 2003, p. 495.

[401] Hermes Zaneti Júnior classifica o processo constitucional em: a) direito constitucional processual – princípios constitucionais; b) jurisdição constitucional (*lato sensu*); c) Organização Judiciária. Integra o plano do direito constitucional processual o princípio do acesso à justiça (art. 5º, XXXV, LXXIV da CF), o princípio do devido processo legal: substancial (art. 5º, LIV da CF), os princípios do contraditório e da ampla defesa (art. 5º, LV da CF), o princípio do juiz natural (art. 5º, XXXVII e LIII da CF) e o princípio da motivação das decisões judiciais (art. 93, IX da CF). A jurisdição constitucional (*lato sensu*) é compreendida pelas ações constitucionais: habeas corpus, mandado de segurança, mandado de segurança coletivo, mandado de injunção, ação popular e ação civil pública. A jurisdição constitucional compreende, ainda, o controle difuso e concentrado de constitucionalidade (ZANETI JÚNIOR, Hermes. Processo Constitucional: relações entre Processo e Constituição. In: ZANETI JÚNIOR, Hermes; MITIDIERO, Daniel Francisco (Org.). *Introdução ao Estudo do Processo Civil*: primeiras linhas de um paradigma emergente. Porto Alegre: S. A. Fabris, 2004, p. 34-35).

[402] CANOTILHO, 2003, p. 274.

Dentre tantas normas, elencamos como mais importantes para este estudo comparado à norma contida no art. 20°/4, antes referida, que garante o processo equitativo; o princípio da igualdade processual das partes expresso nos artigos 13° e 20°/2, dispondo que todos os cidadãos têm a mesma dignidade social e são iguais perante a lei; e principalmente o princípio da conformação do processo conforme os direitos fundamentais, consagrado no art. 32° da Constituição de Portugal. Por sua vez, o princípio da garantia da via judiciária possibilita a utilização dos meios e dos métodos necessários para se alcançar um processo juridicamente adequado, tendo especial significado no que tange aos aspectos de natureza processual.[403] Como corolário do referido princípio, encontra-se o princípio da constitucionalidade, no qual impõe-se a conformação material e formal de todos os atos com a Constituição, consagrado no art. 3°/3 da Constituição de Portugal ora transcrito: *A validade das leis e dos demais actos do Estado, das regiões autónomas, do poder local e de quaisquer outras entidades públicas depende da sua conformidade com a Constituição.*

Enfatiza Marinoni que no Estado constitucional não se pode pretender que o processo seja neutro em relação ao direito material, na medida em que este mesmo estado tem o dever de proteger os direitos fundamentais, através de normas de tutela administrativa e da tutela jurisdicional dos direitos.[404] A propósito ressalta José Adércio Sampaio:

> Do mesmo modo, a sociedade, ainda que com a predominância de setores médios e perifericamente com a ralé dos excluídos, tem reivindicado maior efetividade de respostas judiciárias adequadas à missão que hoje se espera desse Poder que não pode ser, socialmente, nulo, bem como dos controles institucionalizados de uma maneira geral, como o do próprio Ministério Público, de organismos fiscalizatórios do Executivo e das comissões parlamentares, mas principalmente daqueles realizados pelos Tribunais de Conta, exigindo, o que é mais importante do que tudo descrito e somado, mais espaços participativos nos domínios decisórios dos três Poderes. Somente o avolumar-se da cidadania, por ela mesma e por provocação, por ela controlada, das instâncias de poder institucionalizado abrirão clareiras no imobilismo tão benéfico aos locatários, melhor, comodatários do poder, possibilitando a vida real dos direitos de papel.[405]

Os princípios fundamentais trazidos no Título I da Constituição assumem o papel referencial hermenêutico para a integralidade do sistema jurídico, pois é a partir da Constituição Federal que as demais normas deverão ser interpretadas. Com extrema clareza, lembra Canotilho:

> As normas da constituição são *normas de normas* (*normae normarum*) afirmando-se como uma fonte de produção jurídica de outras normas (leis, regulamentos, estatutos); (3) a su-

---

[403] CANOTILHO, 2003, p. 273-277, *passim*.

[404] MARINONI, 2006, v. 1, p. 241.

[405] SAMPAIO, José Adércio Leite. *Direitos Fundamentais*: retórica e historicidade. Belo Horizonte: Del Rey, 2004, p. 358.

perioridade normativa das normas constitucionais implica o princípio da conformidade de todos os actos dos poderes públicos com a Constituição.[406]

Sobretudo de acordo com os valores básicos constantes nos princípios fundamentais da Constituição é que deverão ser interpretadas as demais normas jurídicas existentes em nosso sistema, utilizando-se, para tanto, daquelas já conhecidas funções dos princípios jurídicos, em especial das funções interpretativa e informadora. Nesse caminho é a lição de Konrad Hesse:

> Além desses efeitos, a concepção dos direitos fundamentais como normas objetivas supremas do ordenamento jurídico tem uma importância capital, não só teórica, para as tarefas do Estado. Partindo dessa premissa da vinculação dos poderes Legislativo, Executivo e Judiciário aos direitos fundamentais (art. 1.3 GG), surge não só uma obrigação (negativa) do Estado de abster-se de ingerências no âmbito que aqueles direitos protegem, mas também uma obrigação (positiva) de levar a cabo tudo aquilo que sirva à realização dos direitos fundamentais, inclusive quando não conste uma pretensão subjetiva dos cidadãos.[407]

Assim, as normas constitucionais visam a assegurar a eficácia da tutela jurisdicional, sob pena de falarmos em violação do princípio do Estado de direito e do direito fundamental à prestação jurisdicional efetiva, na medida em que tais normas não poderão chancelar formalidades excessivas e desproporcionais ou o retardamento injustificado do processo. Segundo Canotilho, este direito à tutela jurisdicional implica a proibição de requisitos processuais desnecessários ou desviados de um sentido conforme o direito fundamental à tutela efetiva, bem como impõe sejam sanadas meras irregularidades processuais, como decorrência do direito a uma tutela judicial por parte do Estado, não sendo admitido, tampouco, um processo com dilações indevidas.[408] Aliás, o próprio direito ao duplo grau de jurisdição tem sido alvo de inúmeros questionamentos, não sendo mais visto como um direito fundamental, nem mesmo sendo considerado indispensável em todas as demandas judiciais.[409]

Busca-se o efeito útil da decisão, mediante a adoção de providências cautelares, antecipatórias ou conservatórias, pois o Estado é visto como um ente que tem a obrigação de fazer a justiça no caso em concreto, a partir do momento em que assumiu o monopólio da jurisdição. Ao proibir a autodefesa, como regra, assume o estado o dever jurisdicional de realizar

---

[406] CANOTILHO, 2003, p. 1147.

[407] HESSE, Konrad. Significado dos Direitos Fundamentais. In: TEMAS Fundamentais do Direito Constitucional. Textos selecionados e traduzidos por Carlos dos Santos Almeida, Gilmar Ferreira Mendes, Inocêncio Mártires Coelho. São Paulo: Saraiva, 2009, p. 40.

[408] CANOTILHO, 2003, p. 498-499.

[409] Nesse sentido, há inúmeras decisões do Tribunal Constitucional de Portugal, por exemplo. Cf. Ibid., p. 500.

a justiça, cujo dever decorre desta imbricação entre o direito de acesso ao judiciário e os direitos fundamentais, como assinala Canotilho.[410]

Assim, é de suma importância a mudança de modelo por que tem passado o fenômeno processual nos últimos tempos. O processo, em um Estado Constitucional, está consagrado como um direito fundamental do particular perante o Estado.[411] Salienta Alvaro de Oliveira que a constitucionalização do direito ao processo e à jurisdição, cujas noções estão envolvidas com o direito fundamental de efetividade e de um processo justo, determina seja assegurada a efetividade real do "resultado".[412]

Com a superação do modelo de Estado Liberal, marcado pela construção do direito apenas pelo legislativo, bem como com a revolução hermenêutica ocorrida no século XX, passa-se a trabalhar no Estado Constitucional com uma *pauta de juridicidade*, não mais circunscrito a um sistema de legalidade fechado, concebido exclusivamente de acordo com as regras pré-estabelecidas.[413] Segundo Cappelletti, a revolução constitucional somente ocorreu na Europa com o doloroso entendimento de que a Constituição e os direitos fundamentais constitucionais necessitam de uma máquina judiciária para se tornarem efetivos.[414] Neste novo modelo de Estado, enfatiza Mitidiero que:

> A pauta do direito contemporâneo é a juridicidade, que aponta automaticamente à idéia de justiça, a qual forma o substrato material, ao lado da constitucionalidade e dos direitos fundamentais, do Estado Constitucional. Ao juiz não é dado conformar-se com eventuais soluções injustas ditadas pela legislação infraconstitucional, a pretexto de estar simplesmente a cumprir a lei, circunstância que diz respeito tanto ao direito material como ao direito processual. O advento do Estado Constitucional repele esse eventual conformismo – a propósito, essa sadia irresignação com as soluções injustas vai deveras potencializada no sistema jurídico brasileiro mercê do nosso controle difuso de constitucionalidade e da necessidade de uma incessante interpretação conforme aos direitos fundamentais, instrumentos fundamentais para a construção, em concreto, de um processo verdadeiramente justo.[415]

Concebe-se que o Direito é composto pela lei, mas não é apenas a lei, estando acima da lei, consoante consagrado pelo sistema de juridicidade construído, que amplia e modifica o entendimento literal a respeito do antigo princípio da legalidade, concebido no Estado Liberal como me-

---

[410] CANOTILHO, 2003, p. 497.

[411] Cf. ZANETI JÚNIOR, 2004, p. 30; MITIDIERO, 2009, p. 42.

[412] OLIVEIRA, 2008, p. 83-85.

[413] Souto Maior e Correia sustentam que o surgimento do Direito Social está ligado à própria transformação do Estado Liberal em Estado Social (MAIOR, Jorge Luiz Souto; CORREIA, Marcus Orione Gonçalves. O que é direito social? In: CORREIA, Marcus Orione Gonçalves (Org.). *Curso de Direito do Trabalho*. São Paulo: LTr, 2007. v. 1, p. 15).

[414] CAPPELLETTI, 2001, p. 265.

[415] MITIDIERO, 2009, p. 40-41.

canismo de controle das tiranias absolutistas. Busca-se a justiça do caso concreto com base no sistema jurídico constituído, podendo-se, para tanto, a decisão judicial *revestir características "praeter legem" e eventualmente até "contra legem"*. *Nunca, porém, contrárias ao Direito*.[416]

Destarte, não há mais espaço para que o juiz julgue contra a sua consciência, atrelado a questões puramente formais.[417] Importante trazermos o pensamento de Alvaro de Oliveira, que coaduna o entendimento esposado:

> No plano infraconstitucional, o juiz brasileiro goza de apreciável liberdade de modo que dificilmente ver-se-á na contingência de julgar contra sua consciência por motivos puramente formais.[418]

Em 1983, antes mesmo do advento da Constituição de 1988, portanto, ao comentar o sistema processual constituído no Código de Processo Civil de 1973, Galeno Lacerda já afirmava que o nosso sistema processual é antiformalista:

> As disposições analisadas se expandem como largas avenidas de abertura, a permitir ao Juiz trânsito livre para o milagre, sem os tropeços da forma e da letra, de fazer justiça de acordo com a própria consciência, amparado em dispositivos do próprio Código.[419]

Processo justo, na concepção de Mitidiero, constitui antes de tudo processo substancializado em sua estrutura íntima mínima pela existência de direitos fundamentais.[420] Com propriedade ensina Galeno Lacerda que o processo, sem o direito material, não é nada. O instrumento desarticulado do fim, não tem sentido, devendo o processo servir de instrumento para a justiça humana e concreta, sendo, na verdade, esta a sua única e fundamental razão de ser.[421] Prossegue, ao abordar os reais objetivos das leis processuais, referindo-se ao Código de Processo Civil de 1973, que os textos dos códigos servem para definição e realização concreta do direito material, concluindo que:

> Não há outro interesse público mais alto, para o processo, do que o de cumprir sua destinação de veículo, de instrumento de integração da ordem jurídica mediante a concretização imperativa do direito material.[422]

---

[416] MITIDIERO, 2009, p. 41.

[417] Claro que a assertiva lançada não se mostra absoluta, sendo a súmula vinculante, prevista no art. 103-A da CF, o maior exemplo em sentido contrário.

[418] OLIVEIRA, 2009, p.236.

[419] LACERDA, 1983, p. 14.

[420] MITIDIERO, 2009., p. 46.

[421] LACERDA, op. cit., p. 8, 10.

[422] Ibid., p. 10-11.

Resta evidente que no Estado Constitucional os valores justiça e efetividade constituem a base axiológica do processo,[423] sendo tarefa do intérprete do direito aferir muito além de *proposições legislativas* isoladas, devendo ter com clareza os objetivos a serem alcançados com o desenvolvimento do processo.[424]

3.2. O direito fundamental à tutela jurisdicional adequada, efetiva e tempestiva como corolário inafastável do direito ao processo justo

No período do Estado liberal clássico, os direitos fundamentais tinham como objetivo evitar a interferência do Estado na sua esfera privada, sendo reconhecidos como direitos de liberdade, chamados direitos de defesa.[425] De acordo com Jorge Miranda, em tal período, o Estado estava empenhado em limitar o poder político, tanto internamente como externamente, fundado na ideia de liberdade do indivíduo.[426]

Segundo Alexy, de acordo com a interpretação liberal clássica, direitos fundamentais são direitos que visam proteger a esfera de liberdade do indivíduo contra intervenções dos Poderes Públicos, sendo considerados direitos de defesa do cidadão contra o Estado. Estes direitos são reconhecidos como direitos a ações negativas (abstenções) por parte do Estado.[427] Mais tarde, como consequência natural da transformação do Estado, os direitos fundamentais também passaram a ser categorizados como direitos a prestações.[428]

---

[423] MITIDIERO, op. cit., p. 47.

[424] LACERDA, op. cit., p. 09.

[425] *Os direitos fundamentais da primeira dimensão possuem marcante característica individualista, fruto do pensamento liberal-burguês do século XVIII, tendo como inspiração a doutrina iluminista e jusnaturalista do século XVII e XVIII. A essa primeira dimensão correspondem pensamentos de Hobbes, Locke, Rousseau e Kant, dando início à positivação das reivindicações burguesas nas primeiras constituições escritas do mundo ocidental. Nesta fase, afirmam-se basicamente os direitos do indivíduo perante o Estado, configurando-se como direitos de defesa, estabelecendo uma autonomia individual não sujeita à intervenção do Estado. Por essa razão, são considerados direitos de cunho "negativo", pois não exigem uma ação positiva do Estado, mas sim uma abstenção, configurando-se como verdadeiros direitos de resistência ou de oposição perante o Estado. Em razão da inspiração jusnaturalista, os direitos de primeira dimensão de maior destaque são os direitos à vida, à liberdade, à propriedade e à igualdade perante a lei. Em um segundo momento, são incluídas entre as chamadas liberdades as de expressão coletiva, tais como as liberdades de expressão, de imprensa, de manifestação e de associação, bem como os direitos de participação política, essencialmente através do voto, o que revela a íntima relação entre os direitos fundamentais e a democracia. Dentro do direito à igualdade, estão também compreendidas algumas garantias processuais, tais como o devido processo legal, o direito de petição e o habeas corpus . São assim os chamados direitos civis e políticos, que passaram a ser assegurados nas Constituições do mundo ocidental* (SANTOS JÚNIOR, 2010, p. 27).

[426] MIRANDA, 2005, p. 47.

[427] ALEXY, 2008, p. 433.

[428] SANTOS JÚNIOR, op. cit., p. 25.

Assim, os direitos fundamentais são classificados em dois grandes gêneros: os direitos de defesa e os direitos a prestações (de natureza fática e jurídica). Aqueles, também conhecidos como direitos a ações negativas, são os direitos dos cidadãos contra o Estado, dividindo-se em três grupos na classificação trazida por Alexy: direitos a que o Estado não impossibilite ou dificulte as ações do titular do direito; direitos a que o Estado não afete determinadas características ou situações do titular do direito; e direitos a que o Estado não elimine determinadas posições jurídicas do titular do respectivo direito.[429]

Por sua vez os direitos a prestações, chamados também, principalmente na doutrina germânica, "direitos de participação" ou "direitos de quota-parte", impõem uma ação direta do Estado, acarretando uma conduta ativa, no sentido de disponibilizar à sociedade prestações de natureza jurídica e material.[430] Ao contrário dos direitos de defesa, que normalmente exigem abstenção do Estado, os direitos a prestações exigem ação positiva do Estado, enquadrando-se nos direitos considerados de segunda dimensão, a partir da evolução do Estado de Direito (de natureza liberal-burguesa) para o Estado democrático e social de Direito.[431]

Frisa Alexy que todo o direito a uma ação positiva por parte do Estado é um direito a uma prestação, sendo tal conceito exatamente o oposto do conceito de direito de defesa, onde estão compreendidos todos os direitos a uma ação negativa, isto é, a uma abstenção por parte do Estado. Os direitos a prestações (em sentido amplo) estão divididos em três grupos: direitos à proteção, direitos à organização e procedimento e direitos a prestações em sentido estrito.[432] Nas palavras de Canotilho, fazendo referência a Alexy, os direitos a prestações significam, em sentido estrito, direitos do particular a obter algo por meio do Estado (por exemplo, saúde, educação ou segurança social).[433]

A Constituição Federal consagra os direitos fundamentais[434] ao atribuir eficácia imediata a estes direitos, através da norma constante no § 1º do artigo 5º, e ao proteger esses direitos de reformas infraconstitucionais ou até mesmo através de Emendas Constitucionais, por constituírem-se

---

[429] ALEXY, 2008, p. 196.
[430] SANTOS JÚNIOR, 2010, p. 37.
[431] SARLET, 2005, p. 205-206.
[432] ALEXY, op. cit., p. 442-444.
[433] CANOTILHO, 2003, p. 408.
[434] A história dos direitos fundamentais está diretamente ligada ao reconhecimento e à proteção da dignidade da pessoa humana e dos direitos fundamentais do homem. Esta história também está em sintonia com o surgimento do moderno Estado Constitucional, buscando-se assegurar a já referida dignidade da pessoa humana (SANTOS JÚNIOR, op. cit., p. 25).

cláusulas pétreas, conforme dispõe o artigo 60 da Constituição.[435] Até mesmo as normas de cunho nitidamente programático podem ensejar, em virtude da sua aplicação imediata, o gozo de direito subjetivo individual independentemente da concretização legislativa, conforme salienta Eros Grau.[436]

Os direitos fundamentais são divididos em dois grandes grupos. De um lado, os positivados ou escritos, que são aqueles constantes no catálogo da Constituição Federal (Título II), bem como os decorrentes dos tratados internacionais em que o Brasil seja parte, conforme prevê o artigo 5º, § 2º, da Constituição. De outro, os chamados direitos fundamentais não escritos, subdividindo-se este grupo nos chamados direitos fundamentais implícitos[437] e naqueles decorrentes do regime e dos princípios adotados pela Constituição, conforme também dispõe o já citado artigo 5º, § 2º, da Constituição.[438]

Para que um direito seja considerado fundamental é necessária a análise da amplitude desse direito, do seu conteúdo material, de ser visto se está ou não ligado à estrutura do Estado e da própria sociedade, especialmente com a dignidade da pessoa humana.[439] Por esta razão é que temos direitos fundamentais consagrados que não estão dispostos no Título II da Constituição, como por exemplo, o direito fundamental ao meio ambiente, por força da sua fundamentalidade material, em virtude do sistema constitucional aberto existente em nosso ordenamento, assegurado no §2º do artigo 5º da Constituição.[440]

O artigo 5º, inciso XXXV, da Constituição Federal, ao dizer que a lei não pode excluir da apreciação do Poder Judiciário lesão ou ameaça a direito, consagra o princípio da efetividade da tutela jurisdicional, também

---

[435] Como sustenta o professor Ingo Sarlet, os direitos fundamentais podem ser divididos em dois grupos de normas. Em primeiro, aquelas normas que, em virtude da sua insuficiente normatividade, não se encontram em condições de gerar a plenitude de seus efeitos sem a ação do legislador. E aquelas normas que, por serem dotadas de suficiente normatividade, não necessitam da ação concretizadora do legislador para serem imediatamente aplicáveis aos casos concretos, e alcançarem, desde logo, sua plena eficácia (SARLET, 2005, p. 270).

[436] GRAU, Eros Roberto. *A Ordem Econômica na Constituição de 1988 (Interpretação e Crítica)*. São Paulo: Revista dos Tribunais, 1997, p. 322 *et seq.*

[437] Esses direitos implícitos estarão fundados nos direitos fundamentais já existentes, originando-se dos princípios fundamentais, sobretudo da dignidade da pessoa humana (SARLET, op. cit., p. 105, 125-128).

[438] Ibid., p. 99-100.

[439] A fundamentalidade formal dos direitos fundamentais decorre de eles estarem expressamente positivados na Constituição, situando-se no topo do ordenamento jurídico, num plano superior inclusive das demais normas constitucionais (CANOTILHO, 2003, p. 379). Por sua vez, no plano material, os direitos fundamentais estão ligados ao grau de importância daquele bem jurídico tutelado, sendo este fator estabelecido pelo constituinte (SANTOS JÚNIOR, 2010, p. 36).

[440] Cf. MARINONI, 2004, p. 166-67.

conhecido como princípio da prestação jurisdicional efetiva, constituindo-se em um direito fundamental, tanto no sentido material como também formal, por estar inserido no Capítulo I do Título II da Constituição. Esta mesma norma constitucional já assegurava o direito fundamental da tempestividade da tutela jurisdicional.[441] Todavia, para que não restassem dúvidas que é dever do Estado prestar a jurisdição efetiva em prazo razoável, a Emenda Constitucional n° 45 de 2004 acrescentou o inciso LXXVIII ao artigo 5°, assegurando a todos os cidadãos a duração razoável do processo e os meios que garantam a celeridade de sua tramitação.[442]

Apesar de já estar consagrado no plano material o direito à duração razoável do processo, este direito fundamental foi também inserido no plano formal da Constituição, atribuindo deveres ao Executivo, ao Legislativo e ao Judiciário, no sentido de darem efetividade à prestação jurisdicional, em um prazo razoável, conforme sustenta Marinoni:

> Esse direito fundamental, além de incidir sobre o Executivo e o Legislativo, incide sobre o Judiciário, obrigando-o a organizar adequadamente a distribuição da justiça, a equipar de modo efetivo os órgãos judiciários, a compreender e a adotar as técnicas processuais idealizadas para permitir a tempestividade da tutela jurisdicional, além de não poder praticar atos omissivos ou comissivos que retardem o processo de maneira injustificada.[443]

Assim, o sistema constitucional vigente assegura, tanto no plano material como também no plano formal, estes dois direitos fundamentais sob a ótica processual, sendo dever do Estado dar prestação jurisdicional efetiva, mediante duração razoável do processo, assegurando os meios que garantam a celeridade de sua tramitação.[444] Segundo Marinoni, este direito fundamental à prestação jurisdicional efetiva compreende três direitos elementares: técnica processual adequada (norma processual), instituição de procedimento capaz de viabilizar a participação (exemplo ações coletivas) e a própria resposta jurisdicional.[445]

Trata-se de um dever do Estado na organização do Estado Democrático de Direito, por ter assumido o monopólio da jurisdição, proibindo,

---

[441] O direito à razoável duração do processo já era reconhecido como um direito fundamental implícito, antes mesmo da expressa inclusão do inciso LXXVIII ao art. 5°. da Constituição, através da Emenda Constitucional n° 45/04 (SANTOS JÚNIOR, 2010, p. 35).

[442] Com certeza a duração razoável do processo já poderia ser reconhecida anteriormente em nossa ordem constitucional, com base no § 2° do art. 5° da CF, por estar expresso na Convenção Americana sobre Direitos Humanos (art. 8°, n° 1). Cf. PORTO, Sérgio Gilberto; USTARROZ, Daniel. Lições de direitos fundamentais no processo civil: o conteúdo processual da Constituição Federal. Porto Alegre: Livraria do Advogado, 2009, p. 100.

[443] MARINONI, 2006, p. 222.

[444] O sistema constitucional, calcado no pilar da duração razoável do processo, reflete a tendência mundial, adotada por inúmeros países, a fim de que seja garantido aos cidadãos o direito a um processo razoavelmente rápido (COMOGLIO, 1991, p. 701).

[445] Cf. MARINONI, 2004, p. 185.

inclusive, a chamada autotutela. A partir da proibição dessa forma de solução dos conflitos, o Estado assume o dever de resolvê-los mediante o exercício do direito de ação, com a solução do caso concreto.[446]

Este direito fundamental à tutela jurisdicional efetiva constitui-se em um direito de se exigir um serviço, uma prestação, a que o Estado se obrigou em virtude da sua organização como Estado, ao deter o monopólio da jurisdição. Na lição de Cruz e Tucci, *incumbe ao ordenamento processual atender, do modo mais completo e eficiente possível, ao pleito daquele que exerceu o seu direito à jurisdição.*[447] Este direito não pode ser interpretado como sendo um direito de defesa, como direito de prestação negativa, pois se trata justamente do contrário, ao se exigir uma prestação positiva do próprio Estado, na solução do conflito posto. Por estas razões, é que esse direito fundamental é proclamado como sendo o mais importante dos direitos, justamente por possibilitar a efetivação de todos os demais direitos, conforme ensina Marinoni.[448]

A ideia principal que envolve a noção dos direitos fundamentais é que estes vêm a ser a concretização do princípio fundamental da dignidade da pessoa humana, expresso no art. 1º, inciso III, da Constituição Federal.[449] Assim, é importante atentar que este direito fundamental à tutela efetiva e tempestiva tem como base a dignidade do ser humano, no sentido de ser garantida e preservada essa dignidade com uma prestação jurisdicional adequada, nos moldes estabelecidos pela Constituição, como sendo um dos fundamentos do nosso Estado Democrático de Direito.[450] Em sentido contrário, não se concretizando este direito fundamental, não estaremos garantindo a própria dignidade da pessoa humana, que deve ser assegurada pelo Estado sobretudo através do exercício da jurisdição,[451] rompendo-se com um dos alicerces da nossa Carta Maior.[452]

---

[446] O preâmbulo da Constituição de 1988 já impõe ao Estado o dever de solucionar de forma pacífica as controvérsias.

[447] TUCCI, José Rogério Cruz e. Garantia do Processo sem Dilações Indevidas, p. 234-262. In: TUCCI, José Rogério Cruz e (Org.). *Garantias Constitucionais do Processo Civil*. São Paulo: Revista dos Tribunais, 1999, p. 235.

[448] MARINONI, op. cit., p.184-5.

[449] SARLET, 2005, p. 109, 125-127.

[450] Dispõe a Constituição da Alemanha em seu Artigo 1º: 1. A dignidade da pessoa humana é inviolável. Todas as autoridades públicas têm o dever de a respeitar e de a proteger. 2. O Povo Alemão reconhece, por isso, os direitos invioláveis e inalienáveis da pessoa humana como fundamentos de qualquer comunidade humana, da paz e da justiça do mundo. Cf. CANARIS, 2006, p. 141.

[451] Segundo Ovídio Baptista da Silva, *o ato jurisdicional é praticado pela autoridade estatal, no caso pelo juiz, que o realiza por dever de função; o juiz, ao aplicar a lei ao caso concreto, pratica essa atividade como finalidade específica de seu agir.* (SILVA, 2006, v. 1, p. 27).

[452] Acrescenta Piovesan que é no princípio da dignidade da pessoa humana que a ordem jurídica encontra o próprio sentido, sendo seu ponto de partida e seu ponto de chegada, para a hermenêutica

Não há como se falar em preservação da dignidade se o Estado não consegue assegurar o direito a quem porventura seja detentora desse respectivo direito.[453] Por exemplo, se um cidadão, ao ter garantido o seu direito com uma sentença condenatória, acaba não recebendo seu crédito, este cidadão ficou "a ver navios", como se escuta em sentido figurado, o que quer dizer que ficou com a expectativa e a esperança do recebimento do seu crédito, mas sem alcançá-lo sob o ponto de vista efetivo. Isto significa que este cidadão teve a sua dignidade completamente abalada, tendo em vista que o Estado o proíbe de buscar com as próprias mãos tal direito, com a vedação da autotutela, mas ao mesmo tempo não lhe alcança o que lhe é assegurado, consubstanciando o fracasso do Judiciário no cumprimento do seu dever. Perdeu sua dignidade porque teve a sua honra, a sua autoestima abalada em razão do devedor (do condenado) ter sido "vencedor", muito embora "perdedor" na demanda judicial, já que acabou não entregando o bem da vida assegurado ao credor; isto é, este "ganhou mas não levou".[454] No exemplo trazido, será que podemos falar na manutenção, preservação ou asseguração da dignidade do credor, que confiou no Estado, respeitou as regras, e mesmo assim não recebeu seu crédito?

Assegurar o direito de ação não significa simplesmente assegurar a propositura da ação, com a instauração do processo, e observância de um procedimento próprio. Significa dar a prestação jurisdicional efetiva, solucionando o conflito, conferindo o bem da vida postulado ao titular do direito. Nestes aspectos, as regras processuais ganham destaque para a realização do direito material, configurando-se em instrumentos, técnicas e meios para se buscar a efetividade e a celeridade na prestação jurisdicional.[455] Não por acaso que o próprio constituinte derivado, ao incluir o inciso LXXVIII ao art. 5º da CF, se refere expressamente na possibilidade do uso dos meios que garantam a celeridade na tramitação do processo.

O princípio da efetividade se dirige especialmente contra o Juiz, exigindo que a tutela jurisdicional seja prestada de maneira efetiva, não bastando apenas a proteção dos direitos fundamentais, e sim, a realização

---

constitucional contemporânea (PIOVESAN, Flávia. *Direitos Humanos e o Direito Constitucional Internacional*. 8. ed. São Paulo: Saraiva, 2007, p. 30).

[453] Cf. Vieira, a realização da dignidade humana está vinculada à realização de outros direitos fundamentais (VIEIRA, Oscar Vilhena. *Direitos Fundamentais*: uma leitura da jurisprudência do STF. São Paulo: Malheiros, 2006, p. 63).

[454] Canotilho reconhece a dignidade da pessoa humana como núcleo essencial da República (CANOTILHO, 2003, p. 226).

[455] *É a partir da noção de dignidade da pessoa humana que devem ser interpretadas inúmeras outras normas jurídicas, sobretudo as que dizem com os direitos fundamentais.* (SANTOS JÚNIOR, 2010, p. 44). Cf. BARCELLOS, Ana Paula de. *A Eficácia Jurídica dos Princípios Constitucionais*: o princípio da dignidade da pessoa humana. Rio de Janeiro: Renovar, 2002, p. 146-148.

desse direito, com a sua concretização.[456] O direito à tutela jurisdicional efetiva não vem mais a ser simplesmente o direito ao procedimento legalmente instituído no sistema ou o direito de acesso igualitário à Justiça, mas sim o direito de um processo efetivo, capaz de dar efetividade aos direitos que estão sendo postulados e que precisam, por meio desse processo, ser protegidos. Afinal, *cada ato processual somente é justificado pela utilidade*.[457] Para a concretização desse direito, deve o Juiz, assim como o legislador, instituir a técnica processual adequada, que está ligada ao direito fundamental da efetividade da tutela jurisdicional.

Esta técnica processual caracteriza-se como um direito necessário para a proteção de todos os outros direitos buscados, conforme já salientado.[458] No entanto, não se deve confundir técnica processual com procedimento. O procedimento vem a ser uma espécie de técnica processual destinada a tutelar o direito. Nesse sentido, o processo deve ser visto como instrumento, que é e sempre foi, de realização do direito material, devendo ser interpretado sob o prisma do sistema constitucional vigente e não de maneira isolada.[459] Igualmente, não se confundem as formas de tutela jurisdicional com as técnicas que podem ser empregadas para uma melhor realização da própria tutela jurisdicional.[460] As técnicas processuais são os procedimentos, sentenças e meios executivos, bem como as técnicas de antecipação de tutela e de seu acautelamento, cabendo a utilização de todas elas, conforme as necessidades dos casos específicos, na medida em que somente desta maneira é possível uma prestação jurisdicional de maneira efetiva.[461]

Como consequência desse novo pensamento, a doutrina passa a chamar de técnicas jurisdicionais diferenciadas as tutelas jurisdicionais prestadas às diferentes situações de direito material. Por conseguinte, Marinoni passa a entender necessária a construção de uma classificação das tutelas e não apenas uma nova classificação das sentenças, por sustentar que as sentenças são técnicas que servem à prestação das tutelas.[462] Ou seja, enquanto as sentenças satisfativas, que são as declaratórias e as constitutivas, são suficientes para se buscar a tutela almejada, em contrapartida as sentenças não satisfativas, como por exemplo, as sentenças

---

[456] K. Hesse já sustentava que deve ser buscada a máxima eficácia e efetividade de todas as normas constitucionais (HESSE, 1991, p. 14-15).

[457] Cf. PORTO; USTARROZ, 2009, p. 101.

[458] Cf. MARINONI, 2004, p. 187-88.

[459] Cf. Id., 2006, v. 1, p. 206-209.

[460] OLIVEIRA, 2008, p. 91.

[461] Cf. MARINONI, 2004, p. 207.

[462] Id., 2006, p. 443, 446.

condenatórias, necessitam de outros meios para que o direito possa ser realizado.[463] Isto porque as sentenças condenatórias, mandamentais e executivas *jamais poderão "satisfazer" quando destituídas de meio executivo capaz de conformar os fatos*. Por isso, enfatiza Marinoni, *a efetividade dos meios de execução, como é óbvio, somente importa em relação às sentenças não satisfativas*.[464]

A Tutela jurisdicional, no plano processual, tem o comprometimento de realizar a própria tutela material, sendo a ação um instrumento de tutela.[465] Essas tutelas são identificadas a partir dos resultados do processo no plano do direito material, sendo classificadas por Marinoni em: ressarcitória; reintegratória; de obtenção e de restituição da coisa; específica do adimplemento da obrigação contratual de fazer e de entregar a coisa; específica do dever legal de fazer; e inibitória.[466] É de suma importância a distinção entre a tutela inibitória e a tutela ressarcitória, pois enquanto aquela visa prevenir o ilícito, a tutela ressarcitória busca simplesmente o ressarcimento do dano.[467]

Com essa ordenação busca-se alcançar a efetividade, não sendo objetivo eliminar a classificação já estabelecida das sentenças. Justamente porque, em razão da função constitucional atribuída ao processo, como sendo mero instrumento em relação ao direito material e à realidade social, não se pode mais pensar em neutralidade do processo, por ter que assumir o seu papel de realização do direito fundamental à tutela jurisdicional efetiva.[468]

Consoante já enfatizado, o artigo 5º, § 1º, da Constituição, assegura a aplicação imediata das normas definidoras dos direitos e garantias fundamentais. A intenção do legislador constituinte foi, sem nenhuma dúvida, atribuir uma carga normativa aos direitos fundamentais. Partindo-se dessas premissas, devemos estabelecer o real alcance dessa norma em relação ao direito fundamental à tutela jurisdicional efetiva.[469] Conclui Marinoni que:

---

[463] MARINONI, op. cit., p. 448.

[464] Ibid., p. 150.

[465] Ibid., p. 453.

[466] Ibid., p. 485-487.

[467] Ibid., p. 462-63.

[468] Não há, atualmente, como se pensar na neutralidade do próprio Direito. Cf. BUENO, 2008, v. 1, p. 64.

[469] Segundo Guastini, a interpretação não tem como objeto normas, mas textos. Interpretar é decidir o significado de um texto legislativo. Portanto, interpretar é produzir uma norma. Por definição, as normas são produtos dos intérpretes (GUASTINI, 2005, p. 136).

De modo que a norma do art. 5º, § 1º, da CF já seria suficiente para demonstrar a tese de que o juiz não só deve interpretar a lei processual em conformidade com o direito fundamental à tutela jurisdicional efetiva, como ainda deve concretizá-lo, por meio da via interpretativa, no caso de omissão ou de insuficiência de lei.[470]

Conforme Hesse, a interpretação tem significado decisivo para a consolidação e preservação da força normativa da Constituição:

> A interpretação constitucional está submetida ao princípio da ótima concretização da norma (Gebot optimaler Verwirklichung der Norm). A interpretação adequada é aquela que consegue concretizar, de forma excelente, o sentido (Sinn) da proposição normativa dentro das condições reais dominantes numa determinada situação.[471]

Portanto, a interpretação da lei processual necessariamente tem que se dar em consonância com o direito fundamental à tutela jurisdicional efetiva, não podendo ser pensada no sistema processual de forma autônoma ou isolada, sem uma interligação com esse direito fundamental. Ainda que não houvesse a norma constante no art. 5º, § 1º, da Constituição, que atribui eficácia imediata aos direitos fundamentais, os princípios da força normativa da Constituição e da efetividade autorizam a interpretação da lei processual no sentido de se buscar a efetivação da prestação jurisdicional, por se tratar de um direito fundamental, e especialmente em virtude da carga normativa imposta a esses direitos tidos como fundamentais.

E ainda, é justamente o princípio da efetividade, ligado à interpretação das normas constitucionais, que preconiza a interpretação dos direitos fundamentais do modo que alcancem a maior efetividade possível. Na hipótese da existência de alguma norma restritiva a algum direito fundamental, esta deverá ser interpretada de forma restritiva, para preservação do direito fundamental envolvido em tal exame, a fim de que se garanta a máxima efetividade possível, pois na hipótese de colisão entre princípios, a questão a ser resolvida é de peso ou de importância, devendo ser feito um juízo de ponderação.[472] Especialmente em caso de dúvidas, deve prevalecer a interpretação que gere a maior efetividade possível a um direito fundamental, pois é nesses casos especialmente que os princípios devem ser utilizados, para a correta e adequada harmonização do sistema, não havendo necessidade da invocação do princípio na hipótese de inexistência de dúvidas, omissões ou de insuficiência da lei. Sarlet traz justamente esta proposição:

> Levando-se em conta esta distinção, somos levados a crer que a melhor exegese da norma contida no art. 5º, § 1º, de nossa Constituição é a que parte da premissa de que se trata de

---

[470] MARINONI, 2004, p. 220-21.
[471] HESSE, 1991, p. 22-23.
[472] Cf. MARINONI, 2004, p. 226-7.

norma de cunho inequivocamente principiológico, considerando-a, portanto, uma espécie de mandado de otimização (ou maximização), isto é, estabelecendo aos órgãos estatais a tarefa de reconhecer a maior eficácia possível aos direitos fundamentais, entendimento este sustentado, entre outros, no direito comparado, por Gomes Canotilho e compartilhado, entre nós, por Flávia Piovesan.[473]

O Estado tem esse dever de proteger os direitos, especialmente os direitos fundamentais. Por muito tempo se entendeu que esse dever se voltava apenas em relação aos Poderes Executivos e Legislativos, absolvendo-se o Poder Judiciário de possíveis omissões na concretização desses direitos, entendendo-se que esse dever dependia apenas de ações normativas. Esse dever de proteção necessita de regras de direito material, dependendo também de ações efetivas do Estado, por exemplo, da atuação da Administração Pública na proteção do consumidor, da saúde pública e do meio ambiente, bem como da prestação jurisdicional efetiva.[474] Esta proteção, mesmo no plano normativo, não fica restrita a normas de direito material, constituindo-se o Processo Civil e o Processo do Trabalho em importantes mecanismos de proteção dos direitos fundamentais, tanto para se evitar a violação ou o dano a um direito fundamental, como também para assegurar o devido ressarcimento.

Assim, justamente porque o Direito Processual se constitui como verdadeiro instrumento de proteção dos direitos fundamentais, deve ser estruturado de modo que assegure a efetiva tutela dos direitos, porquanto o direito fundamental à tutela jurisdicional efetiva não visa a assegurar a proteção apenas dos direitos considerados fundamentais, mas sim a tutela de quaisquer direitos. A propósito, refere Marinoni que:

> Tratando-se da tutela de direitos não-fundamentais, o único direito fundamental em jogo é o próprio direito à efetividade da tutela, que obviamente não se confunde com o direito objeto da decisão. É por esse motivo, aliás, que o direito de ação, ou o direito de ir ao Poder Judiciário, deve ser pensado como o direito à efetiva tutela jurisdicional, para o qual não basta uma sentença, mas sim a possibilidade de efetivação concreta da tutela buscada.[475]

A sentença sozinha muitas vezes não resulta em efetivação concreta da tutela jurisdicional, sendo necessária a utilização dos meios e da técnica processual adequada para a concretização do direito alcançado. Portanto, a sentença apenas põe fim ao procedimento, não sendo muitas vezes capaz de resolver o conflito, no sentido de solucionar o litígio, com a entrega do bem da vida, objeto da tutela concedida.

A técnica processual é imprescindível para a efetividade da tutela dos direitos. Assevera Cruz e Tucci que *é de suma relevância que o processo*

---

[473] SARLET, 2005, p. 270.
[474] Cf. MARINONI, op. cit., p. 223.
[475] MARINONI, 2004, p. 223.

civil disponha de mecanismos aptos a realizar a função institucional que lhe toca, de assegurar ao jurisdicionado tudo aquilo e exatamente aquilo que, porventura, tenha direito a receber.[476]

Dessa forma, cabe ao juiz interpretar a legislação processual de acordo com os valores e princípios estabelecidos na Constituição Federal, sendo seu dever proceder à interpretação que melhor atenda aos princípios da efetividade da prestação jurisdicional e da razoável duração do processo. Diante destes valores estabelecidos na Constituição, não tem o juiz o direito de não solucionar o caso concreto, não tutelando o direito pretendido apenas em virtude de uma possível omissão do legislador. Nesta hipótese, estará desrespeitando um direito fundamental do cidadão, que é de ter a prestação jurisdicional efetiva. Não se admite que essa tutela não seja alcançada simplesmente porque o legislador deixou de editar uma norma processual mais explícita para a solução do caso posto.[477]

O direito fundamental do cidadão à tutela jurisdicional efetiva volta-se não apenas na direção dos Poderes Legislativo ou Executivo, mas, sobretudo, também na direção do Poder Judiciário. Ressalta Alexy que as normas de direitos fundamentais irradiam a todos os ramos do direito.[478] Assim, trata-se de um dever interpretar a regra processual e até mesmo suprir eventual omissão legislativa para dar a máxima efetividade jurisdicional, sendo dever do juiz interpretar a legislação processual de acordo com os valores estabelecidos na Constituição Federal. Mais uma vez é importante trazermos as lições de Marinoni:

> Por isso, é absurdo pensar que o juiz deixa de ter o dever de tutelar de forma efetiva os direitos somente porque o legislador deixou de editar uma norma processual mais explícita.[479]

Prossegue Marinoni:

> Diante de uma visão simplificadora, alguém poderia supor que estamos propondo que o juiz retire a máxima efetividade da regra processual, pouco importando o resultado de sua interpretação. Não se trata disso, porém. Deixe-se claro que o juiz não tem a possibilidade – nem poderia ter – de interpretar a regra processual como se fosse alheio aos valores da Constituição. O seu dever é interpretar a regra processual, ou mesmo suprir eventual omissão legislativa, para dar a máxima efetividade à tutela jurisdicional, compreendidas as

---

[476] TUCCI, 1999, p. 235.

[477] Percebe-se a dimensão do direito fundamental à tutela jurisdicional efetiva, pois é através dele que os demais direitos materiais serão realizados, ressaltando Canotilho que *os direitos e interesses do particular determinam o próprio fim do direito de acesso aos tribunais, mas este, por sua vez, garante a realização daqueles direitos e interesses.* (CANOTILHO, 2003, p. 497).

[478] ALEXY, 2008, p. 543.

[479] MARINONI, 2004, p. 224.

necessidades do caso concreto e considerados os valores constitucionais que dão proteção ao réu, como o direito de defesa.[480]

Refere Flávia Piovesan, compartilhando das ideias de Dworkin, que o ordenamento jurídico é um sistema no qual, ao lado das normas legais, existem princípios que incorporam as exigências de justiça e dos valores éticos. Esses princípios constituem o suporte axiológico que confere coerência interna e estrutura harmônica a todo o sistema jurídico.[481] Nesse sentido, os direitos fundamentais têm natureza de princípio, constituindo-se os princípios verdadeiros mandados de otimização, possibilitando então que estes direitos fundamentais tenham a maior efetividade possível diante de qualquer situação concreta, mesmo diante de outros princípios que possam com eles colidir.

Assim, tendo o direito fundamental à tutela jurisdicional efetiva natureza de princípio, também vem a se constituir como um mandado de otimização, de modo que sempre deverá ser realizado diante do caso concreto, estabelecendo-se um juízo de ponderação na hipótese de colisão com outros princípios ou outros direitos fundamentais. Normalmente se invoca a colisão com o princípio da segurança jurídica, sendo este princípio objeto de reiteradas distorções, quando acaba sendo elevado a uma ordem suprema em detrimento da efetividade na prestação jurisdicional. Adverte, a propósito, Álvaro de Oliveira, que:

> O jurista deve observar a ordem jurídica, atento ao valor da segurança jurídica, sem confundi-la com a manutenção cega e indiscriminada do *statu quo*. Cumpre não identificar, outrossim, o valor da segurança jurídica com a "ideologia" da segurança, que tem por objetivo o imobilismo social.[482]

O princípio da segurança jurídica, muito embora deva ser respeitado, não pode servir de bengala para que sejam mantidas aplicações e interpretações equivocadas do Direito, em dissonância com outros princípios e valores fundamentais de igual relevo, consagrados na mesma Constituição, como por exemplo, os valores e princípios de justiça, dignidade e efetividade na prestação jurisdicional.[483] É importante a lição trazida a esse respeito por Álvaro de Oliveira:

> É preciso levar em conta, finalmente, que a segurança não é o único valor presente no ambiente processual, mormente porque todo o processo é polarizado pelo fim de realizar a justiça material do caso, por meio de um processo equânime e efetivo. De tal sorte, a segurança excessiva pode inclusive inibir o desempenho dos direitos fundamentais do juris-

---

[480] MARINONI, 2004, p. 225-6.
[481] PIOVESAN, 2007, p. 32.
[482] OLIVEIRA, 2009, p. 79-80.
[483] Ibid., p. 80.

dicionado, de caráter essencialmente principal com a avantajada carga de indeterminação, por sua própria natureza.[484]

Obviamente que a decisão deverá se dar por meio de uma consistente argumentação jurídica, a fim de que se garanta uma razoável segurança jurídica, com o devido controle da decisão proferida pelo juiz.[485] Deste modo leciona Thadeu Webber, quando do exame das inúmeras concepções de justiça, a partir da dogmática construída por Perelman e por Rawls:

> O princípio da inércia, o de que não se deve mudar nada sem razão, continua válido, mas se deve, e positivamente falando, mudar quando há boas razões. E são as razões que importam. Aí está o caráter arbitrário de um sistema de justiça, e ele não seria normativo se não fosse arbitrário. Ele indica um dever-ser e não simplesmente justifica o que é. E isso implica em escolhas. É nas boas razões, no recurso ao razoável, na argumentação e justificação de acordo com o auditório universal que é possível realizar a verdadeira justiça.[486]

Importante ainda destacar que, por ter este direito fundamental à tutela jurisdicional efetiva e tempestiva natureza de princípio, não está sujeito às hipóteses de solução de conflito entre regras, tendo que sempre ser considerado válido ainda que tenha de ser harmonizado com outro princípio, na aplicação efetiva ao caso em concreto.

Já vimos que este direito fundamental à tutela jurisdicional efetiva não pode ser negado. Por ter este direito à natureza principial, passa a ter o juiz o dever de adequar o procedimento ao caso concreto, valendo-se da técnica processual necessária para prestar efetividade a este direito, obviamente estabelecendo-se um juízo de ponderação na hipótese de colisão com outros princípios ou direitos, especialmente com a preservação do também fundamental direito de defesa.

A correta utilização da técnica processual passa necessariamente pela análise da omissão legislativa ou da existência de regra processual incapaz de propiciar a efetividade da prestação jurisdicional. Concluindo-se que não há regra processual adequada ou que a regra processual não tenha condições de proporcionar a efetividade almejada, não pode o juiz simplesmente deixar de prestar a tutela jurisdicional efetiva sob pena de estar desrespeitando um direito fundamental dirigido também ao próprio Judiciário. Neste caso, tem o juiz não apenas o direito, mas o dever de buscar a técnica processual adequada e necessária para tutelar o direito material pretendido.

A necessidade de utilização da técnica processual adequada ao caso concreto somente é compreendida de maneira satisfatória quando o sis-

---

[484] OLIVEIRA, 2009, p. 83.
[485] Cf. MARINONI, 2004, p. 227-228.
[486] WEBER, 2008, p. 229.

tema processual passa a ser visto por um prisma constitucional, sobretudo de acordo com os princípios fundamentais da tutela jurisdicional efetiva e da razoável duração do processo. É necessário, contudo, que o sistema processual seja compreendido dentro do sistema constitucional a que estamos submetidos num Estado Democrático de Direito. As regras processuais passam a ter que ser analisadas de acordo com os direitos fundamentais. É a partir dos princípios fundamentais previstos na Carta Constitucional que o restante do sistema, tanto de direito processual como também de direito material, deve ser interpretado. São sábias as lições de Marinoni:

> Ou seja, o juiz, diante do direito fundamental à tutela jurisdicional, além de ter o dever de rejeitar as interpretações que a ele não correspondem, deve optar expressamente pela interpretação que lhe confira a maior efetividade.
>
> Frise-se, porém, que a interpretação de acordo com a Constituição não se constitui em instrumento de controle da constitucionalidade, mas sim em método de interpretação. O juiz é obrigado a interpretar as normas com a Constituição ou, em uma acepção mais rente ao que aqui interessa, de acordo com os direitos fundamentais.[487]

Segundo Luís Roberto Barroso, a Constituição é o fundamento de validade de toda a ordem jurídica. É ela que confere unidade ao sistema, é o ponto comum ao qual se reconduzem todas as normas vigentes no âmbito do Estado. De tal supremacia decorre o fato de que nenhuma norma pode subsistir validamente no âmbito de um Estado se não for compatível com a Constituição.[488] Portanto, o juiz tem a obrigação de rejeitar as interpretações que não estão em sintonia com os direitos fundamentais, tendo também a obrigação de rejeitar a aplicação de qualquer regra que impossibilite ou dificulte a concretização da tutela jurisdicional efetiva. Ao mesmo tempo, tem o dever de utilizar a técnica processual adequada para atender ao direito fundamental da tutela jurisdicional efetiva, optando sempre pelas interpretações e pelas regras que alcancem a maior efetividade possível dos direitos fundamentais.

Como decorrência do direito fundamental à tutela jurisdicional adequada e efetiva, está o direito fundamental do cidadão de executar as sentenças, sendo dever do Estado fazer cumprir suas decisões judiciais. De outro modo não há por que falar em tutela jurisdicional prestada de forma efetiva e concreta, mas sim no descumprimento do respectivo direito fundamental do cidadão. Importante frisar que o direito prestacional estará deixando de ser alcançado pelo próprio Estado e não pelo demandado em um processo judicial, tendo em vista que o Poder Público assumiu

---

[487] MARINONI, 2004, p. 232.
[488] BARROSO, 1996, p. 54.

para si esta tarefa, de entregar o bem da vida a quem de direito, quando assumiu o monopólio da jurisdição.

Logo, para concretização do direito fundamental à tutela adequada, efetiva e tempestiva, tem o Estado o dever de se valer de todos os meios jurídicos necessários e adequados, a fim de executar as suas próprias sentenças.[489] Por conseguinte, para a concretização desse direito, com a concessão da tutela específica, impõe-se a utilização de meios executivos diferenciados, capazes e aptos de realizarem a tutela jurisdicional. [490]

3.2.1. O direito de ação como direito à tutela jurisdicional adequada, efetiva e tempestiva

No período liberal clássico, não se cogitava na separação da ação e do direito material. Nessa época o monismo abrangia tanto o direito material quanto o processual, havendo a existência de um só plano do Direito. Wach, posteriormente, busca tornar autônomo o direito de ação.[491] Segundo Ovídio Baptista, a ação (processual) é dirigida contra o Estado, para que ele, provocado pelo interessado, exerça a atividade jurisdicional. Já para Liebman a ação é um direito ao meio, não ao fim, sendo o processo instrumento de realização do direito material. Após longo debate, a doutrina reconhece a autonomia do processo em relação ao direito material, negando a concepção monista do direito.[492]

A autonomia da ação é reconhecida somente a partir do final do século XIX e início do século XX, com a doutrina italiana principalmente, quando se passa a admitir a ideia de que o cidadão tem um direito de ação voltado contra o Estado e não mais contra o réu, embora os direitos fundamentais continuem a ser vistos como direitos de liberdade e de defesa do cidadão e ainda não como direitos a prestações.

Somente com o desaparecimento do Estado Liberal e o surgimento dos Estados sociais que são reconhecidos outros direitos fundamentais, dentre estes, as ações ou prestações positivas por parte do Estado.[493] Passa a ser reconhecido ao cidadão um direito de ação independente ao direito material, contra o Estado-juiz, cujo direito continua a ser visto como direito fundamental de defesa, na condição de direito autônomo e abstrato.

---

[489] Cf. CANOTILHO, 2003, p. 500.

[490] MARINONI, 2006, v. 1, p. 301-303.

[491] CHIOVENDA, 1998, v. 1, p. 39.

[492] Cf. OLIVEIRA, 2008, p. 19-78 passim.

[493] Ressalta Jorge Miranda que a transformação do Estado liberal em Estado constitucional social acarreta significativas transformações num sentido democrático, intervencionista, social, bem contraposto ao *laissez faire* liberal (MIRANDA, 2005, p. 49).

Todavia, além de um direito de defesa, posteriormente a doutrina passa a reconhecer o direito de ação como um direito a uma prestação a ser alcançada pelo Estado.[494] Frisa Alexy que todo o direito a uma ação positiva por parte do Estado é um direito a uma prestação, sendo tal conceito exatamente o oposto do conceito de direito de defesa, onde estão compreendidos todos os direitos a uma ação negativa, isto é, a uma abstenção por parte do Estado.[495]

Partindo do pressuposto de que o Estado tem o dever de proteger os direitos fundamentais, esta proteção pode se dar através de normas legais, mas principalmente mediante o amparo a ser alcançado através da tutela jurisdicional. Sustenta Marinoni que o resultado da tutela somente pode ser encontrado quando se questiona o que a sentença satisfaz, ou melhor, o que a sentença presta como forma de tutela do direito. Propõe, em síntese, a construção da ação adequada à tutela do direito material e ao caso concreto, a qual é obviamente autônoma em relação ao direito material, mas, ao mesmo tempo, dependente da tutela jurisdicional de direito reclamado.[496]

Desse modo, tem o Estado a obrigação de estabelecer regras procedimentais além de normas materiais, tendo tais normas processuais justamente a finalidade de proteger o direito material. As normas contidas principalmente nos artigos 83 e 84, ambos do Código de Defesa do Consumidor,[497] a antecipação de tutela regulada no art. 273 do CPC, a tutela específica prevista no art. 461 do CPC, bem como a lei da ação civil pública são exemplos de diversas normas procedimentais que visam ao alcance da tutela jurisdicional efetiva.[498]

Nesta nova fase, o direito de ação passa a ser visto como o direito à tutela jurisdicional efetiva, e não mais como simples direito de ir a juízo. Há uma relativização do binômio direito/processo, passando o processo a ser concebido como instrumento que deve dar respostas adequadas às diferentes situações de direito substancial carentes de tutela.[499]

O direito de ação é um direito fundamental processual, sendo reconhecido como o mais fundamental de todos os direitos fundamentais, por ser justamente através dele que os demais direitos fundamentais serão protegidos, já que é vedado ao particular a autotutela para a proteção

---

[494] MARINONI, 2006, v. 1, p. 193.
[495] ALEXY, 2008, p. 442-444.
[496] MARINONI, op. cit., p. 301-303.
[497] CDC.
[498] MARINONI, 2006, v. 1, p. 199-201.
[499] Id., 2006, p. 441-442.

destes direitos. Para a concretização deste direito, há necessidade de se fazer presente um conjunto de técnicas processuais, que permitam a efetivação e a proteção dos respectivos direitos materiais que se encontram em risco perante o seu titular. Conclui Marinoni que o direito fundamental de ação requer uma postura ativa do Estado não apenas para permitir o livre e amplo acesso a este direito, mas principalmente com vistas à sua plena efetividade e tempestividade, consoante dispõe o art. 5º, incisos XXXV e LXXVIII, da CF.[500]

O direito deve ser protegido mediante o uso das técnicas capazes de assegurar a efetiva tutela desse direito. A ação passa a ser concebida como o conjunto das técnicas processuais que visa atingir esta finalidade, não se podendo falar mais na ação como mero ato formal de apresentação da demanda. Marinoni sustenta que o direito de ação, ou direito à tutela jurisdicional efetiva é composto de três aspectos básicos: direito de acesso à jurisdição, direito ao processo justo e direito à técnica processual adequada, frisando que todos estes componentes se complementam a fim de se definir de forma completa este direito.[501] Desse modo, sustenta que todas as regras processuais devem ser compreendidas de acordo com o direito fundamental de ação, tendo estas regras natureza instrumental, pois visam proteger e assegurar o direito material.[502]

O artigo 83 do CDC é o maior exemplo desta nova concepção do direito de ação, ao dispor que poderão ser utilizadas todas as espécies de ações capazes de propiciar a adequada e efetiva tutela dos direitos. A propósito da referida norma, salienta com propriedade Marinoni:

> A norma do art. 83 do CDC, portanto, ao falar de ações capazes de propiciar a tutela efetiva dos direitos, quer dizer que o autor tem o direito de propor uma ação estruturada com técnicas processuais capazes de permitir o efetivo encontro da tutela do direito material.[503]

Portanto, o direito de ação assegurado ao cidadão visa a garantir a tutela jurisdicional adequada, efetiva e tempestiva.[504] As cláusulas processuais contidas nos artigos 461 do CPC e 84 do CDC são normas abertas, devendo a ação adequada ser construída, no caso concreto, a partir da pretensão à tutela jurisdicional do direito.[505]

---

[500] MARINONI, op. cit., p. 204-205.

[501] Ressalta Vieira de Andrade que do direito de acesso aos tribunais, consagrado na Constituição Portuguesa, decorre o direito fundamental a um procedimento, cujo conteúdo principal é justamente a existência de um determinado procedimento, o qual irá estabelecer os termos específicos desse procedimento (ANDRADE, José Carlos Vieira de. *Os Direitos Fundamentais na Constituição Portuguesa de 1976*. 3. ed. Coimbra: Almedina, 2004, p. 150).

[502] MARINONI, 2006, v. 1, p. 210-211.

[503] Ibid., p. 288.

[504] COMOGLIO, 1991, p. 698-703.

[505] MARINONI, op. cit., p. 290-93.

3.3. A harmonização dos direitos fundamentais do devido processo legal, da ampla defesa e do contraditório com os direitos fundamentais à efetividade e à tempestividade na prestação jurisdicional: a boa-fé e a lealdade processual como elementos para a construção de um Estado Constitucional

O Estado Constitucional possui seus pilares. No âmbito processual, o direito fundamental à prestação jurisdicional adequada, efetiva e tempestiva está consagrado como sendo um desses pilares, mormente quando reconhecido no texto constitucional, estando, assim, consagrado sob o ponto de vista formal e material em nosso Estado Social e Democrático de Direito.[506] Do mesmo modo, em uma sociedade organizada, pautada pela observância das regras e dos princípios, há que se respeitar também os direitos fundamentais à ampla defesa e ao contraditório, igualmente reconhecidos sob o ponto de vista formal e material na Constituição, consagrados como corolários dos princípios da segurança jurídica e do devido processo legal.[507]

Impõe-se a devida harmonização desses valores constitucionais, consagrados como verdadeiros direitos fundamentais, apesar de não ser fácil essa tarefa do intérprete, porquanto, muitas vezes, constata-se com certa facilidade uma equivocada leitura e aplicação de algum desses direitos, gerando com isso a denegação do outro direito correspondente, de mesmo grau hierárquico, sem a adequada ponderação, com o devido sopesamento dos princípios porventura em conflito quando do exame do caso concreto.

Atualmente, muito se discute a respeito da efetividade da justiça. A sociedade e os operadores do Direito apontam deficiências e trazem sugestões alternativas para que tenhamos uma maior qualidade e eficiência na prestação jurisdicional. Um dos maiores problemas em torno do tema é a demora na tramitação dos processos, cujo tema passou a ocupar papel central em qualquer discussão jurídica e acadêmica acerca da efetividade na prestação jurisdicional, especialmente a partir da Emenda Constitucional nº 45/04, que instituiu o inciso LXXVIII ao artigo 5º da Constituição, passando a assegurar a razoável duração do processo e os meios que garantam a celeridade na sua tramitação.

Sem sombra de dúvidas, os processos deveriam ter uma tramitação mais célere, o que não se consegue alcançar em reiteradas situações, sen-

---

[506] O direito fundamental à duração razoável do processo está consagrado em diversos países. Resta expresso na Constituição Italiana, bem como nos ordenamentos de Portugal e da Espanha (PORTO, 2009, p. 101).

[507] Ressalta Mitidiero o conflito incessante entre os dois valores fundamentais da nossa ordem constitucional: segurança jurídica e efetividade do processo (MITIDIERO, 2005, p. 55-56).

do esta questão objeto de incessante discussão. O problema decorre de uma série de causas, a despeito de termos presente causas principais e secundárias; isto é, causas que podem ser resolvidas com o atual ordenamento jurídico posto e causas que não podem ser solucionadas com o modelo atualmente concebido, necessitando, assim, de inúmeras e substanciais alterações legislativas.

O número de processos ajuizados está crescendo de maneira significativa, sem que o Estado consiga acompanhar esse crescimento com o aumento da estrutura do Poder Judiciário. Há carência de servidores, juízes, bem como de unidades judiciárias, que possibilitariam uma melhora na prestação jurisdicional. E, principalmente, possuímos uma legislação processual burocrática e formalista, dispondo uma gama enorme de mecanismos legais, de incidentes processuais, e principalmente recursais, que acarretam um retardamento demasiado do processo. Enfim, reiteradamente se constata que a legislação processual é omissa ou insuficiente para propiciar a efetiva prestação jurisdicional em um prazo razoável, sendo necessário o preenchimento desta lacuna com a utilização da técnica processual hábil e adequada para a tutela do direito material.

Estes vários motivos para a lentidão dos processos acabam ocasionando a falta de efetividade na prestação jurisdicional, pois justiça lenta não é justiça. A par dos mencionados motivos, com certeza, diversas outros poderiam ser abordados, podendo-se concluir, como já referido, que muitos desses problemas dependeriam de alterações legislativas para serem solucionados.[508] A legislação processual necessita de uma profunda e imediata reforma em nosso sistema legal vigente, o que é sabido por todos, principalmente para que haja uma valorização das decisões de primeiro grau, com a diminuição da gama recursal existente, bem como para que sejam adotadas medidas mais efetivas na execução, no sentido de ser buscada a concretização da decisão judicial.

A criação de novas Unidades Judiciárias, de novos cargos de servidores e de juízes, igualmente, dependem de lei.[509] Enquanto as soluções não são dadas pela via legislativa, estes problemas podem ser solucionados ou, ao menos, amenizados, com outras medidas alternativas. Nesse sentido, é importante uma reflexão a respeito da lealdade processual e da

---

[508] Infelizmente, o projeto do novo Código de Processo Civil também não traz melhores soluções para tais mazelas.

[509] Lembra Ovídio Baptista da Silva que algumas alternativas trazidas para melhoria da prestação jurisdicional, como por exemplo, a criação dos Juizados Especiais, são instrumentos meramente coadjuvantes, que acabam não atacando as *causas profundas da crise do Poder Judiciário* (SILVA, Ovídio A. Baptista da. *Processo e Ideologia*: o paradigma racionalista. Rio de Janeiro: Forense, 2004, p. 319).

boa-fé,[510] concebidos como um dos instrumentos de efetividade da justiça e de garantia da razoável duração do processo.

A discussão acerca da lealdade processual e da boa-fé[511] é necessária porque seguidamente são utilizados os igualmente direitos fundamentais do devido processo legal,[512] da ampla defesa e do contraditório como fundamentos para não ser utilizada uma determinada técnica processual ou, ainda, para que não seja estabelecida uma determinada interpretação a respeito de uma regra processual ou de um princípio jurídico. Sustenta-se que, se de um lado existem os direitos fundamentais da prestação jurisdicional efetiva e da razoável duração do processo, de outro lado estão outros direitos fundamentais, ao devido processo legal,[513] à ampla defesa e ao contraditório, todos eles consagrados no artigo 5º da Constituição Federal.

O conflito entre princípios é facilmente resolvido pelos modernos métodos de interpretação constitucional. Quando há conflito de normas constitucionais, especialmente de princípios, deve ser utilizada a técnica da ponderação, tendo que se buscar a devida harmonização dos princípios em colisão.[514] Como já demonstrado, os princípios se constituem em verdadeiros mandados de otimização, especialmente os princípios que consagram direitos fundamentais, devendo ser buscada a máxima efetividade possível do princípio a fim de que seja tutelado o direito material.

Os direitos fundamentais da ampla defesa e do contraditório jamais poderão ser impeditivos para a concretização dos direitos fundamentais da prestação jurisdicional efetiva e da razoável duração do processo. Caso contrário, teremos, por certo, uma extrapolação na análise dos direitos fundamentais da ampla defesa e do contraditório, com a configuração, muitas vezes, de um abuso no direito de defesa. Ressalta Zaneti

---

[510] O ordenamento processual brasileiro consagra a cláusula geral de boa-fé, contida no art. 14, II, CPC. Cf. DIDIER JÚNIOR, Fredie. *Fundamentos Teóricos e Metodológicos para a Compreensão do Princípio da Cooperação no Direito Processual Civil Português*. 2009, p. 67. Relatório de Pós-Doutoramento para Universidade de Lisboa.

[511] Segundo crítica de Didier Jr., *na doutrina brasileira não é comum a menção a uma "boa-fé objetiva processual"*. Nesse sentido, o autor vale-se da doutrina europeia sobre a boa-fé objetiva no processo, principalmente dos autores alemães e portugueses, para o desenvolvimento da sua tese acerca do princípio da cooperação (DIDIER JÚNIOR, 2009, p. 67).

[512] *A locução "devido processo legal" corresponde à tradução para o português da expressão inglesa "due process of law". Law, porém, significa Direito, e não lei. Por isso, ressalta Didier Jr., que o processo deve estar em conformidade com o direito como um todo, e não apenas em consonância com a lei*, porquanto "legal" é adjetivo que remete a "Direito", e não a Lei. (Id., 2010, v. 1, p. 41).

[513] O princípio do devido processo legal, com sua origem na Inglaterra, é formado pelo conjunto de todas as garantias constitucionais processuais, como por exemplo, o acesso à justiça, a isonomia, a imparcialidade, o contraditório, a ampla defesa, a publicidade, a motivação das decisões judiciais, a coisa julgada e a razoável duração do processo.

[514] DWORKIN, 2007, p. 42-43.

Júnior que a verdade absoluta não pode ser jamais atingida, obtendo-se, no máximo, um juízo de probabilidade, uma verdade provável.[515] A certeza jurídica é um mito, que não pode servir de bengala para acarretar o retardamento demasiado do processo. A propósito, lembra Dinamarco que *a certeza absoluta é sempre inatingível, devendo o operador do sistema conformar-se com a probabilidade, cabendo-lhe a criteriosa avaliação da probabilidade suficiente*.[516]

O princípio do contraditório não está relacionado apenas à defesa, consistindo na possibilidade, isto é, no direito de qualquer das partes de influenciar o juiz no desenvolvimento e no resultado do processo.[517] Atualmente, verifica-se que não há uma real dimensão dos direitos fundamentais de defesa e do contraditório, confundindo-se no plano processual a observância destes princípios com a sua extrapolação. Ao mesmo tempo em que tais direitos devem ser preservados, o abuso no exercício de defesa não apenas estará infringindo os próprios direitos fundamentais da ampla defesa e do contraditório, como também estará infringindo o direito à prestação jurisdicional efetiva com a razoável duração do processo, pelo impedimento de se tutelar o direito material pretendido. Muitas vezes o que se vê é o abuso no direito de defesa, impedindo a prestação jurisdicional efetiva em um prazo razoável. É de responsabilidade das partes e seus procuradores e principalmente do juiz, pois a ele cabe coibir os excessos, buscarem a observância e a implementação de todos estes direitos fundamentais dentro de uma medida correta e razoável, buscando-se a aplicação, a adequação e a devida harmonização destes princípios; caso contrário, todos eles acabarão por desrespeitados, inclusive os princípios da ampla defesa e do contraditório, por estarem sendo interpretados de forma equivocada.

O direito fundamental ao contraditório visa possibilitar às partes a participação direta na construção das decisões judiciais, legitimando-se essas decisões após o diálogo celebrado no decorrer do processo, revelando-se neste princípio o marco democrático do direito processual em um Estado Constitucional.[518] O contraditório constitui-se na possibilidade dada à parte de influenciar diretamente no julgamento, por meio das suas razões de convencimento, que poderão vir a ser acolhidas na decisão a ser proferida.[519] Desse modo, o contraditório está vinculado ao projeto de

---

[515] MITIDIERO, Daniel. ZANETI JÚNIOR, Hermes. *Introdução ao Estudo do Processo Civil*. Porto Alegre: Sergio Antoinio Fabris, 2004, p. 127-128.

[516] DINAMARCO, 2001, v. 1, p. 143.

[517] PORTO; USTARROZ, 2009, p. 53; MARINONI, 2006, v. 1, p. 266.

[518] MITIDIERO, 2009, p. 60, 76.

[519] Ibid., p. 91.

participação das partes na decisão do juiz; isto é, de oportunidade conferida às partes na dialética estabelecida no curso do processo.[520]

O contraditório tem como escopo promover a ideia de democracia no processo, garantindo a efetiva participação das partes no seu andamento.[521] Todavia, inexiste qualquer colisão entre esses direitos fundamentais em discussão, que acabam se completando, a fim de que seja construída uma ordem jurídica justa em um Estado Constitucional.[522] A colisão somente existirá quando tais direitos fundamentais estiverem sendo interpretados e implementados de maneira equivocada, sem que se tenha a real dimensão, bem como os limites exatos impostos a cada um deles.[523]

Para se buscar justamente a dimensão e os limites impostos aos direitos fundamentais da ampla defesa e do contraditório, será necessária uma interpretação sistemática, sobretudo com os princípios da lealdade processual e da boa-fé. Segundo Mitidiero, *a boa-fé a ser observada no processo, por todos os seus participantes, é a boa-fé objetiva, que se ajunta à subjetiva para a realização de um processo leal*.[524] O direito de defesa possui limites, que são impostos de forma muito exata por outros princípios e inclusive por regras que constam expressamente em nosso ordenamento jurídico, na medida em que a *obsessão pela verdade é utópica*, conforme lembra Dinamarco.[525]

O artigo 14 do Código de Processo Civil dispõe que são deveres das partes e de todos aqueles que participam do processo: expor os fatos conforme a verdade; proceder com lealdade e boa-fé; não formular pretensões, nem alegar defesa, cientes de que são destituídas de fundamento; não produzir provas, nem praticar atos inúteis ou desnecessários à declaração ou defesa do direito; cumprir com exatidão os provimentos mandamentais e não criar embaraços à efetivação de provimentos judiciais.

O artigo 17 do CPC acrescenta que será considerado litigante de má--fé aquele que: deduzir pretensão ou defesa contra texto expresso de lei ou fato incontroverso; alterar a verdade dos fatos; usar do processo para conseguir objetivo ilegal; opuser resistência injustificada ao andamento do processo; proceder de modo temerário em qualquer incidente ou ato

---

[520] MITIDIERO, Daniel. *Processo civil e estado constitucional*. Porto Alegre: Livraria do Advogado, 2007, p. 37.

[521] Id., 2005, p. 53.

[522] Lembra Mitidiero que a garantia do contraditório pode restar postergada, diferida, o que é plenamente legítimo na nossa ordem constitucional (Ibid., p. 55). O maior exemplo ocorre nas decisões tomadas sem a oitiva da parte contrária. Cf. PORTO; USTARROZ, 2009, p. 55.

[523] Interpretar é hierarquizar. Cf. FREITAS, 2004, p. 24.

[524] MITIDIERO, 2009, p. 102.

[525] DINAMARCO, 2001, v. 1, p. 142.

do processo; provocar incidentes manifestamente infundados; interpuser recurso com intuito manifestamente protelatório.

O artigo 600 do CPC considera atentatório à dignidade da justiça o ato do devedor que frauda a execução; que se opõe maliciosamente à execução, empregando ardis e meios artificiosos; que resiste injustificadamente às ordens judiciais e que não indica ao juiz onde se encontram os bens sujeitos à execução.

A transcrição desses artigos é absolutamente necessária, pois estão eles cada vez mais esquecidos ou distorcidos, correndo o sério risco de se tornarem letra morta na lei. Em nome de uma observância dogmática e absoluta aos princípios da ampla defesa e do contraditório, verifica-se, em muitas ações, o completo abandono de dois princípios de idêntico valor e importância aos princípios constitucionais antes citados, que estão retratados nos dispositivos legais acima transcritos. São eles o princípio da lealdade processual e o princípio da boa-fé, que são corolários dos direitos fundamentais à prestação jurisdicional efetiva e à razoável duração do processo. Inexistindo lealdade processual e boa-fé na relação processual, certamente se constatará um abuso no direito de defesa, dificultando ou até mesmo impedindo a tutela jurisdicional efetiva em um prazo razoável.

O devido processo legal, a ampla defesa e o contraditório devem ser sempre assegurados, mas tais princípios devem ser observados dentro dos limites da lealdade processual e da boa-fé, retratados inclusive nos citados artigos 14 e 17 do CPC.[526] O próprio Supremo Tribunal Federal[527] já reconheceu que a *cláusula do devido processo legal exige um processo leal e pautado na boa-fé*.[528] Com base nessas premissas, assevera Didier Jr.:

> É mais fácil, portanto, a argumentação da existência de um dever geral de boa-fé processual como conteúdo do devido processo legal. Afinal, convenhamos, o processo para ser *devido (giusto*, como dizem os italianos, *eqüitativo*, como dizem os portugueses) precisa ser ético e leal. Não se poderia aceitar como *justo* um processo pautado em comportamentos desleais ou antiéticos.[529]

Esse exame é procedido para se chegar ao núcleo do problema, que vem a ser a busca da efetividade plena das decisões judiciais em um prazo razoável. Este objetivo muitas vezes não é alcançado também em razão

---

[526] Segundo Porto e Ustárroz, é com base no direito constitucional-processual que devem ser interpretadas as demais regras existentes nos sistemas processuais especializados (PORTO; USTARROZ, 2009, p. 124).

[527] STF, 2ª T., RE n. 464.963-2-GO, rel. Min. Gilmar Mendes, j. em 14.02.2006, publicado no DJ de 30.06.2006.

[528] DIDIER JÚNIOR, 2009, p. 64.

[529] Ibid., p. 66.

do excesso e do prolongamento demasiado na tramitação das ações, o que é ocasionado por absoluta quebra dos princípios de lealdade e com desvirtuamento completo dos conceitos de devido processo legal, de ampla defesa e de contraditório. Uma maior conscientização acerca desses princípios irá assegurar uma diminuição significativa de demandas ou, ao menos, uma tramitação mais célere de algumas ações que, em virtude da natureza da matéria em discussão, não ensejariam maiores discussões.[530]

Por ampla defesa não se entenda que é dado o direito à parte de alegar algum pagamento sem que o tenha feito; de alterar a verdade de algum fato, como por exemplo, o registro inverídico nos cartões-ponto do horário de trabalho, ou de praticar atos que se amoldem às demais hipóteses contempladas nos textos de lei citados. Lembra Souto Maior que *o réu não pode apresentar objeções processuais sem fundamento, criar incidentes protelatórios, juntar papéis e mais papéis nos autos para dificultar a realização da audiência* sob o fundamento de que tem o direito de se defender.[531]

Enfim, há duas expressões que sintetizam este exame: lealdade e abuso. O que se constata, cada vez mais, é uma supervalorização do processo e do procedimento, em detrimento da natureza instrumental do processo que objetiva a realização do Direito; esquecendo-se que o processo é um instrumento para se chegar a um fim e não um fim em si mesmo.

Devem as partes exercer a ampla defesa e o contraditório, mas com lealdade e boa-fé, sem abuso no exercício desses direitos fundamentais, para que não sejam estes mesmos direitos fundamentais desrespeitados por excesso ou por desvirtuamento da sua finalidade, para não acarretar também a infração a outros direitos fundamentais, como, por exemplo, a impossibilidade da tutela efetiva do direito em um prazo razoável. Havendo a quebra desses princípios, os instrumentos legais existentes devem ser utilizados com rigor, mediante a aplicação das penalidades legais.

É verdade que os mecanismos de punição previstos na legislação ainda são muito tímidos, mas mesmo estes devem ser aplicados para se evitar o abuso no direito de defesa. Além disto, uma interpretação sistemática e até mesmo literal do texto de lei permite a aplicação de penalidades mais severas. Em relação à litigância de má-fé, além da multa prevista em lei, há obrigação de indenizar a parte contrária dos prejuízos que esta sofreu, mais honorários advocatícios e todas as despesas que efetuou. Nessa hipótese, existe disposição expressa no texto de lei acerca da condenação em honorários advocatícios. Essa possibilidade ganha

---

[530] MITIDIERO, 2005, p. 58.
[531] MAIOR, Jorge Luiz Souto. A Efetividade do Processo. In: MAIOR, Jorge Luiz Souto; CORREIA, Marcus Orione Gonçalves (Org.). *Curso de Direito do Trabalho*. São Paulo: LTr, 2009. v. 4, p. 52.

importância no Processo do Trabalho, em virtude da antiga e ainda atual discussão a respeito do cabimento do princípio da sucumbência, com a possibilidade de condenação ao pagamento de honorários advocatícios ao procurador da parte vencedora. No que tange à punição por ato atentatório à dignidade da justiça, o artigo 601 do CPC prevê a cominação de multa de até 20% sobre o valor atualizado da dívida, multa essa que reverterá em proveito do próprio credor, exigível na própria execução. O parágrafo único do artigo 14 do CPC também prevê uma penalidade, quando desrespeitado o inciso V do referido artigo, a fim de que sejam cumpridas as ordens judiciais, inclusive por terceiros, como por exemplo, no cumprimento de antecipações de tutela ou na prestação de informações relevantes à solução da causa, quando da expedição de ofícios.[532]

A correta aplicação dessas penalidades irá acarretar uma conscientização de partes e operadores do Direito, permitindo que os processos tramitem de forma mais rápida, a fim de que sejam evitados procedimentos manifestamente infundados e protelatórios. Com isso, poderemos nos deter naquelas discussões realmente necessárias para a correta apreciação e solução dos litígios submetidos ao Poder Judiciário.

Destarte, enquanto as alterações legislativas esperadas não ocorrem, os mecanismos legais existentes para coibir a litigância de má-fé devem ser utilizados com rigor, pois devem ser vistos como verdadeiros instrumentos de busca da efetividade na prestação jurisdicional em um prazo razoável, a fim de que sejam adequadamente harmonizados os direitos fundamentais concebidos em nossa Constituição.

---

[532] O instituto do *contempt of Court*, próprio dos países que adotam o sistema da *common law*, como por exemplo os Estados Unidos e a Inglaterra, constitui-se instrumento eficaz e adequado para assegurar obediência à ordem judicial, *à justiça e à sua dignidade* (SILVA, João Calvão da. *Cumprimento e Sanção Pecuniária Compulsória*. 2. ed. Coimbra: Coimbra, 1997, p. 382-383).

Parte II

O DIREITO PROCESSUAL DO TRABALHO E SUA EFETIVIDADE SOB O INFLUXO DO ESTADO CONSTITUCIONAL

1. A subsidiariedade do Processo Civil no Processo do Trabalho: análise constitucional da norma constante no artigo 769 da CLT

1.1. Os requisitos para a aplicação supletiva do Processo Civil no Processo do Trabalho

Segundo Maurício Godinho Delgado, a autonomia de um ramo do Direito é atingida quando determinado ramo jurídico passa a contar com princípios, regras, teorias e condutas metodológicas próprias de estruturação e dinâmica.[533] No que tange ao Direito Processual do Trabalho, a discussão acerca deste tema permanece intensa. A doutrina se divide entre as teorias monista, dualista e também intermediária ou eclética. Os dualistas sustentam a autonomia do Direito Processual do Trabalho em relação ao Direito Processual Civil. Os monistas preconizam que o Processo do Trabalho não possui esta autonomia, sendo apenas um mero desdobramento do Direito Processual Civil. Há também os defensores de uma autonomia relativa, em virtude da possibilidade de aplicação subsidiária do Processo Civil ao Processo do Trabalho.[534]

Mauro Schiavi defende essa autonomia do Processo do Trabalho porque o Brasil possui uma legislação própria a respeito, um ramo especializado do judiciário para solução desses conflitos, *um objeto próprio de*

---
[533] DELGADO, Maurício Godinho. *Curso de Direito do Trabalho*. São Paulo: LTr, 2004, p. 66.
[534] SCHIAVI, Mauro. *Manual de Direito Processual do Trabalho*. 2. ed. São Paulo: LTr, 2009, p. 86-87.

estudo, além de vasta bibliografia sobre a matéria.[535] No mesmo sentido sustenta Bezerra Leite, ao defender essa autonomia, apesar de reconhecer que o Processo do Trabalho não desfruta de métodos tipicamente próprios de interpretação, integração e aplicação das suas normas, mas sim dos métodos concebidos pela teoria geral do direito processual.[536]

Por sua vez, Souto Maior conclui que não há essa autonomia, possuindo o Processo do Trabalho apenas características especiais, ditadas pelas peculiaridades do direito material que ele instrumentaliza.[537] Já Campos Batalha, por exemplo, defende que o Direito Processual do Trabalho possui apenas relativa autonomia, por possuir características próprias, vindo a sustentar sua posição também em virtude do que dispõe o art. 769 da CLT, acerca da aplicação subsidiária da legislação processual comum.[538] Toledo Filho argumenta que, em razão da transformação das relações sociais, da sua *fulgurante dinamização*, e da globalização, ao processo comum jungiram-se os *ideais do Processo trabalhista; de tal sorte que, no século vertente, quando menos de uma perspectiva deontológica, ambos podem ser considerados uma só coisa*.[539]

Através do exame das três correntes doutrinárias supra descritas, percebe-se um ponto em comum: afora a discussão sobre a autonomia ou não, absoluta ou relativa, do Processo do Trabalho em relação ao processo comum, tem o Direito Processual como objetivo maior estabelecer mecanismos que busquem a instrumentalização e a concretização do direito material, com vistas à concretização da tutela concedida.

Segundo Cappelletti, o direito processual não é um fim em si mesmo, mas instrumento voltado ao objetivo da tutela do direito substancial.[540] Portanto, os objetivos do processo do trabalho e do processo civil são comuns, com vistas à concretização do direito material. Por essas razões, conclui Batalha que o Processo do Trabalho possui *nexos estreitíssimos com o direito processual geral*, pois são muitos e notórios os seus pontos

---

[535] SCHIAVI, op. cit., p. 89-90.

[536] LEITE, Carlos Henrique Bezerra. *Curso de Direito Processual do Trabalho*. 3. ed. São Paulo: LTr, 2005, p. 78-79.

[537] MAIOR, Jorge Luiz Souto. *Direito Processual do Trabalho*: efetividade, acesso à justiça, procedimento oral. São Paulo: LTr, 1998, p. 25.

[538] BATALHA, Wilson de Souza Campos. *Tratado de Direito Judiciário do Trabalho*. São Paulo: LTr, 1977, p. 141.

[539] TOLEDO FILHO, Manoel Carlos. *Fundamentos e Perspectivas do Processo Trabalhista Brasileiro*. São Paulo: LTr, 2006, p. 47.

[540] CAPPELLETTI, Mauro. As Ideologias no Direito Processual. In: CAPPELLETTI, Mauro. *Processo, Ideologias e Sociedade*. Trad. Hermes Zaneti Júnior. Porto Alegre: Sergio Antonio Fabris, 2010. v. 2, p. 31.

de contato, *dada a substancial identidade entre a função daquele processo e a do processo civil.*[541]

Feita esta breve síntese, é importante destacarmos que a discussão proposta nesta pesquisa não é acerca da autonomia do direito processual do trabalho, pois se reconhece atualmente certa autonomia, ao menos no que tange à consagração do Processo do Trabalho como instrumento que vise concretizar o direito material do trabalho. Na verdade, o maior objetivo contemporâneo é identificar se o Processo do Trabalho poderá se valer de normas processuais civis para alcançar, de maneira mais rápida e satisfatória, seus objetivos.[542] Lembra Bezerra Leite, nesse sentido, que *autonomia do direito processual do trabalho, contudo, não implica seu isolamento.*[543] Batalha assevera também com extrema propriedade:

> Autonomia de uma disciplina jurídica não significa independência absoluta em relação às outras disciplinas. Assim, não obstante dotado de autonomia, o direito processual do trabalho está em situação de interdependência com as ciências processuais particulares, notadamente com o direito processsual civil, com o qual tem muitíssimos pontos de contacto.[544]

Neste aspecto, muitas vezes, faz-se mister que o Processo do Trabalho se socorra das normas constantes no processo comum, não significando isto, por si só, que deixará de existir a debatida e controvertida autonomia. Deixemos de estudar o Processo do Trabalho de forma isolada, para não incorrermos no erro cometido pelos processualistas, no início do século XIX, no movimento chamado de pandectística, especialmente na Alemanha. Aqui reside o cerne da questão: identificar as metas do Processo do Trabalho, para então entender e interpretar o artigo 769 da CLT conforme essas metas. Esses objetivos são traçados pela doutrina do processo, já abordados anteriormente, e estão consagrados e reconhecidos na Constituição, quando estabelece que o Estado tem a obrigação de prestação da tutela de forma adequada, célere e eficaz.[545]

Em razão das necessidades advindas, resolveu por bem o legislador criar regras para a aplicação supletiva do processo comum ao processo do trabalho. Nesse sentido, a Consolidação das Leis do Trabalho estabelece, em dois dos seus artigos, os elementos e requisitos necessários para a aplicação subsidiária do processo civil no processo do trabalho. Trata-se dos artigos 769 e 889 da CLT, versando este sobre a fase de execução

---

[541] BATALHA, op. cit., p. 141.

[542] TOLEDO FILHO, 2006, p. 50.

[543] LEITE, 2005, p. 80.

[544] BATALHA, 1977, p. 141-142.

[545] Remetemos o leitor para os itens anteriores, especialmente quando são abordados os objetivos do processo em um Estado Constitucional de Direito.

do processo e aquele, a respeito da fase de conhecimento, ora transcritos, para melhor compreensão deste estudo:

> Art. 769. Nos casos omissos, o direito processual comum será fonte subsidiária do direito processual do trabalho, exceto naquilo em que for incompatível com as normas deste Título.
>
> Art. 889. Aos trâmites e incidentes do processo da execução são aplicáveis, naquilo em que não contravierem ao presente Título, os preceitos que regem o processo dos executivos fiscais para a cobrança judicial da dívida ativa da Fazenda Pública Federal.

Esta análise visa a precipuamente ao exame dos referidos dispositivos legais, especialmente da norma constante no artigo 769 da CLT.[546] Sem nenhuma intenção de esgotarmos o debate, buscaremos identificar os requisitos e elementos necessários para a aplicação supletiva do processo civil, sendo, para tanto, necessária uma interpretação sistemática e constitucional do citado dispositivo legal.[547]

Essas duas normas têm como escopo estabelecer estes requisitos, tendo ambas as mesmas finalidades, diferenciando-se apenas com respeito à ordem de aplicação supletiva, na medida em que na fase de execução inicialmente deve-se buscar a aplicação subsidiária da lei dos executivos fiscais para cobrança da dívida ativa da Fazenda Pública, Lei 6.830/80, conforme dispõe o art. 889 da CLT, enquanto que na fase de conhecimento não há priorização para qualquer lei em especial do processo comum, conforme art. 769 da CLT.

Assim, o artigo 889 da CLT é importante fonte interpretativa do artigo 769 da CLT, pois também tem como finalidade regrar a aplicação subsidiária do processo comum ao processo do trabalho, distinguindo-se deste apenas em relação à fase do processo em que é aplicável à ordem de aplicação supletiva, pois não é razoável que o mesmo legislador tenha estabelecido requisitos e elementos distintos de aplicação subsidiária em relação a uma ou a outra fase do processo do trabalho.

O artigo 8º da CLT, especialmente seu parágrafo único, também terá suma importância na interpretação da norma constante no art. 769 da CLT. Apesar de essa norma tratar do direito material do trabalho, visou o mesmo legislador a estabelecer, também, na Consolidação das Leis do Trabalho, os requisitos para aplicação subsidiária do direito comum ao

---

[546] O projeto do novo CPC, em tramitação no Congresso Nacional, não soluciona o problema, ao dispor sobre a matéria de maneira semelhante à CLT, consoante se percebe pelo seu artigo 14: Na ausência de normas que regulem processos penais, eleitorais, administrativos ou trabalhistas, as disposições deste Código lhes serão aplicadas supletivamente.

[547] Conforme Maximiliano, *o intérprete é o renovador inteligente e cauto, o sociólogo do Direito. O seu trabalho rejuvenesce e fecunda a fórmula prematuramente decrépita, e atua como elemento integrador e complementar da própria lei escrita. Esta é a estática, e a função interpretativa, a dinâmica do Direito* (MAXIMILIANO, Carlos. *Hermenêutica e Aplicação do Direito*. 19. ed. Rio de Janeiro: Forense, 2006, p. 10).

direito do trabalho. Dispõe o parágrafo único do artigo 8º da CLT que *o direito comum será fonte subsidiária do direito do trabalho, naquilo em que não for incompatível com os princípios fundamentais deste.*

Os três dispositivos legais citados, todos expressos no mesmo texto legal – CLT –, são as normas criadas pelo legislador para servirem de parâmetro na utilização do direito material comum e do processo comum, respectivamente, ao direito do trabalho e ao processo do trabalho. Por óbvio, o legislador estabeleceu os mesmos requisitos para esta aplicação subsidiária, porquanto não é razoável de se pensar que fosse o legislador estabelecer elementos distintos para aplicação do processo comum na fase de conhecimento e na fase de execução do processo do trabalho. Assim, inicialmente, temos que identificar os requisitos para esta aplicação subsidiária.

As normas constantes no parágrafo único do artigo 8º e no artigo 889, ambos da CTL, suscitam menores dúvidas, em virtude das suas redações, do que a norma do art. 769 da CLT. Ambas estabelecem exclusivamente como requisito para aplicação subsidiária a inexistência de incompatibilidade entre o direito comum e o direito do trabalho e a inexistência de incompatibilidade entre a execução trabalhista e a execução comum, respectivamente. Ao contrário do que dispõe a doutrina majoritária, não há outro requisito expresso exigido em lei para esta aplicação subsidiária.

O parágrafo único do art. 8º da CLT estabelece que o direito comum será fonte subsidiária naquilo em que não for incompatível com os princípios do Direito do Trabalho. Isto é, o requisito para aplicação subsidiária é a inexistência de incompatibilidade entre os dois institutos. Inexistindo esta incompatibilidade, o direito comum será fonte subsidiária do Direito do Trabalho.

O artigo 889 da CLT igualmente dispõe acerca da aplicação subsidiária do processo comum, primeiramente da lei dos executivos fiscais, naquilo em que não contravierem o que dispõem as normas da CLT que versam a respeito desta matéria. Isto é, somente iremos falar na aplicação supletiva quando inexistir incompatibilidade entre os institutos do processo do trabalho e do processo comum.

Portanto, inexistindo choque, conflito, incompatibilidade entre os dois sistemas, institutos, ordenamentos, é possível a aplicação supletiva do processo comum ao processo do trabalho. Posteriormente, teremos que examinar em que hipóteses há esta possibilidade, quando então passaremos a falar não mais em meras possibilidades de aplicação do processo comum, mas sim do dever-ser aplicado o processo comum ao processo do trabalho. Por ora, basta concluirmos que tanto o artigo 889 como o artigo 8º, parágrafo único, ambos da CLT, trazem como requisito para a aplicação supletiva do processo comum a compatibilidade das normas atinentes a este ramo do direito com as normas atinentes ao Processo do Trabalho e ao Direito Material do Trabalho, respectivamente.

A redação do artigo 769 da CLT suscita maiores dúvidas, pois diz que o processo comum será fonte subsidiária nos casos omissos, exceto quando existir incompatibilidade com as normas do processo do trabalho. A doutrina majoritária, de acordo com uma interpretação literal do artigo 769 da CLT, passou a entender que existem dois requisitos para aplicação subsidiária: a omissão das normas processuais trabalhistas e a inexistência de incompatibilidade das suas normas com aquelas do processo civil, cuja aplicação subsidiária porventura se busque.

1.2. A Constituição como vértice do sistema jurídico e a necessidade de compreensão do diálogo Processo Trabalhista – Processo Civil como diálogo sistemático

A doutrina trouxe então um segundo elemento para aplicação subsidiária, que seria o elemento da omissão, cujo requisito não está expresso ou evidente nas normas do parágrafo único do artigo 8º e do artigo 889, ambos da CLT, podendo-se admitir, no máximo, a presença implícita deste requisito nestas duas normas. Concordamos, desde já, com a presença implícita deste requisito para aplicação subsidiária do processo civil, mas discordamos da interpretação que é dada a este elemento, que vem a ser a omissão da legislação trabalhista.

Para justificarmos essa posição, é necessária uma breve exposição a respeito das teorias da interpretação jurídica. Segundo Guastini, há basicamente três teorias: cognitiva, cética e intermediária. A cognitiva sustenta que a interpretação é uma atividade do tipo cognoscitivo, sustentando que interpretar é averiguar (empiricamente) o significado objetivo dos textos normativos e/ou a intenção subjetiva de seus autores (as autoridades legislativas). Considera que todo texto normativo admite uma – e somente uma – interpretação verdadeira. Segundo a teoria cética, a interpretação é atividade não de conhecimento, mas de valoração e decisão. O texto pode ser entendido numa pluralidade de modos diferentes, e as diversas interpretações dependem das diversas posturas valorativas dos intérpretes. De acordo com a teoria intermediária, que visa a uma conciliação das anteriores, a interpretação é por vezes uma atividade do conhecimento, outras vezes uma atividade de decisão discricionária.[548]

---
[548] GUASTINI, 2005, p. 138-43.

Antes de tudo, é também necessário lembrarmos o significado da palavra "omissão". Para tanto, é imprescindível a lição de Maximiliano quando diz que *o maior perigo, fonte perene de erros, acha-se no apego às palavras. Atenda-se à letra do dispositivo; porém com a maior cautela e justo receio de "sacrificar as realidades morais, econômicas, sociais, que constituem o fundo material e como conteúdo efetivo da vida jurídica, a sinais, puramente lógicos, que da mesma não revelam senão um aspecto, de todo formal". Cumpre tirar da fórmula tudo o que na mesma se contém, implícita e explicitamente, o que, em regra, só é possível alcançar experimentando-se os vários recursos da Hermenêutica.*[549]

Por omissão, entenda-se a ausência de uma ação, inércia, falta ou lacuna.[550] A respeito disso também é importante a lição de Guastini, ao ressaltar que *as palavras não têm um sentido próprio. As palavras dependem do uso que nós fizemos delas. As palavras têm apenas o significado que lhes é atribuído por quem as usa e/ou por quem as interpreta. Portanto, o significado é mutável, e toda decisão interpretativa é sempre, em alguma medida, variável, arbitrária.*[551]

Conforme Guastini, define-se lacuna em um ou outro dos modos seguintes: *num sistema jurídico há uma lacuna quando um dado comportamento não é deonticamente qualificado de algum modo por alguma norma jurídica desse sistema; ou quando, para um dado caso particular, não é prevista alguma consequência jurídica por alguma norma pertencente ao sistema.*[552] Segundo Bobbio, lacuna própria é uma lacuna do sistema ou dentro do sistema; a lacuna imprópria deriva da comparação do sistema real com um sistema ideal. O que as distingue é o modo como podem ser eliminadas: a lacuna imprópria, somente por meio da emanação de novas normas; a lacuna própria, mediante as leis vigentes. As lacunas impróprias somente podem ser completadas pelo legislador; as lacunas próprias podem ser completadas por obra do intérprete. Quando Bobbio sustenta que um sistema é incompleto, está se referindo às lacunas próprias e não às impróprias. Em outra espécie de classificação, Bobbio classifica as lacunas em objetivas e subjetivas. *Subjetivas são aquelas que dependem de algum motivo imputável ao legislador.* Objetivas[553] são as que dependem *do desenvolvimento das relações sociais, das novas invenções, de todas aquelas causas que provocam um envelhe-*

---

[549] MAXIMILIANO, 2006, p. 92.

[550] MICHAELIS. *Moderno Dicionário da Língua Portuguesa*. São Paulo: Companhia Melhoramentos, 1998.

[551] GUASTINI, op. cit., p. 134-36.

[552] Ibid., p. 174.

[553] Esta espécie de lacuna é constatada com frequência na seara processual. Cf. CHAVES, Luciano Athayde. As lacunas no Direito Processual do Trabalho. In: CHAVES, Luciano Athayde (Org.). *Direito Processual do Trabalho*. São Paulo: LTr, 2007, p. 65.

cimento dos textos legislativos e que, portanto, são independentes da vontade do legislador.[554]

Ensina Guastini que, diante de uma lacuna, o sistema pode ser completado de diversas formas:

> a) em primeiro lugar, ampliando a base de documentos normativos com os quais se trabalha: pode acontecer que outras fontes diferentes das que foram inicialmente levadas em consideração forneçam a norma que se está buscando; b) em segundo lugar, mudando a interpretação dos documentos normativos utilizados, reinterpretando-os, de modo a extrair deles também a norma apta a fornecer a solução do caso em questão; c) em terceiro lugar, elaborando uma norma nova (por exemplo, mediante a analogia) e juntando-a ao sistema.[555]

Para Bobbio, para se completar um ordenamento jurídico, há dois métodos diferentes, chamados de heterointegração e de autointegração, segundo a terminologia adotada por Carnelutti. Na heterointegração, utiliza-se de ordenamentos diversos e de fontes diferentes da dominante (a lei). O segundo método consiste na interação realizada através do próprio ordenamento, no âmbito da fonte dominante, sem recorrer a outros ordenamentos, e com o mínimo recurso a fontes diferentes da dominante. O método da autointegração se vale, sobretudo, de dois procedimentos: 1. a analogia; 2. os princípios gerais do Direito. Era o método mais adotado pelo legislador italiano, por exemplo.[556]

Desse modo, a análise da omissão nas normas trabalhistas não pode, jamais, ser feita por meio de uma interpretação meramente gramatical ou literal, com a verificação do regramento, ou não, desta ou daquela matéria na legislação processual trabalhista para que se aplique, ou não, a legislação processual civil. O exame desta omissão deve necessariamente ser feito a partir de uma interpretação sistemática, constitucional e contemporânea do nosso ordenamento, mediante um verdadeiro diálogo das fontes do Direito.[557] A propósito, enfatiza Luciano Athayde Chaves:

> O caráter especial do Direito Processual do Trabalho somente tem justificativa histórica se suas normas potencializem os escopos da celeridade e eficiência na prestação jurisdi-

---

[554] BOBBIO, 2008, p. 284-285.

[555] GUASTINI, 2005, p. 183-184.

[556] BOBBIO, op. cit., p. 286-290.

[557] Ao tratar com brilhantismo do tema que versa sobre o diálogo das fontes, quando da análise do Direito do Consumidor, Cláudia Lima Marques define três tipos de diálogos das fontes: 1. na aplicação simultânea das duas leis, podendo uma lei servir de base conceitual para a outra *(diálogo sistemático de coerência)*; 2. Na aplicação coordenada das duas leis, podendo uma lei complementar a aplicação da outra, a depender do seu campo de aplicação no caso concreto *(diálogo sistemático de complementariedade e subsidiariedade em* antinomias aparentes ou reais); 3. Por fim o diálogo das influências recíprocas e sistemáticas, *como no caso de uma possível redefinição do campo de aplicação de uma lei.* (MARQUES, Cláudia Lima. *Contratos no Código de Defesa do Consumidor:* o novo regime das relações contratuais... 5. ed. São Paulo: Revista dos Tribunais, 2005, p. 693-694).

cional. Normas processuais trabalhistas superadas pelo tempo e pela técnica, em face do processo comum, não podem jamais ostentar validade, mercê de sua flagrante incompatibilidade teleológica e sistemática com o próprio Direito Processual do Trabalho.[558]

Conforme Juarez Freitas, *o qualificado intérprete sistemático será aquele que nunca decide contrariamente ao Direito, mas, sem temor, emite juízos a favor da eficácia direta e imediata, no núcleo essencial, dos princípios e direitos fundamentais.*[559] O sistema jurídico felizmente está inacabado e é inacabável, precisando o intérprete assumir a condição de permanente vivificador desse sistema e de superador das suas antinomias axiológicas.[560] O direito é sempre completável, inclusive por parte dos juízes, por meio da interpretação (de uma interpretação criadora, ou integradora). Neste aspecto, assevera Guastini, que completude e incompletude do sistema jurídico dependem, em última análise, das avaliações, das escolhas e das decisões do intérprete.[561]

Inexistindo a incompatibilidade entre os dois sistemas processuais, é possível a complementação, o aprimoramento do sistema trabalhista pelo sistema civil, na defesa e na concretização do direito fundamental à tutela jurisdicional justa, adequada e efetiva, porquanto a interpretação sempre irá requerer valoração, escolhas e decisões.[562] Segundo Guastini, essa interpretação não tem como objeto normas, mas textos. Interpretar é decidir o significado de um texto legislativo. Portanto, interpretar é produzir uma norma, pois, por definição, as normas são produtos dos intérpretes.[563] Aliás, citando Vico, "quem só atende à letra da lei, não merece o nome de jurisconsulto; é simples pragmático".[564]

Juarez Freitas arrazoa que a exegese jurídica, em nosso sistema, não tem o condão de revogar o Direito, mas o de suspender a eficácia e, em alguns casos, de anular os dispositivos contrários à efetividade do sistema, especialmente dos seus princípios fundamentais.[565] Assim, quando configurada a hipótese de omissão da legislação processual trabalhista, a aplicação da legislação processual comum deixa de ser uma mera possibilidade, passando para o campo do dever-ser.

A verificação ou não da omissão, como dissemos, somente é possível a partir da interpretação de todo o nosso sistema jurídico, compreendido

---

[558] CHAVES, 2007, p. 85.
[559] FREITAS, 2004, p. 24.
[560] Ibid., p. 47.
[561] GUASTINI, 2005, p. 183.
[562] Cf. GUASTINI, 2005, p. 132-35.
[563] ibid., p. 136.
[564] VICO apud MAXIMILIANO, 2006, p. 92.
[565] FREITAS, 2004, p. 23.

como *uma rede axiológica e hierarquizada topicamente de princípios fundamentais, de normas estritas (ou regras) e de valores jurídicos cuja função é a de, evitando ou superando antinomias em sentido lato, dar cumprimento aos objetivos justificadores do Estado Democrático, assim como se encontram consubstanciados, expressa ou implicitamente, na Constituição.*[566]

É impossível o completo exame desta omissão mediante o estudo exclusivo das leis trabalhistas, não sendo nem mesmo possível este exame com meras comparações entre os sistemas processuais trabalhista e civil. Por óbvio, a análise desta omissão somente será viável a partir de uma interpretação constitucional,[567] para posteriormente chegarmos a constatar ou não a omissão na norma trabalhista. É importante trazermos a lição de Eros Grau, quando enfatiza que jamais devemos interpretar um texto normativo isoladamente, mas sim o Direito. A interpretação de qualquer norma constitucional impõe ao intérprete, sempre, em qualquer circunstância, o caminhar pelo percurso que se projeta a partir dela – da norma – até a Constituição.[568]

Partindo-se do marco teórico exposto, para uma adequada interpretação da regra contida no artigo 769 da CLT, é importante a análise do sistema jurídico que possuímos,[569] das técnicas interpretativas[570] contemporâneas e constitucionais, bem como dos objetivos traçados em nosso ordenamento, a fim de identificarmos os elementos e requisitos necessários para a aplicação supletiva do processo comum no processo do trabalho.

Sustentava com propriedade Pontes de Miranda que o processo é caminho, devendo *as regras de direito processual* servir *para realização do direito objetivo.*[571] Concluía Pontes de Miranda que:

> Na interpretação mesma da regra de direito processual não se deve adotar a que lhe atribua dificultar ou diminuir eficácia das regras de direito material, como se ela criasse óbice ou empecilho à pretensão de direito material.[572]

A interpretação deste sistema deve ser feita topicamente, cabendo ao intérprete a produção da norma, contemporaneamente acrescenta Juarez

---

[566] Cf. Ibid., p. 54.

[567] HESSE, 1991, p. 22-23.

[568] GRAU, Eros Roberto. *A Ordem Econômica na Constituição de 1988*. 11. ed. São Paulo: Malheiros, 2006, p. 166.

[569] Cf. Grau, o sistema jurídico corresponde a uma ordem de princípios gerais de direito (GRAU, Eros Roberto. *O Direito Posto e o Direito Pressuposto*. 4. ed. São Paulo: Malheiros, 2002, p. 22).

[570] Em sentido lato, no âmbito da dogmática jurídica, os métodos interpretativos ou técnicas de interpretação são definidos como instrumentos ou mecanismos rigorosos, eficientes e necessários para o alcance do conhecimento científico do direito. Cf. STRECK, Lenio Luiz. *Hermenêutica Jurídica e(m) Crise*. 2. ed. Porto Alegre: Livraria do Advogado, 2000, p. 97.

[571] PONTES DE MIRANDA, 1973, t. 1, p. 91-92.

[572] Ibid., p. 92.

Freitas.[573] Esse sistema jurídico é aberto,[574] não havendo respostas prontas ou pré-estabelecidas pelo próprio sistema. Este sistema é o Direito, e não apenas um conjunto de regras, não sendo possível, atualmente, trabalhar exclusivamente com um sistema de regras (primárias ou secundárias).[575] Este sistema não pode ser interpretado em tiras, como enfatiza Eros Grau, sendo equivocada a interpretação de uma norma isoladamente.[576] Nesse sentido, a interpretação literal é apenas a primeira etapa da interpretação sistemática, pois *interpretar é hierarquizar*.[577]

Esta interpretação sistemática será sempre teleológica, de acordo com os valores, princípios e fundamentos estabelecidos em nosso sistema, compreendidos em todo o ordenamento, mas especialmente na Constituição Federal, sobretudo no seu Título I. Ensina Juarez Freitas que os princípios fundamentais *são a base e o ápice do sistema*, devendo servir de paradigma para uma adequada interpretação tópico-sistemática do nosso ordenamento.[578] No que tange à interpretação das leis processuais, não há espaço para qualquer interpretação jurídica que não seja constitucional, necessariamente, a partir dos valores, princípios[579] e fundamentos expressos no artigo 5º, incisos XXXV e LXXVIII, da Constituição Federal.[580]

Estes são os objetivos fundamentais do nosso sistema processual, não sendo correta qualquer interpretação judicial que não parta inicialmente da análise dos fundamentos, objetivos e princípios estabelecidos nos referidos incisos do artigo 5º da nossa Constituição. Enfatiza Ledur que os direitos fundamentais operam na interpretação e na aplicação do direito infraconstitucional, devendo a interpretação se dar, dentre várias possíveis interpretações, conforme aos direitos fundamentais.[581]

---

[573] FREITAS, 2004, p. 24.

[574] Aberto no sentido de que é incompleto, evolui e se modifica. Cf. GRAU, 2002, p. 22.

[575] Cf. DWORKIN, 2003, p. 3, passim 55; DWORKIN, Ronald. *Levando os Direitos a Sério*. Tradução e notas Nelson Boeira. São Paulo: Martins Fontes, 2002, p. 1, *passim* 126.

[576] GRAU, 2006, p. 166.

[577] Cf. FREITAS, op. cit., p. 24.

[578] FREITAS, Juarez. A Melhor Interpretação Constitucional *Versus* a Única Resposta Correta. In: SILVA, Virgílio Afonso da (Org.). *Interpretação Constitucional*. São Paulo: Malheiros, 2005, p. 326-329.

[579] Cf. Freitas, por princípios fundamentais entendem-se os critérios ou as diretrizes basilares do sistema jurídico, que se traduzem como disposições hierarquicamente superiores, do ponto de vista axiológico, às normas estritas (regras) e aos próprios valores (mais genéricos e indeterminados), sendo linhas mestras de acordo com as quais guiar-se-á o intérprete quando se defrontar com as antinomias jurídicas (Id., 2004, p. 56).

[580] Essas normas constitucionais são transcritas expressamente, em virtude da sua relevância: XXXV – a lei não excluirá da apreciação do Poder Judiciário lesão ou ameaça a direito; LXXVIII – a todos, no âmbito judicial e administrativo, são assegurados a razoável duração do processo e os meios que garantam a celeridade de sua tramitação.

[581] LEDUR, 2009, p. 37-38.

Nesse contexto, é voz corrente na doutrina que o Processo do Trabalho apresenta problemas para a melhor e mais eficaz solução dos conflitos, sofrendo, inclusive, com a falta de interesse da classe política em modernizar seus institutos.[582] Ledur chama a atenção para este aspecto, enfatizando que *o legislador possui o dever de dar concreção aos valores e princípios constitucionais e bem assim aos direitos fundamentais que reclamam conformação infraconstitucional.*[583] *A vinculação à Constituição lhe impõe esse dever.* Russomano, no início da década de 60, já sustentava que *as normas relativas ao processo do trabalho são muitas vezes insuficientes, incompletas, defeituosas. E isso nos força a apelos constantes ao direito processual civil.*[584] Sobre o tema, sustenta Luciano Athayde Chaves:

> Noutra parte, precisamos reconhecer que, de forma cada dia mais contundente, o Direito Judiciário do Trabalho vem apresentando problemas, retratados justamente na ausência de modernização de seu principal substrato de regramentos, que é a Consolidação das Leis do Trabalho.[585]

Argumenta Luciano Athayde Chaves que o Direito Processual do Trabalho deve-se valer de normas processuais comuns, *ainda que disponha de regramento sobre determinado instituto,* por não apresentar *fôlego para o enfrentamento das demandas contemporâneas, carecendo da supletividade de outros sistemas que apresentem institutos mais modernos e eficientes.*[586]

Não se trata de estabelecer qualquer medição entre a efetividade das normas processuais trabalhistas e das normas processuais comuns, mas tão somente de se buscar, no diálogo dessas fontes, uma melhor e mais rápida solução para o conflito. Se determinadas normas jurídicas concebidas na legislação processual comum poderão auxiliar na otimização dos princípios da prestação de jurisdição efetiva e da razoável duração do processo, não há razão, nem mesmo o direito, dos operadores laborais não se valerem dessas normas.

1.3. A nova interpretação constitucional. Proposta de interpretação conforme a Constituição do art. 769 da CLT

Já restou visto que o Estado avocou o dever de solucionar os conflitos individuais e coletivos mediante a prestação de uma tutela adequa-

---

[582] CHAVES, Luciano Athayde. *A Recente Reforma no Processo Comum e seus Reflexos no Direito Judiciário do Trabalho.* 2. ed. São Paulo: LTr, 2006, p. 26-27.

[583] LEDUR, op. cit., p. 38.

[584] RUSSOMANO, Mozart Victor. *Comentários à Consolidação das Leis do Trabalho.* Rio de Janeiro: José Konfino, 1963, p. 1324.

[585] CHAVES, 2006, p. 26.

[586] Ibid., p. 33.

da, efetiva e tempestiva, inclusive pela razão de ter proibido a autotutela como forma de solução desses mesmos conflitos. Essa obrigação assumida restou consagrada em seu texto constitucional, sendo elevada à categoria de um direito fundamental formal e material do cidadão perante o Estado, a partir do momento em que restou expressa no art. 5°, incisos XXXV e LXXVIII, da Constituição Federal.

Do mesmo modo, esses valores foram assumidos pelo Estado brasileiro, estando expressos no preâmbulo da Constituição, ao assegurar o exercício dos direitos sociais e individuais, a liberdade, a segurança, o bem-estar, a igualdade e a justiça como valores supremos, comprometidos com a solução pacífica das controvérsias. Por consequência desses valores consagrados no preâmbulo, a Constituição estabelece seus princípios fundamentais, com destaque para o exame em foco da dignidade da pessoa humana e da solução pacífica dos conflitos, consubstanciados nos artigos 1° e 4°, respectivamente.

Assim, não há dúvidas de que cabe ao Estado a solução desses conflitos postos, de forma pacífica, mediante a entrega de uma tutela efetiva, adequada e tempestiva, a fim de se preservar a dignidade da pessoa humana com a entrega do bem da vida a quem tem este direito. Nesse sentido, a lição de Lenio Streck é recomendada, ao sustentar que o Poder Judiciário não pode continuar a assumir uma postura passiva diante da sociedade, mediante uma atuação que leve em conta a perspectiva de que os valores constitucionais têm precedência mesmo contra textos legislativos produzidos por maiorias parlamentares, na medida em que estes textos e todos os demais devem obedecer, acima de tudo, aos valores constitucionais.[587]

Um destes deveres impostos ao Estado – no caso ao Poder Judiciário –, através da adequada interpretação das normas processuais, consta também na Lei de Introdução ao Código Civil, precisamente em seu artigo 5°, ao dispor que na aplicação da lei o juiz atenderá aos fins sociais a que ela se dirige e às exigências do bem comum. A finalidade das normas processuais está expressa nos citados incisos XXXV e LXXVIII, do artigo 5° da Constituição, não sendo apropriada qualquer interpretação da norma constante no artigo 769 da CLT completamente dissociada ou alheia a esta finalidade, a estes objetivos e a estas diretrizes.

Do mesmo modo deve ser pensado o Processo do Trabalho, em uma relação de constante diálogo com as normas processuais civis, na busca da maior e melhor efetividade do processo, com vistas à concretização do

---

[587] STRECK, Lenio Luiz. O Papel da Jurisdição Constitucional na Realização dos Direitos Sociais-Fundamentais. In: SARLET, Ingo Wolfgang (Org.). *Direitos Fundamentais Sociais*: estudos de direito constitucional, internacional e comparado. Rio de Janeiro: Renovar, 2003, p. 201.

direito material; isto é, do bem da vida buscado pelo detentor do direito e alcançado pelo exercício constitucional do direito de ação, por intermédio da prestação jurisdicional pelo Estado.

Ressalta, com propriedade, Juarez Freitas, que as regras apresentam função hermenêutica instrumental, devendo servir à realização dos princípios.[588] Ensina Maximiliano que o dever do juiz não é aplicar os parágrafos isolados, e, sim, os princípios jurídicos em boa hora cristalizados em normas positivas – nada de exclusivo apego aos vocábulos.[589]

Salienta Flávia Piovesan que os direitos e garantias fundamentais são dotados de especial força expansiva, projetando-se por todo o universo constitucional e servindo como critério interpretativo de todas as normas do ordenamento jurídico. Ressalta que o princípio da aplicabilidade imediata destas normas, previsto no art. 5º, § 1º, da CF, realça a força normativa de todos os preceitos constitucionais referentes a direitos, liberdades e garantias fundamentais, cabendo aos Poderes Públicos conferir eficácia máxima e imediata a todo e qualquer preceito definidor de direito e garantia fundamental.[590]

Segundo Andreas Krell, talvez o maior impedimento para uma proteção mais efetiva dos direitos fundamentais no Brasil seja a atitude ultrapassada de grande parte dos juristas em relação à interpretação constitucional, cuja base até hoje consiste no formalismo jurídico que tem dominado gerações de operadores de Direito, especialmente durante o regime autoritário.[591]

Por efetividade, entenda-se a objetiva realização do Direito. Isto é, a atuação prática da norma, aproximando-se o dever ser normativo e o ser da realidade social. Segundo Canotilho, o princípio da máxima efetividade, também conhecido por princípio da eficiência ou princípio da interpretação efetiva, preconiza que a uma norma constitucional deve ser atribuído o sentido que maior eficácia lhe dê. É um princípio operativo em relação a todas e quaisquer normas constitucionais, sendo atualmente invocado no âmbito dos direitos fundamentais; isto é, no caso de dúvidas, deve-se preferir a interpretação que reconheça maior eficácia aos direitos fundamentais.[592] No mesmo diapasão, ao tratar do papel da Constituição Federal na interpretação e aplicação do Código de Defesa do Consumidor, sustenta Cláudia Lima Marques que *atualmente não há mais dúvidas de*

---

[588] FREITAS, 2005, p. 318.

[589] MAXIMILIANO, 2006, p. 97.

[590] PIOVESAN, 2007, p. 35-36.

[591] KRELL, Andreas J. *Direitos Sociais e Controle Judicial no Brasil e na Alemanha: os (Des)Caminhos de um Direito Constitucional "Comparado"*. Porto Alegre: S. A. Fabris, 2002, p. 71.

[592] CANOTILHO, 2003, p. 1224-1226.

que a Constituição representa a norma máxima, o centro do próprio sistema do direito brasileiro.[593]

Com a mesma importância está o princípio da força normativa da constituição, devendo-se dar prevalência aos pontos de vista que contribuem para uma eficácia ótima da lei fundamental.[594] O intérprete constitucional deve ter o compromisso com a efetividade da Constituição. Havendo mais de uma interpretação possível, deve sempre dar preferência para aquela que possibilite a efetividade da vontade constitucional, devendo evitar, no espaço de argumentação jurídica, interpretações que se amparem na não autoaplicabilidade da norma ou na ocorrência de omissão do legislador. Uma das consequências legítimas da aplicação de um princípio constitucional poderá ser a não aplicação de uma regra que o contravenha. Dessa forma, é legítima a não aplicação de uma determinada regra que esteja posta em sentido contrário a um princípio ou a um fim constitucional.[595]

Sintetizando, impõe o princípio da efetividade o dever ao intérprete constitucional de optar pela interpretação que possibilite a efetividade da norma constitucional, realizando, no caso em análise, um direito fundamental. Tem o aplicador do Direito, com base no princípio da efetividade, o compromisso com a efetividade da Constituição.[596] Recorremos novamente a Cláudia Lima Marques, ao tratar do diálogo entre as fontes e da interpretação conforme a Constituição, quando sustenta que a ordem constitucional é o primeiro dos fatores e o hierarquicamente mais forte a ser considerado pelo aplicador da lei.[597] Por conseguinte, não há como se interpretar a norma constante no artigo 769 da CLT em dissonância do texto constitucional.

Com base no princípio da unidade da Constituição, deve o intérprete buscar a harmonização possível ao caso concreto, entre normas que regulam valores ou interesses que se mostram conflitantes. Deve o juiz fazer a ponderação entre os valores em conflito e efetuar escolhas.[598] Segundo Canotilho, o intérprete deve sempre considerar as normas constitucionais não como normas isoladas e dispersas, mas sim como preceitos integrados num sistema interno unitário de normas e princípios.[599]

---

[593] MARQUES, 2005, p. 595-596.
[594] CANOTILHO, 2003, p. 1224-1226.
[595] BARROSO; BARCELLOS, 2003, p. 375.
[596] SANTOS JÚNIOR, 2010, p. 102.
[597] MARQUES, op. cit., p. 599.
[598] BARROSO; BARCELLOS, 2003, p. 362.
[599] CANOTILHO, 2003, p. 1223-1224.

Desse modo, o princípio da interpretação das leis, em conformidade com a Constituição, e neste caso conforme aos direitos fundamentais, não pode ser ignorado. Ensina Barroso que a Constituição é o fundamento de validade de toda a ordem jurídica. É ela que confere unidade ao sistema, é o ponto comum ao qual se reconduzem todas as normas vigentes no âmbito do Estado. De tal supremacia decorre o fato de que nenhuma norma pode subsistir validamente no âmbito de um Estado se não for compatível com a Constituição.[600] A respeito, assevera Canotilho:

> O princípio da interpretação das leis em conformidade com a constituição é fundamentalmente um princípio de controlo (tem como função assegurar a constitucionalidade da interpretação) e ganha relevância autónoma quando a utilização dos vários elementos interpretativos não permite a obtenção de um sentido inequívoco dentre os vários significados da norma. Daí a sua formulação básica: no caso de normas polissêmicas ou plurissignificativas deve dar-se preferência à interpretação que lhe dê um sentido em conformidade com a constituição.[601]

Trata-se, portanto, de um princípio de interpretação da lei ordinária de acordo com a Constituição, e não de um princípio de interpretação da Constituição propriamente.[602] É inadmissível que uma norma seja interpretada à margem da ordem constitucional, devendo haver o que a doutrina constitucional contemporânea chama de interpretação integrativa da lei com a Constituição.[603] Conforme Hesse:

> [...] no domínio da interpretação conforme a Constituição, as normas constitucionais não são apenas normas – parâmetro; são também normas de conteúdo na determinação do conteúdo das leis ordinárias.[604]

Portanto, a eficácia interpretativa dos princípios constitucionais consiste, diante de várias exegeses possíveis, em orientar o intérprete das regras em geral, tanto constitucionais como infraconstitucionais, no sentido de que ele opte pela interpretação que melhor concretize o efeito pretendido pelo princípio constitucional em foco.[605] Sarlet traz importante lição neste sentido:

> Se, portanto, todas as normas constitucionais sempre são dotadas de um mínimo de eficácia, no caso dos direitos fundamentais, à luz do significado outorgado ao art. 5º., § 1º., de nossa Lei Fundamental, pode afirmar-se que aos poderes públicos incumbem a tarefa e o dever de extrair das normas que os consagram (os direitos fundamentais) a maior eficácia possível, outorgando-lhes, neste sentido, efeitos reforçados relativamente às demais normas constitucionais, já que não há como desconsiderar a circunstância de que a presunção da aplicabilidade imediata e plena eficácia que milita em favor dos direitos fundamentais

---

[600] BARROSO, 1996, p. 54.
[601] CANOTILHO, op. cit., p. 1226.
[602] Cf. BONAVIDES, 2008, p. 518.
[603] MIRANDA, Jorge. *Manual de Direito Constitucional*. 5. ed. Coimbra: Coimbra, 2003. t. 2, p. 295-296.
[604] HESSE apud Ibid., p. 296.
[605] SANTOS JÚNIOR, 2010, p. 102-103.

constitui, em verdade, um dos esteios de sua fundamentalidade formal no âmbito da Constituição.[606]

Assim, cabe ao juiz interpretar a legislação processual de acordo com os fundamentos, valores e princípios estabelecidos na Constituição Federal, sendo seu dever proceder à interpretação que melhor atenda aos princípios da efetividade da prestação jurisdicional e da razoável duração do processo.[607]

Partindo-se das premissas estabelecidas, entendemos que a correta interpretação da norma constante no artigo 769 da CLT passa necessariamente pela análise da omissão legislativa, cuja omissão compreende-se na inexistência de regra processual trabalhista mais apta ou capaz de propiciar a efetividade da prestação jurisdicional, em comparação com a norma processual civil aplicável ao mesmo caso. Importante, neste aspecto, a lição de Guastini, ao dizer que uma técnica de interpretação consiste num procedimento que retira de um enunciado normativo – uma disposição ou um fragmento de disposição – para uni-los a um significado, ou seja, a uma norma (ou a uma pluralidade de normas).[608] Concluindo-se que não há regra processual trabalhista ou que a regra processual trabalhista não tenha melhores condições de proporcionar a efetividade almejada em contrapartida à norma processual civil, é cabível a aplicação da legislação processual civil no caso específico, a fim de que se preste a tutela efetiva no caso em concreto. Nesta situação, tem o juiz não apenas o direito, mas o dever de buscar a aplicação da legislação processual civil, quando constatado que esta norma processual é mais eficaz para tutelar o direito material pretendido.

Este modelo de interpretação da norma constante no artigo 769 da CLT somente é compreendido de maneira satisfatória quando o sistema processual passa a ser visto sob um prisma constitucional, sobretudo a partir da teoria dos direitos fundamentais, precisamente dos princípios da tutela jurisdicional efetiva e da razoável duração do processo. É necessário que o sistema processual trabalhista seja compreendido dentro do sistema constitucional a que estamos submetidos num Estado Constitucional. Lenio Streck sustenta que a Constituição passa a ser, em toda a sua substancialidade, o topo hermenêutico que conformará a interpretação jurídica do restante do sistema jurídico.[609] As regras processuais passam a ter de ser analisadas de acordo com os direitos fundamentais previstos

---

[606] SARLET, 2005, p. 271.

[607] Juarez Freitas assevera que a interpretação da Constituição tem que ser finalística e prática, pregando uma abordagem axiológica do seu texto (FREITAS, 2004, p. 220-223).

[608] GUASTINI, 2006, p. 229.

[609] STRECK, 2000, p. 225-226.

na Constituição. É a partir dos princípios fundamentais previstos na Carta Constitucional que o restante do sistema, tanto de direito processual como também de direito material, deve ser interpretado.[610] São sábias as lições de Marinoni sobre este tema:

> Ou seja, o juiz, diante do direito fundamental à tutela jurisdicional, além de ter o dever de rejeitar as interpretações que a ele não correspondem, deve optar expressamente pela interpretação que lhe confira a maior efetividade.
>
> Frise-se, porém, que a interpretação de acordo com a Constituição não se constitui em instrumento de controle da constitucionalidade, mas sim em método de interpretação. O juiz é obrigado a interpretar as normas com a Constituição ou, em uma acepção mais rente ao que aqui interessa, de acordo com os direitos fundamentais.[611]

Se a legislação processual civil, ao invés da legislação processual trabalhista, irá alcançar, com maior rapidez e eficiência, a almejada tutela jurisdicional efetiva, é dever do juiz aplicá-la, pois deste modo estará cumprindo os requisitos para aplicação supletiva do processo civil (omissão do legislador trabalhista e inexistência de incompatibilidade), pois por omissão devemos entender a ineficiência, a insuficiência ou a incapacidade da norma trabalhista de produzir melhores efeitos do que a lei processual civil, cujos efeitos almejados são a efetividade e a razoável duração do processo. É basilar a lição de Guastini, ao sustentar que *o fim de toda doutrina ou ideologia da interpretação é dirigir a atividade dos intérpretes à luz de certos valores a realizar*.[612]

Caso a interpretação seja contrária, é possível a sustentação de que houve a estrita observância do que dispõe o artigo 769 da CLT, a partir de uma interpretação literal do requisito da omissão.[613] No entanto, com certeza, esta mesma interpretação estará em dissonância e, portanto, em afronta, colisão e desrespeito aos direitos fundamentais da prestação jurisdicional efetiva e da razoável duração do processo. A propósito, já sustentava Kelsen que há várias possibilidades de aplicação do Direito, assim como uma moldura de um quadro. Sendo assim, a interpretação de uma lei não deve conduzir a uma única solução, mas possivelmente a várias soluções. A questão é saber qual é, dentre as várias possibilidades, nos quadros do Direito a aplicar, a correta, cabendo ao intérprete precisar e delimitar o conteúdo das normas.[614]

---

[610] SANTOS JÚNIOR, 2010, p. 39.

[611] MARINONI, 2004, p. 232.

[612] GUASTINI, 2006, p. 233.

[613] Apesar de possível, não nos parece a interpretação mais adequada, conforme já sustentado. Não pode haver uma única resposta correta em Direito, devendo ser buscada a melhor interpretação, em sintonia com a Constituição. Nesse sentido são os ensinamentos de Juarez Freitas, fundamentais para adequada compreensão deste tópico (FREITAS, 2004, p. 228-229).

[614] KELSEN, Hans. *Teoria Pura do Direito*. 6. ed. São Paulo: Martins Fontes, 2000, p. 247-248.

O direito fundamental do cidadão à tutela jurisdicional efetiva volta-se não apenas na direção dos Poderes Legislativo ou Executivo, mas, sobretudo, também na direção do Poder Judiciário, cobrando essa efetividade em virtude do monopólio da jurisdição estabelecido pelo Estado Democrático de Direito. Trata-se de um dever interpretar a regra processual no sentido de se buscar a máxima efetividade à tutela jurisdicional, sendo dever do juiz interpretar a legislação processual de acordo com os valores estabelecidos na Constituição Federal. Assim preconiza Hesse:

> Os direitos fundamentais influem em todo o Direito – inclusive o Direito Administrativo e o Direito Processual – não só quando têm por objeto as relações jurídicas dos cidadãos com os poderes públicos, mas também quando regulam as relações jurídicas entre os particulares. Em tal medida servem de pauta tanto para o legislador como para as demais instâncias que aplicam o Direito, as quais, ao estabelecer, interpretar e pôr em prática normas jurídicas, deverão ter em conta o efeito dos direitos fundamentais.[615]

Ressalta Hesse que um ótimo desenvolvimento da força normativa da Constituição depende não apenas do seu conteúdo, mas também de sua práxis. *De todos os partícipes da vida constitucional, exige-se partilhar aquela concepção anteriormente por mim denominada vontade de Constituição (Wille zur Verfassung). Ela é fundamental, considerada global ou singularmente.*[616] Portanto, o juiz tem a obrigação de rejeitar as interpretações que não estão em sintonia com os direitos fundamentais. Por tal razão, tem também a obrigação de aplicar a regra processual que melhor e de maneira mais rápida concretize a tutela jurisdicional efetiva, mesmo que esta regra seja oriunda do direito processual comum,[617] optando-se sempre pela interpretação e pelas regras que alcancem a maior efetividade possível ao processo.

A prestação jurisdicional nada mais é do que a prestação de um serviço público pelo Estado, no caso específico pelo Poder Judiciário. Este serviço deve ser prestado com eficiência, consoante determina o artigo 37 da Constituição Federal, que consagrou o princípio da eficiência como sendo, atualmente, um dos mais importantes princípios constitucionais da administração pública de qualquer dos Poderes da União. Se a norma processual civil é mais apta para produzir os efeitos desejados, obviamente que a respectiva norma processual trabalhista mostra-se carente neste mesmo sentido comparativo. Desse modo, deve ser aplicada a norma processual civil em razão da omissão, da ausência, da falta, da lacuna, da insuficiência da norma processual trabalhista de produzir o mesmo resultado obtido com a norma comum. Produzindo a norma processual

---

[615] HESSE, 2009b, p. 39.

[616] HESSE, 1991, p. 21.

[617] Evidente que esta aplicação subsidiária somente será possível se a respectiva regra processual não for incompatível com as respectivas normas processuais trabalhistas.

civil de forma mais eficaz e de maneira mais útil e rápida, os objetivos estabelecidos pelo nosso sistema processual constitucional, passam a ter primazia em relação à norma processual trabalhista, por se mostrar esta débil para produzir os mesmos objetivos impostos ao Estado.

Está claro que não há argumentação jurídica consistente, a partir de uma interpretação constitucional, que não venha a permitir o uso de uma norma processual civil quando constatada que esta norma possibilitará, de uma melhor forma, a concretização da tutela do direito material, bem como que essa norma agilizará o andamento do processo, atendendo, assim, aos princípios constitucionais da prestação jurisdicional efetiva, da razoável duração do processo e da eficiência.

Portanto, o Direito exige uma interpretação constitucional e contemporânea. Caso contrário, perder-nos-emos em teorias abstratas, que contribuirão, ainda mais, para a falta de efetividade do processo.

2. A tutela jurisdicional coletiva na Justiça do Trabalho

2.1. Aspectos históricos e terminológicos. Cabimento na Justiça do Trabalho

2.1.1. Retrospectiva histórica

O sistema processual brasileiro sempre teve uma forte concepção individualista, cujo traço vem estabelecido principalmente no Código de Processo Civil de 1973, conhecido como o Código de Buzaid. Referem Didier Jr. e Zaneti Jr. que o processo civil brasileiro tem a ação individual como centro e base de todo o sistema.[618] Este modelo teve necessariamente que ser revisto, pois não se mostrou mais capaz de solucionar os chamados conflitos de massa, em razão dos novos problemas e litígios surgidos principalmente a partir do final do século XX.[619] Na seara trabalhista, crescem os grandes conglomerados econômicos, as empresas mul-

---

[618] DIDIER JÚNIOR, Fredie; ZANETI JÚNIOR, Hermes. *Curso de Direito Processual Civil*: processo coletivo. 4. ed. Salvador: JusPodivm, 2009. v. 4, p. 30.

[619] Cf. Ibid. (p. 49), ao enfatizarem que esta tradicional visão individualista do processo se tornou insuficiente para a tutela dos direitos coletivos, sobretudo no caso específico dos direitos individuais homogêneos.

tinacionais, cujo fenômeno acaba trazendo consigo litígios que, muitas vezes, envolvem um universo de trabalhadores a respeito de uma mesma demanda. A globalização dissemina conflitos transubjetivos, fragmentados e massificados, não se mostrando o processo civil clássico mais capaz de solucionar estas demandas, em virtude do seu caráter individualista, privatístico e ritualista.[620]

A constatação deste problema, decorrente dos avanços sociais, econômicos, culturais e tecnológicos da sociedade pós-moderna, torna também evidente que os instrumentos até então utilizados pelo Estado para a solução dos litígios existentes não estavam mais sendo capazes de solucioná-los. Isto fez com que o Estado pensasse em outros e novos instrumentos processuais, mais aptos para a concessão da tutela em juízo.[621]

Conforme aduz Arruda Alvim, as ações coletivas surgem como um efetivo mecanismo de solução desses novos conflitos, na medida em que o processo individualista se mostrava impróprio e intencionalmente inepto e ineficaz para a proteção de situações coletivas, às quais as sociedades eram avessas quando se formou essa concepção de processo, nos séculos XIX e limiar do século XX.[622]

As ações coletivas aparecem inicialmente nos Estados Unidos, com antecedentes no direito inglês. Este modelo provocou uma alteração radical no pensamento jurídico sedimentado na época, por romper com um modelo essencialmente individualista, direcionado para a solução dessa espécie de conflitos.[623]

No Brasil, a primeira legislação sobre a ação civil pública foi a Lei Complementar n. 40/81 – Lei Orgânica Nacional do Ministério Público –, ainda que de maneira bem restritiva. Posteriormente, o avanço sobre o tema foi significativo com o advento da Lei n. 7.347/85, sendo consagrada a partir da Constituição Federal de 1988, quando foi reconhecida como verdadeiro instrumento de cidadania, destinado à defesa de quaisquer interesses metaindividuais da sociedade, conforme salienta Raimundo Simão de Melo.[624] A Lei da Ação Civil Pública foi inspirada na doutrina italiana da década de 70, com ênfase nas lições de Taruffo, Cappelletti, Vincenzo Vigoriti, Proto Pisani, dentre outros, acrescentan-

---

[620] Cf. FAVA, Marcos Neves. *Ação Civil Pública Trabalhista*. 2. ed. São Paulo: LTr, 2008, p. 64-66.

[621] MARINONI, 2004, p. 99.

[622] ALVIM, Arruda. Ação Civil Pública: sua evolução normativa significou crescimento em prol da proteção às situações coletivas. In: MILARÉ, Édis (Org.). *A Ação Civil Pública após 20 Anos*: efetividade e desafios. São Paulo: Revista dos Tribunais, 2005, p. 73.

[623] Ibid., p. 73, 75.

[624] MELO, Raimundo Simão de. *Ação Civil Pública na Justiça do Trabalho*. São Paulo: LTr, 2002, p. 91.

do Antonio Gidi que o Brasil é o pioneiro entre os países de *civil law* na tutela coletiva.[625]

2.1.2. Terminologia. Cabimento na Justiça do Trabalho

A doutrina diverge a respeito da terminologia adotada para a defesa dos direitos transindividuais difusos, coletivos e individuais homogêneos, tendo em vista a previsão da ação civil pública e da ação civil coletiva em nosso sistema jurídico. Para Schiavi, a ação civil coletiva não difere ontologicamente da ação civil pública.[626] Na verdade, tanto a ação civil pública como a ação civil coletiva vêm sendo utilizadas indistintamente na Justiça comum para a defesa de interesses individuais homogêneos, conforme aduz Bezerra Leite.[627]

Gidi assevera que a maioria da doutrina tem usado as duas expressões como sinônimas, o que causa confusão desnecessária, sendo apropriada a uniformização da terminologia a ser utilizada para designar a tutela jurisdicional dos direitos de grupo, a fim de se evitar ambiguidades interpretativas.[628] Segundo Gidi, a expressão "ação civil pública" é uma idiossincrasia exclusivamente brasileira, na medida em que nenhum país do mundo se vale dessa expressão, mas sim de nomes mais comuns, como ação de grupo, ação coletiva, ação de classe e ação popular.[629]

Feitas estas considerações, iremos utilizar as expressões como sinônimas na medida em que o objetivo principal deste exame não diz respeito a este aspecto particular, mas sim aos objetivos delimitados à ação civil pública.

Com respeito ao seu cabimento na Justiça do Trabalho, a doutrina também não possui divergências significativas. De acordo com o art. 83, inciso III, da Lei Complementar n. 75/93, compete à Justiça do Trabalho processar e julgar a ação civil pública para a defesa de interesses coletivos, quando desrespeitados os direitos sociais constitucionalmente garantidos. Já o art. 129, inciso III, da Constituição Federal, estabelece, como função institucional do Ministério Público, a promoção do inquérito civil e da ação civil pública para a proteção do patrimônio público e social, do meio ambiente e de outros interesses difusos e coletivos.

---

[625] GIDI, Antonio. *Rumo a um Código de Processo Civil Coletivo*: a codificação das ações coletivas do Brasil. Rio de Janeiro: Forense, 2008, p. 32-34.
[626] SCHIAVI, 2009, p. 1046.
[627] LEITE, 2005, p. 907.
[628] GIDI, 2008, p. 382-384.
[629] Ibid., p. 389.

Assim, não há dúvidas sobre o cabimento da ação civil pública para a defesa dos interesses[630] difusos e coletivos no âmbito da Justiça do Trabalho, não havendo nem mesmo a necessidade do intérprete se socorrer da norma constante no art. 769 da CLT para a defesa deste pensamento, na medida em que não se trata da utilização do Direito Processual Comum como fonte subsidiária do Processo do Trabalho, em razão da referida norma constitucional estabelecer as funções institucionais do Ministério Público, e o art. 83, inciso III, da Lei Complementar n. 75/93 dispor especificamente sobre a competência junto à Justiça do Trabalho.

A divergência maior reside no cabimento desta ação para a defesa de interesses individuais homogêneos. Todavia, a interpretação conjugada dos artigos 127 e 129, ambos da Constituição Federal, também levam à conclusão do cabimento desta ação na Justiça do Trabalho. Segundo o art. 127, inciso III, da CF, cabe ao Ministério Público a defesa da ordem jurídica, do regime democrático e dos interesses sociais e individuais indisponíveis, dispondo o inciso IX do art. 129 da CF a respeito do exercício de outras funções conferidas ao Ministério Público, desde que compatíveis com sua finalidade, vedada a representação judicial e a consultoria jurídica de entidades públicas.

Portanto, é cabível a ação civil pública na Justiça do Trabalho para a defesa dos interesses sociais, individuais, indisponíveis e homogêneos.[631]

2.1.3. Natureza jurídica. Conceito. Espécies

A ação civil pública tem como finalidade impor o cumprimento de uma obrigação, de fazer ou não fazer, ou ainda, a condenação do infrator em pecúnia, conforme dispõe o art. 3º da Lei n. 7.347/85.[632] Desse modo, esta ação, que é destinada a resguardar os interesses transindividuais, possui natureza jurídica condenatória.[633]

As ações coletivas são tidas como gênero que tem como uma das espécies a ação civil pública.[634] Já, segundo Raimundo Simão de Melo, é a ação civil pública gênero das ações coletivas, tendo como finalidade a

---

[630] Didier Jr. e Zaneti Jr. reputam equivocada a utilização do termo "interesses", pois não se trata da defesa de interesses e sim de direitos, que muitas vezes estão previstos no próprio texto constitucional (DIDIER JÚNIOR; ZANETI JÚNIOR, 2009, v. 4, p. 86-87).

[631] Cf. LEITE, 2005, p. 899.

[632] Cf. SÜSSEKIND, Arnaldo et al. *Instituições de Direito do Trabalho*. 19. ed. São Paulo: LTr, 2000. v. 2, p. 1345.

[633] SCHIAVI, 2009, p. 1034-1035.

[634] LEITE, 2005, p. 894.

proteção dos direitos e interesses metaindividuais – difusos, coletivos e individuais homogêneos – de ameaças e lesões.[635]

Na lição de Bezerra Leite, a ação civil pública é o meio constitucionalmente assegurado ao Ministério Público, ao Estado ou a outros entes coletivos autorizados por lei, para promover a defesa judicial dos interesses ou direitos metaindividuais. As espécies dos chamados direitos metaindividuais são os interesses ou direitos difusos, coletivos e individuais homogêneos.[636]

O artigo 81 da Lei n. 8.078/90, a seguir transcrito, se não traz o conceito dos chamados direitos difusos, coletivos e individuais homogêneos, ao menos traz os elementos necessários para a configuração desses conceitos:

> Art. 81. A defesa dos interesses e direitos dos consumidores e das vítimas poderá ser exercida em juízo individualmente, ou a título coletivo.
> Parágrafo único – A defesa coletiva será exercida quando se tratar de:
> I – interesses ou direitos difusos, assim entendidos, para efeitos deste Código, os transindividuais, de natureza indivisível, de que sejam titulares pessoas indeterminadas e ligadas por circunstâncias de fato;
> II – interesses ou direitos coletivos, assim entendidos, para efeitos deste Código, os transindividuais de natureza indivisível de que seja titular grupo, categoria ou classe de pessoas ligadas entre si ou com a parte contrária por uma relação jurídica-base;
> III – interesses ou direitos individuais homogêneos, assim entendidos os decorrentes de origem comum.

Portanto, os direitos difusos são de natureza indivisível, cujos titulares são pessoas não identificadas, que estejam ligadas por um fato comum. Segundo Didier Jr. e Zaneti Jr., reputam-se difusos aqueles direitos transindividuais (pertencentes a uma coletividade), de natureza indivisível, e cujos titulares sejam pessoas indeterminadas ligadas por circunstâncias de fato, não existindo um vínculo comum de natureza jurídica.[637] No campo trabalhista, são exemplos de interesses difusos a greve que venha a exigir a manutenção de serviços essenciais à sociedade,[638] o combate à discriminação no emprego, a proibição de contratação de servidores públicos sem concurso e a defesa do meio ambiente do trabalho.[639] Aluisio Gonçalves de Castro Mendes conclui que o interesse difuso será reconhecido por exclusão, isto é, quando não for coletivo em sentido estrito,

---
[635] MELO, 2002, p. 93.
[636] LEITE, op. cit., p. 895-896.
[637] DIDIER JÚNIOR; ZANETI JÚNIOR, 2009, v. 4, p. 74.
[638] SÜSSEKIND, 2000, v. 2, p. 1346.
[639] Cf. SCHIAVI, 2009, p. 1034-1037.

porque inexistentes a determinação e a relação jurídica base das pessoas entre si ou com a parte contrária.[640]

Segundo Maurício Godinho Delgado, os direitos coletivos também têm qualidade massiva por sua própria natureza, tendo como titulares pessoas determinadas, ou ao menos determináveis, por se vincularem em torno da causa propiciadora do interesse e do direito almejado, entre si ou com a parte contrária, ligadas por uma relação jurídica estabelecida.[641] Teixeira Filho traz, como exemplo de direitos transindividuais de natureza coletiva, a transgressão a um direito social que afete a todos os trabalhadores ou que se confine a uma categoria profissional, tendo em vista que a empresa e seus trabalhadores estão ligados por uma relação jurídica base, fundada no contrato de trabalho, cujo conteúdo mínimo é irrenunciável, conforme dispõe o art. 444 da CLT. Cita como exemplo, também, o direito a um ambiente de trabalho salubre para todos os empregados.[642]

A singeleza do texto legal acerca da definição dos direitos individuais homogêneos não suscita, ou ao menos não deveria suscitar, maiores dúvidas. Didier Jr. e Zaneti Jr. trazem com clareza as características dessa espécie de direitos:

> O que têm em comum esses direitos é a procedência, a gênese na conduta comissiva ou omissiva da parte contrária, questões de direito ou de fato que lhes conferem características de homogeneidade, revelando, nesse sentir, prevalência de questões comuns e superioridade na tutela coletiva.[643]

Conforme já referido acima, esta espécie de direito tem origem comum, sendo divisível e individual, tendo assim uma titularidade determinada. Esta origem comum dos direitos individuais homogêneos evidencia uma lesão massiva e genérica, ensejando uma tutela jurídica de natureza global, mesmo que a reparação possa vir a ser individualizada, como enfatiza Godinho Delgado.[644] Por isso, mostra-se importante distinguir os interesses puramente individuais dos interesses individuais homogêneos. Na lição de Marcos Fava, interesse individual homogêneo seria aquele em decorrência do fato comum, que abrange vários indivíduos sofrendo da mesma lesão.[645]

---

[640] MENDES, Aluisio Gonçalves de Castro. *Ações Coletivas no Direito Comparado e Nacional*. São Paulo: Revista dos Tribunais, 2002. (Coleção Temas atuais de direito processual civil; v. 4), p. 220.

[641] DELGADO, Maurício Godinho. *Direito Coletivo do Trabalho*. 2. ed. São Paulo: LTr, 2003, p. 226.

[642] Cf. SÜSSEKIND, 2000, v. 2, p. 1347.

[643] DIDIER JÚNIOR; ZANETI JÚNIOR, 2009, v. 4, p. 77.

[644] DELGADO, op. cit., p. 226.

[645] FAVA, 2008, p. 40.

2.2. Objeto

Os conflitos do mundo moderno se alteraram, se agravaram substancialmente, tornando-se não mais conflitos necessariamente individualizados, passíveis de serem resolvidos pelos mecanismos processuais ordinários postos à disposição da sociedade. Vivemos o fenômeno da massificação dos conflitos.[646] Essas transformações sociais e do próprio Estado acarretaram o surgimento de novas alternativas para a solução desses conflitos típicos da sociedade de massa, acarretando, por conseguinte, também um novo direito processual.[647]

Esse fenômeno também provocou uma verdadeira avalancha de ações no Judiciário, causando o congestionamento de processos e, com isso, o retardamento na solução dessas lides. Por esta razão, pensou-se também na utilização de caminhos diversos à clássica ação individualista para a reparação de um dano, como forma de desafogar o Judiciário e assim tornar mais rápida e efetiva a tutela jurisdicional. Desse modo, o aperfeiçoamento do sistema das ações coletivas é visto como mecanismo de economia judicial e processual, como verdadeira solução para a sobrecarga do Poder Judiciário.[648]

Na seara trabalhista, a necessidade de uma nova e mais efetiva alternativa de tutela jurisdicional resta mais evidente em razão da demanda reprimida de trabalhadores que estão sendo lesados em algum dos seus direitos, que acabam não se valendo do Judiciário por medo de perderem o emprego ou de serem alijados do mercado de trabalho, com receio de não serem contratados posteriormente em virtude de uma ação trabalhista interposta.[649] Este receio é real, de que esses trabalhadores venham a sofrer retaliações ou discriminações futuras, visto que o índice de trabalhadores ocupados que trabalham sem as garantias previstas na legislação trabalhista gira em torno de cinquenta por cento.[650]

Esta possibilidade de os direitos serem defendidos concomitantemente faz com que a parte individualmente fraca se torne razoavelmente

---

[646] Segundo Cappelletti, *os chamados novos "direitos sociais", surgidos com o moderno Estado social, são precisamente aqueles que se preocupam por tais obstáculos sociais, econômicos, culturais, ambientais e que, portanto, desejam promover uma maior igualdade real – ou uma menor desigualdade de fato – pelo menos no terreno de oportunidades* (CAPPELLETTI, 2008, v. 1, p. 386).

[647] MARINONI, 2004, p. 99.

[648] Cf. MENDES, 2002, p. 35.

[649] Lembra Cappelletti que o *movimento pelo "acesso à justiça" constitui, pois, um aspecto central do moderno Estado social* (CAPPELLETTI, 2008, v. 1, p. 386).

[650] Conforme dados trazidos por Périssé, a partir de pesquisa realizada pelo IBGE (PÉRISSÉ, Paulo Guilherme Santos. Interesses Tuteláveis por Meio da Ação Coletiva. In: RIBEIRO JÚNIOR, José Hortêncio et al. (Org.). *Ação Coletiva na Visão de Juízes e Procuradores do Trabalho*. São Paulo: LTr, 2006. p. 121.

forte quando agrupada.[651] Mendes chama a atenção para a defesa coletiva de direitos individuais, que permite e amplia o acesso à Justiça, principalmente para conflitos em que o pequeno valor da causa desestimularia a formulação da demanda, tendo também como função resolver molecularmente as causas denominadas de *repetitivas*.[652]

Surgem as ações coletivas como um instrumento de tutela dos litígios de natureza metaindividual ou supraindividual, para a consecução da tão almejada efetividade do processo, a fim de buscar solucionar os conflitos de massa, advindos de uma sociedade contemporânea.[653] Resta percebido que passa a ser imprescindível a atuação preventiva e, assim, a tutela inibitória por parte do Estado.[654]

Portanto, a tutela coletiva surge como mecanismo para a solução dos novos conflitos de massa conflagrados no mundo contemporâneo; surge com o propósito de desafogar o Poder Judiciário com ações repetitivas, com o mesmo objeto; mas principalmente advém da nova concepção do processo, no sentido de trabalhar com um propósito de prevenção, e não apenas de reparação do dano já ocorrido, em sentido oposto às ideias individualistas, patrimonialistas e que privilegiavam a tutela repressiva, previstas do Código de Buzaid.[655] Estas novas premissas estabelecidas necessariamente passam a trabalhar em sintonia com os direitos fundamentais da prestação jurisdicional efetiva e da razoável duração do processo, consagrados no art. 5º, incisos XXXV e LXXVIII, da Constituição Federal. Segundo Didier Jr. e Zaneti Jr., as ações coletivas têm geralmente duas justificativas atuais, de ordem sociológica e política, revelando-se a primeira no princípio do acesso à Justiça, e a segunda, de política judiciária, no princípio da economia processual.[656]

Conforme exposto inicialmente, a ação civil coletiva tem como propósito, como um dos seus princípios nucleares, garantir o amplo acesso à justiça. Na seara trabalhista é uma falácia se dizer que já está garantido este amplo acesso à justiça pelas ações individuais postas à disposição dos trabalhadores. Inicialmente porque grande parte dos trabalhadores deixa de buscar seus direitos em juízo com receio de não virem a conseguir nova colocação no mercado de trabalho, justamente por terem in-

---

[651] Cf. MENDES, 2002, p. 38.

[652] Ibid., p. 221.

[653] TOLEDO FILHO, 2006, p. 180.

[654] MARINONI, 2006, p. 95.

[655] Ressalta Ovídio Baptista da Silva que a ação coletiva deve ser reconhecida como verdadeiro instrumento modernizador do nosso sistema processual, que permite uma visão *comunitária do Direito* (SILVA, 2004, p. 319).

[656] DIDIER JÚNIOR; ZANETI JÚNIOR, 2009, v. 4, p. 34.

gressado com alguma ação na Justiça do Trabalho. As discriminações e as retaliações ocorridas nestes casos são corriqueiras e acabam afugentando boa parte dos trabalhadores do Judiciário, que deixam de pleitear seus direitos para não serem efetivamente excluídos do mercado de trabalho.

Em segundo lugar, porque a grande maioria dos trabalhadores não busca seus direitos em juízo quando está empregada, mesmo quando aflorado o desrespeito a alguma norma protetiva, na medida em que qualquer sinalização nesse sentido, muitas vezes, acaba sinalizando a despedida sumária e imediata do trabalhador. Este segundo obstáculo gera, inúmeras vezes, a convalidação de uma fraude ou de um ilícito, até mesmo por vir a ser fulminado pela prescrição.

Mendes chama a atenção para o problema do desequilíbrio financeiro entre as partes, fazendo com que a pessoa lesada deixe de buscar individualmente a proteção judicial, tendo em vista a maior disposição de recursos materiais e humanos de que dispõe o causador da lesão. Enfatiza o autor que, com a cumulação de demandas, a situação se inverte, tendo em vista que o próprio valor individual da causa passa a ser expressivo, e que individualmente seria praticamente inexpressivo, concluindo que:

> As ações coletivas, se bem estruturadas, podem ser, portanto, um efetivo instrumento para o aperfeiçoamento do acesso à Justiça, eliminando os entraves relacionados com os custos processuais e o desequilíbrio entre as partes.[657]

No mesmo sentido, enfatiza Cappelletti:

> Se é certo que as portas dos tribunais estão formalmente abertas igualmente para todos, não é menos certo que tal acesso é bem diverso para quem tenha uma informação suficiente sobre seus próprios direitos, que possa fazer-se representar por um bom advogado, e tenha a possibilidade de esperar os resultados a miúdo tardios dos procedimentos jurisdicionais, do que para quem careça de tais requisitos econômicos-culturais.[658]

A situação aventada é corriqueira nas relações de emprego, donde normalmente o empregado está em situação de inferioridade econômica, social e cultural em relação ao empregador, denotando um entrave para a busca dos direitos porventura lesados.

O sistema de tutela coletiva dos direitos trabalha com um modelo essencialmente de prevenção e não apenas ressarcitório do dano causado. Há uma mudança de prisma, com uma preocupação de ser solucionada a lide potencial, e não apenas de forma reparadora, servindo a ação coletiva para disponibilizar uma proteção genérica aos trabalhadores, sem comprometimento do emprego em vigor e com o aproveitamento dos efeitos

---

[657] MENDES, 2002, p. 31.
[658] CAPPELLETTI, 2008, v. 1, p. 386.

da coisa julgada ultra partes.[659] Destarte, conforme assevera Bezerra Leite, as ações coletivas visam à proteção de qualquer interesse difuso, coletivo ou individual homogêneo.[660]

2.2.1. Em especial: a legitimidade do Ministério Público do Trabalho para defesa dos direitos individuais homogêneos dos trabalhadores

É tormentosa na doutrina e na jurisprudência a admissibilidade do Ministério Público do Trabalho para a interposição da ação civil pública na defesa dos direitos individuais homogêneos dos trabalhadores. O entendimento se mostra mais tranquilo no que tange à legitimidade para a defesa dos direitos difusos e coletivos. Obviamente que todos os argumentos jurídicos apresentados em ambos os sentidos são respeitáveis. No entanto, após o exame das funções institucionais do Ministério Público, dos princípios que norteiam a sua atuação e também dos princípios que sustentam as ações coletivas, entendemos que a resistência na aceitação dessa legitimidade ao MPT é bem mais de ordem cultural, sociológica e ideológica do que propriamente jurídico-legal. Isto não quer dizer que estaremos a defender essa legitimidade apenas com base nesses argumentos (o que a nosso entender seriam suficientes), mas também e principalmente com fulcro nos textos legais, sobretudo no texto constitucional. Desde já, a respeito da legitimidade do Ministério Púbico para a defesa dos direitos individuais homogêneos, é interessante trazermos as lições de Didier Jr. e Zaneti Jr.:

> A jurisprudência e a doutrina tendem a permitir o ajuizamento das ações, reconhecendo a legitimidade ativa, quer seja indisponível ou disponível o direito homogêneo alegado, desde que, neste último, se apresente com relevância social (presença forte do interesse público primário) e amplitude significativa (grande o número de direitos individuais lesados). Nestes casos, não serão simples direitos individuais, mas interesses sociais que se converteram, em razão de sua particular origem comum, em direitos individuais homogêneos. A finalidade social afeta "sempre" o Ministério Público.[661]

Estas considerações iniciais são necessárias porque na verdade a primeira barreira que temos que superar é, sem sombra de dúvidas, de natureza ideológica. Antes de mais nada, deve ser definida a concepção que temos a respeito das funções institucionais do Ministério Público e das finalidades atribuídas às ações coletivas. A propósito, sustentam Didier Jr. e Zaneti Jr.:

---
[659] Cf. FAVA, 2008, p. 85.
[660] LEITE, 2005, p. 900.
[661] DIDIER JÚNIOR; ZANETI JÚNIOR, 2009, v. 4, p. 334.

O único freio ao ajuizamento de demandas coletivas pelo Ministério Público deverá ser, portanto, a existência de finalidade afeta à instituição, até porque a norma de fechamento prevista na Constituição Federal expressamente determina que são funções institucionais do MP: exercer outras funções que lhe forem conferidas, desde que compatíveis com a sua finalidade, sendo-lhe vedada a representação judicial e a consultoria jurídica de entidades públicas (art. 129, IX).[662]

Esta primeira análise é essencial, porque será a partir dela que o operador irá firmar seu convencimento, de maneira mais ou menos restritiva ao instituto, pois, em verdade, o texto legal normalmente admite mais de uma interpretação.

Segundo Raimundo Simão de Melo, as ações coletivas foram concebidas como operosos mecanismos de defesa dos interesses da sociedade, de caráter ideológico, que ainda são vistos de forma preconceituosa por boa parte dos operadores do Direito. Essa ação é considerada um verdadeiro instrumento ideológico de satisfação dos direitos e interesses fundamentais da sociedade moderna, representando uma adequada forma de acesso do cidadão ao direito de ação.[663]

No campo trabalhista, essa função das ações coletivas torna-se mais evidente, eis que há rotineiramente o problema da retaliação dos trabalhadores que buscam seus direitos individualmente em juízo, e, principalmente, a subordinação econômica do trabalhador em relação ao empregador acaba impedindo o livro exercício desse direito de maneira individual, na medida em que é voz corrente entre muitos trabalhadores que acabariam sendo alijados do seu mercado de trabalho caso viessem a interpor uma reclamatória trabalhista. Esta é uma realidade que não podemos abstrair.[664] A partir desse contexto, é que se deve iniciar esta análise; caso contrário, todo este processo interpretativo torna-se viciado, pois parte de uma premissa equivocada, que não corresponde à realidade brasileira, tendo em vista que não há liberdade plena e absoluta para os trabalhadores, regra geral, de buscarem seus direitos na Justiça do Trabalho.[665] Nesse sentido, sustenta Gidi que *é lugar comum dizer que o indivíduo*

---

[662] DIDIER JÚNIOR; ZANETI JÚNIOR, 2009, v. 4, p. 335.

[663] MELO, 2002, p. 92-93.

[664] Lembra Cappelletti que há barreiras de índoles diversas com vistas ao pleno acesso à lei e à justiça, enfatizando que quanto mais ricos e pobres forem tratados conforme as mesmas regras jurídicas, tanto mais se acentuará a vantagem do rico (CAPPELLETTI, 2008, v. 1, p. 385).

[665] A propósito, ressalta Valdete Severo que é falsa a assertiva de que não há garantia de emprego ou de estabilidade no sistema jurídico brasileiro, tendo em vista o disposto no art. 7º, I, da Constituição (SEVERO, Valdete Souto. O Dever de Motivar o Ato de Denúncia do Contrato de Trabalho: condição de possibilidade da verdadeira negociação coletiva. In: THOME, Candy Florêncio; SCHWARZ, Rodrigo Garcia (Org.). *Direito Coletivo do Trabalho*: curso de revisão e atualização. Rio de Janeiro: Elsevier, 2010, p. 241).

é demasiadamente frágil para enfrentar o réu, muito mais experiente, poderoso e rico.[666]

Esta análise, como dito, não pode deixar de ter início a partir das funções, dos objetivos e dos valores estabelecidos ao Estado brasileiro, consagrados no texto constitucional. Dispõe a Constituição Federal que o Estado brasileiro tem como objetivo assegurar o exercício dos direitos sociais e individuais, tendo como valores supremos a igualdade e a justiça. Em seu artigo 1º, estabelece, como seus fundamentos, a dignidade da pessoa humana e os valores sociais do trabalho, tendo como objetivos, a construção de uma sociedade livre, justa e solidária, a garantia do desenvolvimento nacional, bem como a busca da erradicação da pobreza e da marginalização e a redução das desigualdades sociais e regionais (art. 3º da CF).

A partir dessas diretrizes estabelecidas ao Estado Brasileiro, temos que buscar analisar qual o papel do Ministério Público neste contexto. Desde já podemos afirmar que o Ministério Público não está à margem dessas funções destinadas ao Estado, pois cumpre também a ele buscar a efetiva concretização desses valores, desses objetivos e desses princípios fundamentais expressos na Constituição, conforme resta evidente pela leitura do art. 127 da Constituição: "O Ministério Público é instituição permanente, essencial à função jurisdicional do Estado, incumbindo-lhe a defesa da ordem jurídica, do regime democrático e dos interesses sociais e *individuais indisponíveis*". (grifei)

Por sua vez, o art. 129, inciso III, da Constituição atribui que uma das funções constitucionais do MP é a defesa de outros interesses coletivos, sendo estes os interesses individuais homogêneos por assumirem uma feição coletiva. Coadunam desse entendimento Didier Jr. e Zaneti Jr.: *Denominam-se direitos coletivos "lato sensu" os direitos coletivos entendidos como gênero, dos quais são espécies: os direitos difusos, os direitos coletivos stricto sensu e os direitos individuais homogêneos.*[667]

Sustenta Schiavi que o art. 129, inciso III, da CF atribui legitimidade ao Ministério Público para promover a ação civil pública para proteção do patrimônio público e social, do meio ambiente e de outros interesses difusos e coletivos, sendo que outros interesses coletivos somente podem ser os individuais homogêneos. Argumenta, em suma, que quando há lesão individual homogênea há o interesse social que justifica a intervenção do MP.[668]

---

[666] GIDI, 2008, p. 225.
[667] DIDIER JÚNIOR; ZANETI JÚNIOR, 2009, v. 4, p. 73.
[668] SCHIAVI, 2009, p. 1040-1041.

Sem sombra de dúvidas, há o interesse social, que justifica a intervenção do MP, quando verificada lesão individual homogênea, cuja conclusão se pode extrair dos princípios norteadores da função institucional do Ministério Público, consagrados nos artigos 1º, 5º e 84, todos da Lei Complementar n. 75/93, correlacionados com os princípios e valores fundamentais trazidos na CF.

Portanto, a interpretação não pode ser restritiva, mas sim ampliativa, no sentido de ser sistemática, de acordo com os valores, as funções, os objetivos e os fundamentos traçados ao Estado brasileiro, em sintonia com as atribuições constitucionais dirigidas ao Ministério Público. Bezerra Leite sustenta que, de acordo com uma interpretação extensiva e sistemática dos artigos 129, incisos III e IX, e 127, ambos da CF, alargam-se o espectro da ação civil pública para a defesa dos interesses sociais, individuais indisponíveis e homogêneos.[669] Segundo Gidi, por muito tempo, as interpretações específicas sobre a matéria foram interpretações estreitas e retrógradas, sustentando que nos processos coletivos a norma requer uma interpretação aberta e flexível:

> Hoje, tem sabor de lugar comum dizer que as leis processuais coletivas devem sempre ser interpretadas de forma criativa, aberta e flexível, evitando-se aplicações extremamente técnicas, incompatíveis com a tutela coletiva dos direitos transindividuais e individuais homogêneos.[670]

No plano infraconstitucional, a conclusão que podemos chegar é idêntica, de acordo com o disposto no artigo 84 da Lei Complementar n. 75/93, ao dizer que incumbe ao Ministério Público do Trabalho exercer as funções contidas também no título I, capítulo II, da citada lei. Justamente no título I, capítulo II referido, precisamente nos artigos 6º a 8º, estão arrolados os instrumentos de atuação de todos os ramos do MP, inclusive do Ministério Público do Trabalho, dentre os quais, a ação civil pública, dispondo ser essa ação cabível para a defesa de outros interesses individuais indisponíveis, homogêneos e sociais.[671]

Há também dissenso quanto à legitimidade do Ministério Público do Trabalho, por ser o interesse individual homogêneo divisível e em regra disponível. No entanto, a disponibilidade não é uma característica própria das normas tutelares do Direito do Trabalho. Imperioso lembrar as peculiaridades do Direito do Trabalho, ressaltadas por Plá Rodriguez, de que as suas regras *têm, em geral, caráter imperativo e irrenunciável*, sendo quase todas as normas de ordem pública. Daí decorre a concepção de indisponibilidade e de irrenunciabilidade dos direitos por parte do tra-

---

[669] LEITE, 2005, p. 897.
[670] GIDI, 2008, p. 162-163.
[671] Cf. LEITE, op. cit., p. 898-899.

balhador, *porque não seria coerente que o ordenamento jurídico realizasse de maneira imperativa, pela disciplina legislativa e coletiva, a tutela do trabalhador, contratante necessitado e economicamente débil, e que depois deixasse seus direitos em seu próprio poder ou ao alcance de seus credores.*[672]

Conforme leciona Schiavi, o interesse individual homogêneo é uma subespécie de interesse transindividual, arrolado no art. 81 da Lei 8.078/90, tendo, portanto, feição coletiva.[673] Bezerra Leite sustenta que a ação civil pública visa proteger quaisquer interesses coletivos *lato sensu*. É concebida sob a perspectiva da função promocional do Estado contemporâneo, na defesa dos direitos sociais. A expressão "e de outros interesses difusos e coletivos", contida no art. 129, III, da CF, comporta interpretação extensiva, compreendendo também outros direitos socialmente relevantes, como podem ser os direitos individuais homogêneos.[674]

Outro argumento utilizado para afastar a legitimidade do MPT, para a defesa dos interesses individuais homogêneos, reside no fato de ser possível a ação individual para a busca deste direito. Todavia, este argumento não é científico, na medida em que as ações coletivas não têm a finalidade de substituírem as ações individuais, consoante se conclui pelas lições de Didier Jr. e Zaneti Jr.:

> O fato de ser possível determinar individualmente os lesados não altera a possibilidade e pertinência da ação coletiva. Permanece o traço distintivo: o tratamento molecular, nas ações coletivas, em relação à fragmentação da tutela (tratamento automatizado), nas ações individuais. É evidente a vantagem do tratamento uno, das pretensões em conjunto, para obtenção de um provimento genérico.[675]

Por óbvio, o direito poderá ser reivindicado individualmente pelo cidadão, mas isto não gera a impossibilidade de o mesmo direito ser buscado por intermédio da ação civil pública, que tem como finalidade, dentre tantas, a agilização da justiça, a economia processual, a efetividade e a razoável duração dos processos ocasionada pela diminuição das ações individuais perante o Judiciário.

Não se pode esquecer de que um dos maiores objetivos das ações coletivas na Justiça do Trabalho é facilitar o acesso do trabalhador à Justiça, evitando-lhe eventuais retaliações por parte do empregador. A ação coletiva é tida como uma garantia fundamental dos direitos individuais. Esse perfil leva em conta a proteção (prevenção) daqueles direitos, e não

---

[672] PLÁ RODRIGUEZ, Américo. *Princípios de direito do trabalho*. Tradução de Wagner D.Giglio e Edilson Alkmim Cunha. 3. ed. São Paulo: LTr, 2000, p. 145-150.
[673] SCHIAVI, 2009, p. 1040-1041.
[674] LEITE, 2005, p. 895.
[675] DIDIER JÚNIOR; ZANETI JÚNIOR, 2009, v. 4, p. 77.

apenas a reparação, cuja conclusão se extrai do disposto no art. 25, inciso IV, alínea "a", da Lei n. 8.625/93 – LONMP.[676]

Ressalte-se também que o art. 21 da Lei n. 7.345/85, que disciplina a ação civil pública, de incontroversa aplicação no Processo do Trabalho, manda aplicar o título III do Código de Defesa do Consumidor no que couber. A propósito, lembram Didier Jr. e Zaneti Jr. que o art. 1º do CDC o define como norma de ordem pública e interesse social, enfatizando a sua eficácia sobre as demais normas integradoras do sistema.[677] Dentre as normas do título III, está o art. 83, que justamente diz: para a defesa dos direitos e interesses protegidos por este Código, são admissíveis todas as espécies de ações capazes de propiciar sua adequada e efetiva tutela.[678] Sobre a referida norma, salienta Marinoni:

> A norma do art. 83 do CDC, portanto, ao falar de ações capazes de propiciar a tutela efetiva dos direitos, quer dizer que o autor tem o direito de propor uma ação estruturada com técnicas processuais capazes de permitir o efetivo encontro da tutela do direito material.[679]

Importante registrar que o Código de Defesa do Consumidor é plenamente aplicável às ações coletivas no âmbito da Justiça do Trabalho, pois conforme assevera Gidi:

> No sistema jurídico brasileiro é impossível comentar a LACP sem comentar também o CDC: trata-se de um sistema único, dividido em tutela de direitos transindividuais (difusos e coletivos) e individuais. Em verdade, um processo com o nome "ação civil pública" não existe. O que existe é uma ação com a natureza coletiva.[680]

Didier Jr. e Zaneti Jr. asseveram que o Código de Defesa do Consumidor se tornou um verdadeiro "Código Brasileiro de Processos Coletivos", um "ordenamento processual geral" para a tutela coletiva, sendo encarado como um microssistema processual para as ações coletivas.[681] Sustentam esses autores que de acordo com o princípio do microssistema, que dispõe a respeito da aplicação integrada das leis para a tutela coletiva, deverá prevalecer a interpretação sistemática, decorrente das regras do CDC e da LACP, tendo em vista que o CDC instituiu uma mudança legislativa no art. 21 da LACP, criando um microsistema autorrreferencial para a tutela coletiva no direito brasileiro, tendo o CPC função meramente residual.[682]

---

[676] LEITE, 2005, p. 900, 1047.
[677] DIDIER JÚNIOR; ZANETI JÚNIOR, 2009, v. 4, p. 48.
[678] LEITE, op. cit., p. 907.
[679] MARINONI, 2006, v. 1, p. 288.
[680] GIDI, 2008, p. 24.
[681] DIDIER JÚNIOR; ZANETI JÚNIOR, 2009, v. 4, p. 48.
[682] Ibid., p. 123-124.

O sistema integrado Constituição Federal, Lei Orgânica do Ministério Público, Lei da Ação Civil Pública e Código de Defesa do Consumidor consagram o acesso coletivo dos trabalhadores à Justiça do Trabalho, mostrando-se um dos mais eficazes sistemas capazes de propiciar a adequada e efetiva tutela, via ação civil pública, de qualquer direito metaindividual dos trabalhadores. Sendo assim, é o Ministério Público do Trabalho parte legítima para interpor ação civil pública (cuja ação não difere ontologicamente da ação civil coletiva) para defesa dos direitos individuais homogêneos dos trabalhadores.[683] Este foi o entendimento extraído na 1ª Jornada de direito material e processual na Justiça do Trabalho, promovida em conjunto pela ANAMATRA, TST e ENAMAT, realizada no ano de 2007, que redundou no Enunciado nº 75, abaixo transcrito:

> AÇÃO CIVIL PÚBLICA. INTERESSES INDIVIDUAIS HOMOGÊNEOS. LEGITIMAÇÃO DO MINISTÉRIO PÚBLICO. I – O Ministério Público do Trabalho detém legitimidade para defender direitos ou interesses individuais homogêneos, assim entendidos os decorrentes de origem comum, nos exatos termos do art. 81, inciso III, do CDC. II – Incidem na hipótese os arts. 127 e 129, inciso III, da Constituição Federal, pois a defesa de direitos individuais homogêneos, quando coletivamente demandada, se enquadra no campo dos interesses sociais previstos no art. 127 da Magna Carta, constituindo os direitos individuais homogêneos em espécie de direitos coletivos *lato sensu*.

Portanto, os direitos transindividuais e individuais homogêneos exigem a reestruturação dos antigos conceitos de legitimidade, ligados ao processo civil clássico, concebidos para solucionar notadamente os conflitos individuais.[684]

3. A tutela jurisdicional para concretização dos deveres de pagar quantia

O direito processual vigente prescreve os mecanismos oferecidos ao Estado, no exercício do monopólio da jurisdição, e ao credor – depois do Estado o segundo maior interessado em que o crédito devido seja recebido, para se buscar a efetividade na prestação jurisdicional, no que tange ao cumprimento das obrigações de pagar quantia. Segundo Taruffo, *a tutela jurisdicional deve compreender também uma eficaz tutela executiva*, complementando que:

---
[683] LEITE, 2005, p. 900-901.
[684] Cf. MARINONI, 2004, p. 100.

> É fora de dúvida que o sistema dos remédios executivos, devendo ser adequado, deve também ser completo, ou seja, deve assegurar sempre uma tutela executiva eficaz.[685]

Inicialmente, antes de iniciada a execução, o capítulo X – Do cumprimento da sentença – do título VIII, que trata do procedimento ordinário do CPC, estabelece, especialmente em seu artigo 475-J, uma multa punitiva em favor do credor na hipótese de a dívida não vir a ser paga pelo devedor. Posteriormente, o Título II do Livro II do CPC trata das diversas espécies de execução, dispondo no capítulo IV acerca da execução por quantia certa contra devedor solvente. O artigo 646 do CPC preconiza que a satisfação do direito do credor se dará por expropriação de bens do devedor, consistente na adjudicação, na alienação em hasta pública ou por iniciativa particular e no usufruto (art. 647 do CPC).

A sistemática adotada pelo Processo do Trabalho não é diversa, estabelecendo o art. 883 da CLT que a condenação será satisfeita mediante a penhora de bens do executado, na hipótese de a dívida não ser paga espontaneamente. Essa é a técnica processual oferecida pelo Direito Processual brasileiro para tutela das obrigações de pagar quantia, consistente basicamente na expropriação de bens do devedor (art. 475-I do CPC). Para início do exame proposto, relativamente à técnica executiva estabelecida pelo legislador, serve de alerta a observação feita por Marinoni

> Na verdade, a execução por expropriação, na Justiça do Trabalho, é um verdadeiro entrave não só à promessa constitucional de duração razoável do processo, como também à própria tutela do direito ao sustento do trabalhador. Tal procedimento somente serve para incentivar os que têm dinheiro a não pagar pontualmente.[686]

No exame do direito comparado,[687] por exemplo, nos ordenamentos que se baseiam na *common law*, refere Taruffo:

> o *contempt of Court*[688] tem mostrado uma notável versatilidade, que acabou por incrementar ulteriormente a sua eficácia. Por um lado, de fato, este às vezes é empregado também como meio coercitivo para execução de prestações pecuniárias, configurando-se, assim,

---

[685] TARUFFO, 1990, p. 78.

[686] MARINONI, 2004, p. 416.

[687] Lembra Taruffo que o sistema germânico também busca *a solução dos problemas dos instrumentos executivos à individuação das situações substanciais carecedoras de tutela* (TARUFFO, 1990, p. 78). Todavia, no sistema alemão, o valor obtido em razão da pena pecuniária reverte em benefício do Estado e não do credor, como ocorre no sistema francês RIBEIRO, Darci Guimarães. A Concretização da Tutela Específica no Direito Comparado. In: TESHEINER, José; PORTO, Sérgio Gilberto; MILHORANZA, Mariângela Guerreiro (Coord.). *Instrumentos de Coerção e Outros Temas de Direito Processual Civil*. Rio de Janeiro: Forense, 2007, p. 146.

[688] Trata-se de uma medida coercitiva destinada a gerar o cumprimento da obrigação, configurando-se como um remédio *viri, viável e versátil, idôneo para assegurar de uma maneira eficaz a execução dos pronunciamentos do juiz*. Cf. TARUFFO, op. cit., p. 77.

como um remédio que tem tendência de se generalizar, idôneo para evitar os "custos" e os "tempos" da execução por expropriação.[689]

Resta saber se outras técnicas poderão ser utilizadas, sobretudo em razão de o Estado Constitucional vigente consagrar, como direito fundamental do cidadão, uma tutela jurisdicional justa, adequada, efetiva e tempestiva.[690] Segundo Taruffo, a discussão gira em torno da *capacidade dos instrumentos jurisdicionais para assegurar uma tutela eficaz dos direitos, não limitada, evidentemente, à sua mera afirmação por parte do Juiz.*[691]

Respondendo a essa indagação, entendemos que o sistema jurídico permite e exige a utilização de outras técnicas para que sejam cumpridas as decisões que impõem o cumprimento da obrigação de pagar quantia, sempre que a sistemática específica oferecida pelo legislador não se mostrar como a mais adequada para a efetivação da decisão judicial, pois, conforme já visto, cabe ao juiz aplicar a técnica processual adequada para efetivar a tutela concedida.

Nesse sentido, compartilhamos da lição trazida por Mitidiero, ao sustentar que:

> Entrementes, temos que há possibilidade de alterar-se a maneira de cumprir essas sentenças não-auto-suficientes, sempre que a proposta do legislador infraconstitucional não se mostrar como a mais adequada para tutela do caso concreto. O esteio para tanto estaria na norma que ressai do art. 475-N, I, CPC, lida na perspectiva do art. 5º, XXXV, CRFB e dos arts. 461, § 5º 461-A, § 3º e 475-J, CPC.[692]

Claro que a perspectiva traçada acima deve ser devidamente compreendida a partir de algumas premissas tidas como presentes em um Estado Constitucional. A primeira e mais importante das premissas é perceber que o Estado tem o dever de prestar tutela jurisdicional justa, adequada, efetiva e tempestiva, cujo direito é sabidamente reconhecido como um direito fundamental, sob o ponto de vista formal e material, em nosso sistema jurídico constitucional (art. 5º, incisos XXXV e LXXVIII, da CF). O direito de "ação" processual deve ser compreendido como uma ação adequada para tutelar o caso concreto, com a satisfação do direito material.[693] O Direito do Consumidor já trabalha nesta perspectiva, restando expresso no Código de Defesa do Consumidor, em seu artigo 83, que *para a defesa dos direitos e interesses protegidos por este código, são admissíveis todas as*

---

[689] TARUFFO, op. cit., p. 77.

[690] Lembra Darci Ribeiro que o surgimento do Estado Democrático de Direito em muitos países fez com que a realização da tutela específica assumisse novos contornos, sendo criadas diversas técnicas com objetivo de forçar o devedor a cumprir a sua obrigação (RIBEIRO, op. cit., p. 128).

[691] TARUFFO, op. cit., p. 73.

[692] MITIDIERO, 2007, p. 82.

[693] Cf. assevera Mitidiero, ao sustentar que a "ação" processual é atípica (Ibid., p. 79).

espécies de ações capazes de propiciar sua adequada e efetiva tutela. Nesse contexto, a multa poderá se mostrar adequada e necessária para a realização da efetividade da tutela jurisdicional, assegurando-se um prazo razoável para tramitação do processo.[694]

Nos sistemas da *common law*, conforme Taruffo, há a tendência de se configurar *a multa pelo contempt também como sanção pecuniária, ligada a uma quantia preestabelecida por dia de atraso na execução, em evidente analogia às astreintes do Direito francês*. A multa reveste-se tanto de uma função coercitiva, como também de uma função punitiva, podendo, também, ter uma função *compensatória*, quando considerado que *as somas pagas a título de "contempt" devam servir, também, a ressarcir o dano do inadimplemento ou do atraso*.[695]

Ao abordar a técnica das *astreintes* no sistema francês, ressalta Taruffo a significativa amplitude em seu uso, para além das obrigações de fazer e de não fazer:

> Trata-se essencialmente do fato de que, sendo este instituto uma medida coercitiva particularmente eficaz, desenhou-se que uma nítida tendência "à sua generalização", ou seja, a que o seu emprego tivesse lugar todas as vezes que se tratar de assegurar a atuação coativa de uma obrigação consagrada num pronunciamento judicial. Isto implica que se supere a originária ligação entre as *astreintes* e as obrigações de fazer ou de não fazer infungíveis, e a extensão do instituto a qualquer tipo de obrigação.[696]

Assim, quando a execução por expropriação de bens não se mostrar adequada, por não vir a atingir o fim pretendido em um prazo razoável, poderá o juiz se valer da multa coercitiva como instrumento hábil e capaz de satisfazer o crédito reconhecido, muito embora se reconheça que a utilização dessa técnica processual exija uma argumentação jurídica consistente, amparada essencialmente nos postulados da razoabilidade e da proporcionalidade.[697]

No entanto, mostra-se importante desde já deixar claro que, como a multa não tem como escopo majorar o valor da dívida, ela terá sempre caráter provisório, não fazendo coisa julgada material, podendo ser modificado seu valor ou a sua periodicidade, caso verificado que se tornou insuficiente ou excessiva. Em virtude dessas suas características, a multa poderá ser determinada de ofício, justamente com base no artigo 5º, inci-

---

[694] As *astreintes* surgiram inicialmente na França, por criação jurisprudencial, nos primeiros anos do século XIX, no âmbito das obrigações de fazer e não fazer (TARUFFO, 1990, p. 83). Em 1972 foram inseridas no ordenamento francês (RIBEIRO, 2007, p. 131).

[695] TARUFFO, 1990, p. 78.

[696] Ibid., p. 84.

[697] O exame proposto, com base nos postulados da proporcionalidade e da razoabilidade, será desenvolvido no item seguinte, notadamente quando da antecipação dos efeitos da tutela.

so XXXV, da Constituição Federal.[698] O artigo 461, §4º, do CPC, apesar de tratar do cumprimento das obrigações de fazer ou não fazer, deve também ser utilizado como fundamento para concessão da multa de ofício, porquanto o legislador foi expresso ao trazer esta faculdade ao juiz, a despeito de não ser mera faculdade, mas sim dever do juiz prestar a tutela jurisdicional efetiva, conforme já examinamos.

3.1. A multa coercitiva do art. 461, § 4º, do CPC, e sua aplicação na hipótese de antecipação de tutela

As formas tradicionais de execução por quantia certa, previstas tanto no Código de Processo Civil, como também na Consolidação das Leis do Trabalho, basicamente através da expropriação de bens do devedor, vêm sistematicamente colidindo com o direito fundamental à tutela jurisdicional efetiva e com o direito fundamental da prestação jurisdicional em um prazo razoável, por diversas razões. Principalmente por não disporem de mecanismos eficazes de coerção, estimulando o prolongamento demasiado e completamente desnecessário do processo, atendendo com isso ao interesse exclusivo do devedor e frustrando a expectativa do credor.

Do mesmo modo, a técnica processual adotada para o cumprimento das decisões que concedem antecipação de tutela, com vistas ao pagamento de parcelas salariais, também se mostra insatisfatória, inadequada e extremamente morosa. Justamente nestas circunstâncias é que o Estado deveria dar uma resposta ainda mais rápida e eficaz, pois estão presentes os requisitos exigidos na lei para a antecipação da tutela, sendo apropriada a referência de Teori Zavascki:

> A execução imediata das providências antecipatórias, mediante ordens ou mandados a serem cumpridos na própria ação de conhecimento, é a que melhor se adapta às hipóteses de que trata o inciso I, do art. 273 do Código de Processo Civil, nas quais a urgência tem especial realce em face de ser iminente a ocorrência de dano irreparável ao direito. Não teria sentido algum deferir antecipação da tutela para evitar dano iminente e, ao mesmo tempo, submeter o cumprimento da medida a outra ação autônoma, com novos prazos, sujeita a embargos suspensivos. Isso seria incompatível com a própria razão de ser da antecipação.[699]

Todavia, apesar da crítica formulada, entende Zavascki que, *no processo civil*, a ação de execução provisória por quantia certa é o caminho a ser adotado para se buscar o cumprimento de antecipação de tutela para o pagamento de quantia certa, nos termos dispostos pelo art. 646 do CPC, a despeito de reconhecer que os atos de expropriação são *extrema-*

---

[698] As *astreintes* podem ser decretadas *ex officio* no sistema francês (RIBEIRO, 2007, p. 131).

[699] ZAVASCKI, Teori Albino. *Antecipação da Tutela*. 4. ed. São Paulo: Saraiva, 2005, p. 96.

mente burocratizados. (grifei)[700] Admite, todavia, Zavascki, o cumprimento imediato da medida antecipatória na própria ação de conhecimento no que tange à prestação de fazer ou não fazer e também para entrega de coisa.[701]

Infelizmente, a Lei n. 11.232/05, ao acrescentar, dentre outros, o art. 475-I ao Código de Processo Civil, também não veio a trazer melhores soluções para a execução, como lembram Jaqueline Mielke e Tadeu Xavier:

> O novel diploma legal, mantém a separação entre cognição e execução. As ações condenatórias para pagamento de quantia certa e, consequentemente, a execução das mesmas continuarão existindo em nosso sistema, o que significa um verdadeiro retrocesso, já que há dados mais do que evidentes de que o processo de execução está em crise. Trata-se de um procedimento absolutamente moroso, sem a necessária coerção para o adimplemento da respectiva prestação. Na verdade, o que muda com a nova lei, são apenas aspectos procedimentais, que não alteram em nada a estrutura do processo. Adotamos algo semelhante ao que já existe nas execuções trabalhistas, que em nada alterou a duração do processo na Justiça do Trabalho.[702]

No que tange ao Processo do Trabalho não há óbice algum que o cumprimento da antecipação de tutela seja buscado imediatamente, sem a observância das formalidades do processo civil de execução, conforme sustenta Estevão Mallet.[703] Aliás, sendo este caminho mais célere e eficaz, obviamente mostra-se correto, pois em sintonia com os direitos fundamentais da efetividade na prestação jurisdicional e da duração razoável do processo.[704] Desse modo, não há necessidade de citação do demandado, nem mesmo da realização da penhora para subsequente expropriação, por exemplo, com vistas ao cumprimento da medida.[705]

Então, a partir do reconhecimento de grande parte da doutrina de que é dever do Estado prestar jurisdição de maneira efetiva e tempestiva, em cumprimento ao mandamento constitucional que consagra esses direitos fundamentais, cujos direitos gozam inclusive da presunção de imediata aplicabilidade, esta mesma doutrina debate em quais hipóteses o juiz poderá se valer da multa coercitiva como instrumento para concretização das obrigações de pagar. Questiona-se se a multa sempre poderá ser manejada, como regra geral, ou apenas em situações extraordinárias.

---

[700] ZAVASCKI, 2005, p. 97-98.

[701] Ibid., p. 97.

[702] SILVA, Jaqueline Mielke; XAVIER, José Tadeu Neves. *Reforma do Processo Civil*. Porto Alegre: Verbo Jurídico, 2006, p. 89.

[703] MALLET, Estêvão. *Antecipação da Tutela no Processo do Trabalho*. 2. ed. São Paulo: LTr, 1999. p. 127.

[704] Ibid., p. 126.

[705] Ibid., p. 127.

Aliás, a bem da verdade, o debate não se restringe às duas situações aventadas acima, mas também se há possibilidade legal para utilização da multa processual nas obrigações de pagar.

Os defensores da primeira corrente entendem que a multa pode ser aplicada para se buscar a efetividade da decisão em um prazo razoável. Segundo esta corrente, os artigos 461, 461-A, ambos do CPC, e 84 do Código de Defesa do Consumidor já admitem a utilização da multa para se buscar o cumprimento da obrigação imposta. A lei dos juizados especiais civis – nº 9.099/95, art. 52, inciso V –, há muito tempo já autoriza a cominação de multa para entrega de coisa.[706] Segundo Marinoni, *se a multa já vem sendo utilizada, com enorme sucesso, para dar efetividade diante das obrigações de fazer, de não fazer e de entregar coisa, não há qualquer razão para a sua não utilização em caso de soma em dinheiro.*[707] Conclui que:

> O que se pretende com a multa, em resumo, é evitar que o sistema processual continue a ser utilizado para alimentar a injustiça. Ora, um sistema processual que estimula o inadimplemento do infrator em prejuízo do lesado viola os direitos fundamentais, aqui especificamente o direito de proteção de todo cidadão, e, assim, é flagrantemente inconstitucional. Não ver isso é continuar estimulando os infratores – e assim os danos –, os quais certamente prosseguirão entendendo que não é conveniente observar os direitos, pois é muito melhor ser executado.[708]

Marcelo Lima Guerra também defende a aplicação da multa com vistas ao cumprimento das obrigações de pagar quantia, com base na teoria dos direitos fundamentais, fundado ainda em uma interpretação conforme a Constituição. Sustenta que o *direito fundamental à tutela executiva confere ao juiz o poder-dever de adotar os meios executivos mais adequados à pronta e integral proteção do credor, ainda que não previstos expressamente em norma legal.*[709]

Para os defensores deste pensamento, o direito ao uso da multa visa concretizar um direito fundamental, que é o da efetividade da prestação jurisdicional em um prazo razoável.[710] Trata-se de um mecanismo de coerção importante para se buscar a concretização da tutela concedida, não tendo como objetivo conferir direito de crédito ou indenização, mas ape-

---

[706] MITIDIERO, 2007, p. 95-97.

[707] MARINONI, 2004, p. 625.

[708] Ibid., p. 628.

[709] GUERRA, Marcelo Lima. *Direitos Fundamentais e a Proteção do Credor na Execução Civil*. São Paulo: Revista dos Tribunais, 2003, p. 151.

[710] Lembra Bedaque que há técnicas previstas pelo legislador que não funcionam (BEDAQUE, José Roberto dos Santos. *Direito e Processo*: influência do direito material sobre o processo. 5. ed. São Paulo: Malheiros, 2009, p. 49).

nas assegurar a efetividade do processo para a realização do direito, haja vista que esse direito fundamental não pode ser negado.[711]

Em contrapartida, vários são os doutrinadores que entendem ser inviável o uso da multa nas obrigações de pagar em razão da falta de autorização legal, sustentando que a multa somente estaria autorizada para se buscar o cumprimento de obrigação de fazer ou não fazer (art. 461 do CPC). Dentre os argumentos utilizados, está o receio na ampliação dos poderes do juiz, bem como uma possível ilegalidade da medida em razão de o legislador não ter feito a escolha da multa como técnica coercitiva para o cumprimento das obrigações de pagar.[712] Os adeptos desta posição doutrinária defendem um sistema típico de formas processuais, cujo pensamento é alvo da crítica de Mitidiero:

> [...] o problema da execução forçada dos créditos seria um problema que tem de ser resolvido em abstrato tão somente pelo legislador infraconstitucional. Depende de lei, em suma. Ocorre que o Estado Constitucional repugna esse tipo de abordagem do tema.
> [...]
> Haja vista que o Estado tem um verdadeiro dever geral de proteção dos direitos fundamentais, é vedada a insuficiência de proteção desses direitos, sendo natural que se possibilite ao órgão jurisdicional o controle da adequação da proteção outorgada pelo legislador infraconstitucional a essa ou àquela situação material.[713]

Taruffo, abordando o sistema francês, também enfatiza que as *astreintes* não podem mais ser compreendidas exclusivamente como remédio executivo indireto típico de obrigações de fazer, estando este instituto definitivamente consolidado, sendo aplicável a todas as obrigações, inclusive às hipóteses de *condenação ao pagamento de uma soma em dinheiro*.[714] Conclui Taruffo acerca das *astreintes* que:

> É, hoje, isto sim, um instituto geral, aplicável a todos os casos e também concorrentemente a outras formas de execução e de preferência com relação a outros instrumentos de atuação dos pronunciamentos do Juiz.[715]

Compartilhamos da crítica exarada por Mitidiero, porquanto o dever de efetivar os direitos fundamentais e de concretizar a decisão judicial

---

[711] Conforme lembra João Calvão da Silva, o instituto do *contempt of Court*, por exemplo, procura assegurar respeito pela autoridade, *tão peculiar à sociedade inglesa, salvaguardando o poder judicial contra a resistência ou mal-querer do obrigado*. SILVA, 1997, p. 384.

[712] Eduardo Talamini e Guilherme Rizzo Amaral estão dentre aqueles que não admitem o uso das *astreintes* nas obrigações de pagar sem previsão específica em lei para tanto. Cf. AMARAL, Guilherme Rizzo. In: OLIVEIRA, Carlos Alberto Álvaro de (Coord.). *A Nova Execução*. Rio de Janeiro: Forense, 2006, p. 121-124. Cf. TALAMINI, Eduardo. *Tutela relativa aos deveres de fazer e de não fazer*. São Paulo: Revista dos Tribunais, 2001, p. 469.

[713] MITIDIERO, 2007, p. 99.

[714] TARUFFO, 1990, p. 85.

[715] TARUFFO, loc. cit.

não é exclusiva do legislador, sendo esta posição não apenas um mero discurso romântico, mas uma conclusão exarada do próprio texto constitucional, notadamente do art. 5º, incisos XXXV e LXXVIII, combinado com o § 1º do mesmo dispositivo. Enfatiza Marcelo Lima Guerra que o *reconhecimento do direito à tutela executiva significa que as opções do legislador não podem ser mais consideradas absolutas, nem para autorizar nem para vedar o uso de meios executivos*.[716]

Todavia, não estamos dentre aqueles que defendem a aplicação geral e irrestrita da multa nas execuções para entrega de quantia certa, tendo em vista que o sistema vigente estabelece uma regra geral para concretização dessas obrigações, que vem a ser a expropriação de bens, consoante já restou exposto. Essa opção feita pelo legislador deve ser respeitada, não significando dizer que em casos especiais o juiz não possa se valer de outra técnica processual, como a multa processual. Ademais, é importante a lembrança de Marinoni, de que não há previsão legal específica para a execução de tutela antecipatória de soma em dinheiro, o que não deve nos remeter, simplesmente e unicamente, à expropriação de bens:

> O fato de não existir previsão específica para a execução de tutela antecipatória de soma em dinheiro não pode significar que o legislador processual está dizendo aos operadores do direito que a sua execução deve se submeter à via expropriatória, própria à sentença condenatória. Essa interpretação retiraria qualquer utilidade à tutela antecipatória e constituiria grave afronta à idéia de que as normas processuais devem ser interpretadas à luz do direito material e dos direitos fundamentais, especialmente importando, no caso, o direito fundamental à efetividade da tutela jurisdicional.[717]

Sustenta Marcelo Lima Guerra:

> Não resta dúvida de que, na análise do uso de medidas coercitivas na tutela das obrigações de pagar quantia, a multa diária merece ser tratada em primeiro lugar. Isso porque se trata de medida coercitiva difundida, com as devidas peculiaridades, nos principais ordenamentos jurídicos contemporâneos.[718]

Os princípios da legalidade e da separação de poderes devem ser observados, muito embora devam ser compreendidos sob um prisma constitucional.[719] Não deverão implicar um engessamento no exame do caso em concreto, quando poderá ser utilizada a multa processual nas situações em que restar verificada a insuficiência do binômio condenação-execução forçada, o que deverá ser feito mediante um juízo de razoabilidade e de proporcionalidade.

---

[716] GUERRA, 2003, p. 151.
[717] MARINONI, 2004, p. 629-630.
[718] GUERRA, 2003, p. 153.
[719] ÁVILA, 2009, p. 171.

Isto é, se a técnica expropriatória não é satisfatória a ponto de ser eficiente para tutela da *res in iudicium deducta*, conforme enfatiza Mitidiero, é porque a previsão legal é inadequada para proteção daquele caso específico, devendo ser desconsiderada. [720]

Trazendo como exemplos o direito a alimentos e o direito ao salário, sustenta Bedaque que nesses casos os processos condenatórios e executivo, ou mesmo o denominado processo sincrético (fases condenatória e executiva), cuja tutela é eminentemente sancionatória, não conferem aos respectivos titulares a tutela adequada, pois o que eles necessitam é de uma tutela urgente, que tenha o condão de prevenir ou de impedir a continuidade da violação.[721]

Evidentemente que o afastamento inicial da técnica executiva expropriatória, mediante a utilização da multa coercitiva, deve ser amplamente motivado, sobretudo com base no postulado da proporcionalidade, a fim de que esta atitude não se reverta de traços arbitrários.

Inicialmente, é necessário deixar claro que, entre a técnica processual aplicável a um caso específico e a tutela jurisdicional pretendida, existe uma nítida relação de meio e fim.[722] Esta premissa é indispensável, pois o postulado da proporcionalidade pressupõe uma relação de causalidade entre o efeito de uma ação (meio) e a promoção de um estado de coisas (fim). Em síntese, o meio empregado deve levar ao fim.[723]

Reconhecida esta relação de causalidade, entre a técnica processual a ser empregada (meio) e a concretização da decisão judicial (fim), devem ser procedidos os três exames fundamentais do postulado da proporcionalidade: adequação, necessidade e proporcionalidade em sentido estrito.

Na análise da adequação, busca-se examinar se o meio oferecido pelo legislador, no caso a expropriação de bens, promoverá o fim – a efetividade, com o cumprimento da obrigação de pagar.[724] Se a medida utilizada não realizar a finalidade, esta medida se mostrará inadequada, porquanto somente poderá ser considerada adequada se o fim for efeti-

---

[720] MITIDIERO, 2007, p. 103.
[721] BEDAQUE, 2009, p. 50
[722] Cf. MITIDIERO, op. cit., p. 104.
[723] ÁVILA, 2009, p. 160.
[724] Segundo Gamonal, *a adequação significa que o legislador, ao estabelecer uma medida determinada, deve considerar que seja idônea, no sentido de que deve ser apta para o fim perseguido*. GAMONAL C., Sergio. *Cidadania na empresa e eficácia diagonal dos direitos fundamentais*. Tradução de Jorge Alberto Araújo. São Paulo: LTr, 2011, p. 565.

vamente realizado no caso concreto.[725] Esta exigência é consequência do princípio constitucional da prestação jurisdicional efetiva, pois um meio jamais poderá ser considerado adequado quando não vier a promover minimamente o fim a ser almejado.[726]

Para Bedaque, a análise do processo a partir do direito material possibilita adequar melhor o instrumento ao seu objeto. Confere mais eficácia à visão instrumentalista do processo, uma vez que procura adequar a ciência processual à realidade material que constitui seu objeto, permitindo verificar as vantagens e desvantagens de determinadas soluções propostas, com o fim de melhorar a efetividade do processo.[727]

Segundo Taruffo, muito comumente a conexão entre situações substanciais carentes de tutela e técnicas de atuação executiva se colocam essencialmente na base do princípio da adequação, segundo o qual, cada direito deve atuar através de um trâmite executivo mais idôneo e eficaz em função das específicas necessidades do caso concreto.[728]

Assim, se a expropriação promove o fim em um prazo razoável, não cabe ao juiz utilizar outra técnica processual, em respeito à vontade objetiva do legislador, que em abstrato trouxe a solução para os casos concretos. Todavia, se a conclusão é diversa, tem o juiz a possibilidade de utilizar a multa como técnica capaz de realizar o fim pretendido, a partir da demonstração que o meio legal proporcionado pelo legislador não é adequado para promoção do fim. Na hipótese de antecipação de tutela, o fim pretendido deve ser alcançado com urgência; isto é, de forma imediata, não havendo, nem mesmo, oportunidade e cabimento para se aguardar por um lapso razoável de tempo.[729] Lembre-se da lição básica do postulado da proporcionalidade, sintetizada por Humberto Ávila:

> O postulado da proporcionalidade exige que o Poder Legislativo e o Poder Executivo escolham, para a realização de seus fins, meios adequados, necessários e proporcionais. Um meio é adequado se promove o fim.[730]

Relativamente à antecipação de tutela, sustenta Mallet:

---

[725] Enfatiza Ávila que os princípios justamente estabelecem o dever de promover fins (ÁVILA, 2009, p. 163).

[726] Ávila enfatiza que o exame da adequação redundará na declaração de invalidade da medida adotada pelo Poder Público nos casos em que a incompatibilidade entre o meio e o fim for claramente manifesta. Isto é, deve ser afastado o meio escolhido pela autoridade se ele for manifestamente menos adequado que outro (Ibid., p. 170-171).

[727] BEDAQUE, 2009, p. 51.

[728] TARUFFO, 1990, p. 78.

[729] MARINONI, 2004, p. 633.

[730] ÁVILA, 2009, p. 159.

> Adotará o juízo as medidas mais adequadas para, com a brevidade possível e observadas as circunstâncias do caso concreto, efetivar o pagamento da quantia antecipadamente deferida, até porque, do contrário, as inevitáveis delongas do processo de execução tirariam toda eficácia da decisão prolatada em caráter de urgência. Poderá, em conseqüência, servir-se de quaisquer dos expedientes mencionados no item anterior, inclusive fixando multa diária em caso de não pagamento da quantia arbitrada, ou mesmo determinar a apreensão de valores encontrados em poder do demandado, repassando-os de imediato ao credor.[731]

Na verificação do requisito da necessidade, cuida-se em saber se, dentre os meios disponíveis para promoção do fim, não há outro meio menos restritivo dos direitos fundamentais afetados.[732] Deve ser analisado precipuamente se a multa mostra-se necessária para implementação do fim, que no caso em discussão vem a ser a entrega de quantia certa, sendo que, no cumprimento de uma antecipação de tutela, busca-se a entrega dessa quantia certa em caráter de urgência, de forma imediata. Se a efetivação da decisão judicial pode ser alcançada sem o uso da multa, esta técnica não se mostra adequada e necessária, tendo em vista a realização do fim por outro meio (no caso a expropriação de bens). No entanto, se o direito fundamental à tutela jurisdicional efetiva e tempestiva estiver em risco com os meios legais oferecidos pelo legislador, será necessária a utilização de outra técnica para que este direito fundamental do cidadão seja concretizado.

Por fim, resta investigar se as vantagens causadas pela promoção do fim são proporcionais às desvantagens causadas pela adoção do meio, ao se verificar a proporcionalidade em sentido estrito. Um meio é proporcional em sentido estrito se as vantagens que promove superam as desvantagens que provoca.[733] Com isso, em suma, busca-se identificar se o grau de importância da promoção do fim justifica o grau de restrição aos direitos fundamentais afetados. Somente será desproporcional a medida se a importância do fim não justificar a intensidade da restrição dos direitos fundamentais. Nesse sentido, é interessante a lição do professor da Universidade de Munique, Heinrich Scholler:

> No caso de um conflito entre objetivos constitucionais, há que proceder, no que diz com a relação entre meios e fins, a uma cuidadosa ponderação dos bens em pauta, devendo ser priorizada, na avaliação da medida restritiva, a posição jurídico-constitucional mais importante.[734]

---

[731] MALLET, 1999, p. 127.
[732] ÁVILA, op. cit., p. 161.
[733] Cf. ÁVILA, 2009, p. 173.
[734] SCHOLLER, 1999, p. 106.

Desse modo, muito embora se reconheça que se trata de um exame complexo, revestido de uma avaliação fortemente subjetiva,[735] a busca da entrega de quantia certa para concretização da prestação jurisdicional efetiva justifica a adoção deste meio, que apenas se mostrará desproporcional quando o mesmo fim possa ser alcançado mediante o uso da expropriação.[736]

Incide na hipótese justamente o postulado da proporcionalidade, na sua dimensão processual, com intuito de tutelar o direito fundamental à prestação jurisdicional adequada, tempestiva e efetiva. A propósito assevera Guerra Filho:

> Assim sendo, o princípio da proporcionalidade se consubstanciaria em uma garantia fundamental, ou seja, direito fundamental com uma dimensão processual, de tutela de outros direitos – e garantias – fundamentais, passível de se derivar da "cláusula do devido processo".[737]

Assim, mediante a utilização do postulado da proporcionalidade, é possível a utilização de técnica processual diversa daquela escolhida pelo legislador, quando esta for insuficiente, isto é, inadequada para promover o fim. Na lição de Mitidiero:

> Tem de demosntrar, na motivação da decisão, as razões pelas quais, naquela circunstância em específico: (a) mostra-se adequado ordenar sob pena de multa coercitiva (deve justificar por que esse meio leva à realização do fim, (b) oferece-se necessário ordenar sob pena de multa coercitiva (tem de justificar por que esse meio é imprescindível para a ótima realização do fim) e (c) releva-se proporcional ordenar sob pena de multa coercitiva (precisa apontar a razão pela qual o alcance do fim fundamenta uma maior restrição à defesa daquele que deve cumprir a ordem). Uma vez realizada essa valoração, e devidamente motivada, legitima-se o emprego da multa coercitiva para tutela das obrigações de pagar quantia.[738]

Com o intuito de se buscar a justiça no caso em concreto, o postulado da razoabilidade também se mostra um importante mecanismo para a concretização da decisão judicial mediante o uso da multa coercitiva.[739] Ressalta Humberto Ávila que:

> Mesmo nos atos gerais pode-se, em casos excepcionais e com base no postulado da razoabilidade, anular a regra geral por atentar ao dever de considerar minimamente as

---

[735] Como enfatiza Ávila (op. cit., p. 173).

[736] Segundo Ávila, o exame da proporcionalidade aplica-se sempre que houver uma medida concreta destinada a realizar uma finalidade. No exame da proporcionalidade em sentido estrito, sustenta que devem ser analisadas as possibilidades de a finalidade pública ser tão valorosa que justifique tamanha restrição (Ibid., p. 162-163).

[737] GUERRA FILHO, 2005, p. 267.

[738] MITIDIERO, 2007, p. 104-105.

[739] Conforme Calvão da Silva, esta sanção pecuniária tem como objetivo constranger e determinar que o devedor cumpra a sua obrigação (SILVA, 1997, p. 355).

condições pessoais daqueles atingidos. Na hipótese de atos individuais, em que devam ser consideradas as particularidades pessoais e as circunstâncias do caso concreto, o meio necessário será aquele no caso concreto.[740]

Lembra Bedaque que muitas vezes a maior ou menor complexidade do litítigo exige sejam tomadas providências diferentes, a fim de se obter o resultado do processo.[741] O postulado da razoabilidade impõe que sejam sopesadas as singularidades para a aplicação ou não da norma geral, na medida em que opera justamente na interpretação das regras gerais com o escopo de buscar a justiça no caso em concreto. Segundo Ávila, a razoabilidade exige a consideração do aspecto individual do caso nas hipóteses em que ele é sobremodo desconsiderado pela generalização legal. Para determinados casos, em virtude de determinadas especificidades, a norma geral não pode ser aplicável, por se tratar de caso anormal.[742] Se a regra que institui a técnica da expropriação não irá promover o fim pretendido, muito embora possa incidir no caso em exame, deve ser afastada em razão das especificidades da situação analisada.[743] E o fim pretendido, quando da concessão de uma antecipação de tutela, deve ser atendido com urgência, consoante se depreende da lição de Zavascki:

> Sendo assim, é direito de quem litiga em juízo obter do Estado a entrega da tutela em tempo e em condições adequadas a preservar, de modo efetivo, o bem da vida que lhe for devido, ou, se for o caso, obter dele medida de garantia de que tal tutela será efetivamente prestada no futuro. Sem essa qualificação, a da efetividade, a tutela jurisdicional estará comprometida e poderá ser inteiramente inútil. Em situações de risco, de perigo de dano, de comprometimento da efetividade da função jurisdicional, será indispensável, por isso, alguma espécie de providência imediata, tomada antes do esgotamento das vias ordinárias. Daí a razão pela qual se pode afirmar que a tutela destinada a prestar tais providências é tutela de urgência.[744]

No Processo do Trabalho, quando reiteradamente a antecipação de tutela para pagamento de quantia certa se refere ao adimplemento de parcelas salariais, de natureza alimentar, inadimplidas pelo empregador ou por um terceiro responsável solidariamente ou subsidiariamente, uma resposta imediata se impõe por parte do Estado, a fim de satisfazer esse direito, indispensável para a sobrevivência e manutenção das condições mínimas de dignidade do trabalhador e de sua família. Nessas circunstâncias, além do dever de efetividade por parte do Estado, está também em risco a própria dignidade[745] do ser humano trabalhador e de seus

---

[740] ÁVILA, 2009, p. 171-172.
[741] BEDAQUE, 2009, p. 69.
[742] ÁVILA, op. cit., p. 154.
[743] Ibid., p. 152-154.
[744] ZAVASCKI, 2005, p. 27-28.
[745] Princípio Fundamental do Estado Brasileiro, expresso no art. 1º, inciso III, da CF.

familiares; razão pela qual, impõe-se uma resposta imediata e eficiente pelo Judiciário, com vistas ao cumprimento da antecipação de tutela, cujo cumprimento urgente muitas vezes não é alcançado pela via expropriatória, tornado-se imperioso o uso da multa coercitiva, a fim de que seja alcançado o fim pretendido.

Afinal, se a tutela jurisdicional efetiva em um prazo razoável não será alcançada com a técnica processual da expropriação, a regra que prevê esta técnica deve ser afastada no caso em exame, em virtude das suas particularidades, por não vir a atingir o fim específico, devendo o juiz se valer da multa coercitiva para concretização desse direito fundamental. Enfatiza Bedaque que *a partir do momento em que se aceita a natureza instrumental do direito processual, torna-se imprescindível rever seus institutos fundamentais, a fim de adequá-los a essa nova visão.*[746] Com base no postulado da razoabilidade, afasta-se a regra que prescreve a expropriação, por ser geral e não específica, bem como por se mostrar inadequada ao caso concreto, e utiliza-se a técnica da multa coercitiva, prevista no art. 461, §§ 4º e 5º, do CPC, seguindo-se, mais uma vez, a lapidar lição de Humberto Ávila:

> Nem toda norma incidente é aplicável. É preciso diferenciar a aplicabilidade de uma regra da satisfação das condições previstas em sua hipótese. Uma regra não é aplicável somente porque as condições previstas em sua hipótese são satisfeitas. Uma regra é aplicável a um caso se, e somente se, suas condições são satisfeitas e sua aplicação não é excluída pela razão motivadora da própria regra ou pela existência de um princípio que institua uma razão contrária. Nessas hipóteses as condições de aplicação da regra são satisfeitas, mas a regra, mesmo assim não é aplicada.[747]

Portanto, na lição de Mitidiero, o direito fundamental à tutela jurisdicional implica o reconhecimento da existência de um direito à proteção jurisdicional adequada e tempestiva, explicitando do seguinte modo:

> Adequada, no sentido de que esteja atenta às necessidades do direito material posto em causa e à maneira como esse se apresenta em juízo (em suma, ao caso concreto levado ao processo); efetiva, no sentido de que consiga realizá-la específica e concretamente em tempo hábil. A adequação da tutela jurisdicional revela a necessidade da análise do caso concreto posto em causa para, a partir daí, estruturar-se um provimento adequado à situação levada a juízo. É lição antiga, ainda hoje repetida, que a igualdade material entre as pessoas, no processo civil, só pode ser alcançada na medida em que se possibilite uma tutela jurisdicional diferenciada aos litigantes, levando em conta justamente a natureza da controvérsia levada a juízo e suas contingências.[748]

Destarte, assim como é vedado o uso de razões exclusivamente arbitrárias, em respeito aos princípios constitucionais do Estado de Direi-

---

[746] BEDAQUE, 2009, p. 15.
[747] ÁVILA, 2009, p. 154-155.
[748] MITIDIERO, 2007, p. 92.

to e do devido processo legal, consagrados na Constituição Federal, nos artigos 1º e 5º, inciso LIV, respectivamente, é dever do Estado, no caso do Judiciário, afastar a regra geral no caso específico quando esta norma não se mostrar adequada, por não ser suficientemente apta a atingir o fim pretendido.

Sendo dever de todos os Poderes da República, especialmente do Poder Judiciário, dar efetividade às normas constitucionais, sobretudo no sentido de prestar a tutela jurisdicional efetiva, não pode o juiz se omitir de utilizar a técnica processual adequada e necessária para concretizar a tutela concedida (inclusive a tutela antecipada – de urgência[749]), podendo e devendo utilizar-se então da multa como instrumento necessário para a efetivação do direito.[750] A multa somente continuará não sendo utilizada para compelir ao cumprimento das obrigações de dar se continuarmos interpretando as normas processuais apenas sob o prisma das regras processuais existentes no sistema infraconstitucional, especialmente aquelas contidas no Código de Processo Civil, tendo em vista não haver regra processual específica a respeito, no que tange a essa espécie de obrigação.

Todavia, se o sistema processual for interpretado a partir do modelo constitucional vigente, como entendemos mais apropriado, não há razão para não ser aplicada a multa nas chamadas obrigações de pagar quando incidentes as hipóteses dos postulados da proporcionalidade e da razoabilidade. Conforme ensina Marinoni, *o juiz não pode se esquivar do seu dever de determinar o meio executivo adequado, cruzando os braços diante de omissão legislativa ou de falta de clareza da lei, como se o dever de prestar a tutela jurisdicional não fosse seu, mas estivesse na exclusiva dependência do legislador*.[751] Aliás, a legislação processual trabalhista, muito antes da edição da Constituição Federal de 1988, já traz expressamente no artigo 765 da CLT o poder-dever dos juízos e Tribunais velarem pelo andamento rápido das causas, tendo ampla liberdade na direção do processo e podendo determinar quaisquer diligências necessárias ao seu esclarecimento. No século passado, ao comentar o referido dispositivo, Russomano já sustentava, a despeito de frisar que o juiz não pode decidir *extra petita* ou *ultra petita*, que:

---

[749] Assevera Zavascki que *o conceito de urgência, que enseja a tutela provisória, deve ser entendido em sentido amplo, mais amplo que o sentido pelo qual é geralmente adotado. A urgência, no sentido que aqui se utiliza, está presente em qualquer situação fática de risco ou embaraço à efetividade da jurisdição* (ZAVASCKI, 2005, p. 28).

[750] *O processualista moderno está comprometido com resultados. Não mais se aceitam a indiferença e a neutralidade quanto aos objetivos* (BEDAQUE, 2009, p. 25).

[751] MARINONI, 2004, p. 235.

O juiz do século XX não pode continuar sendo julgado inerte e impotente, que só atua, dentro da ação, quando provocado pela parte; que silencia quando há silêncio e que só fala para ordenar o rito da demanda; que reflete as imagens, como os espelhos, mas que não as cria, nem as renova.[752]

O processo está vivendo mais uma das suas crises, talvez a mais séria de todas elas, porque precisa dar uma resposta eficiente com a prestação jurisdicional buscada pelo cidadão. Nesse sentido, certo está que as técnicas executivas colocadas à disposição pelo legislador infraconstitucional mostram-se, muitas vezes, insuficientes (isto é, inadequadas) para o fim pretendido, que é a efetividade em um prazo razoável. Conclui Bedaque que:

> A partir do momento em que tivermos normas processuais adequadas à realidade substancial e interpretadas em consonância com sua natureza instrumental, certamente estaremos muito perto do objetivo tão almejado pela ciência processual: efetividade da tutela jurisdicional.[753]

Assim, é dever do juiz, valendo-se da Constituição, e não apenas da legislação infraconstitucional, buscar uma técnica mais efetiva para o caso concreto, mediante a adoção de critérios objetivos, para se evitar o arbítrio, cujos critérios estão amplamente consagrados e determinados pelos postulados da proporcionalidade e da razoabilidade. Nesse contexto, a multa coercitiva vem a ser instrumento para a realização dos dois basilares direitos fundamentais do Estado Constitucional brasileiro, expressos atualmente nos incisos XXXV e LXXVIII, do artigo 5º da Constituição, consistentes na prestação jurisdicional efetiva e na duração razoável do processo.[754]

3.2. A multa instituída pelo art. 475-J do CPC, e sua aplicação no Processo do Trabalho

Mesmo já existindo o poder-dever de imposição de multa para compelir o réu ao cumprimento de obrigação de pagar, obviamente nas hipóteses em que esta técnica for necessária para a prestação da tutela jurisdicional efetiva, sobreveio a Lei nº 11.232/05, que acrescentou o artigo 475-J ao Código de Processo Civil, passando a dispor que:

> Caso o devedor, condenado ao pagamento de quantia certa ou já fixada em liquidação, não o efetue no prazo de quinze dias, o montante da condenação será acrescido de multa no percentual de dez por cento e, a requerimento do credor e observado o disposto no art. 614, inciso II, desta Lei, expedir-se-á mandado de penhora e avaliação.

---

[752] RUSSOMANO, 1963, p. 1310.
[753] BEDAQUE, 2009, p. 83.
[754] Cf. João Calvão da Silva (SILVA, 1997, p. 355).

Esta multa não possui caráter coercitivo, não cabendo a sua utilização como *meio executivo para constranger o demandado a cumprir a obrigação*. Por essa razão, a multa prevista no art. 475-J do CPC possui natureza jurídica distinta da multa para cumprimento de tutela específica, prevista no art. 461, §4°, do CPC, possuindo natureza punitiva, pois não têm como escopo *fazer cumprir* uma obrigação, mas sim *punir pelo descumprimento*.[755] Portanto, com a edição da Lei n° 11.232/05, a imposição de multa, na hipótese de inadimplemento da condenação líquida, tornou-se uma sanção natural a partir do inadimplemento dessa obrigação.[756]

Apesar da clareza do texto legal e da sua total sintonia com os ditames constitucionais, sempre que surge uma nova regra na legislação processual civil, normalmente no Código de Processo Civil, surge também a discussão a respeito da sua aplicabilidade no Processo do Trabalho. E com razão, na medida em que existem pressupostos próprios para aplicação supletiva do Direito Processual Comum ao Direito Processual do Trabalho, contidos na Constituição Federal e também na legislação infraconstitucional (arts. 769 e 889, ambos da CLT).[757]

Feitas estas considerações iniciais, passamos a analisar a aplicabilidade do artigo 475-J do Código de Processo Civil no Processo do Trabalho. Para isto, conforme já enfatizado anteriormente, não poderemos apenas fazer a análise da sua compatibilidade sob o prisma do artigo 769 da CLT, porquanto o centro deste exame é o modelo constitucional processual vigente, sobretudo a partir da Constituição Federal de 1988.

Defende Bedaque que *a técnica deve servir de meio para que o processo atinja seu resultado*.[758] Desse modo, o sistema processual deve ser interpretado de acordo com a Constituição Federal, especialmente com o direito fundamental à tutela jurisdicional efetiva e com o direito fundamental à razoável duração do processo. Estes dois direitos fundamentais é que são os pontos centrais para análise da aplicação subsidiária do processo comum ao processo do trabalho, pois o modelo constitucional vigente, sobretudo os direitos fundamentais, devem ser respeitados e efetivados, servindo de alicerce para a prestação jurisdicional efetiva. Nesse sentido, vem a ser erro crasso estabelecer a análise dessa aplicação supletiva unicamente com o estudo do artigo 769 da CLT, pois estaremos ignorando o

---

[755] As *astreintes*, por exemplo, possuem natureza jurídica de multa pecuniária, no sistema francês, cf. assevera Darci Ribeiro (2007, p. 134).

[756] MARINONI, Luiz Guilherme; ARENHART, Sérgio Cruz. *Curso de Processo Civil*. 2. ed. São Paulo: Revista dos Tribunais, 2008. v. 3, p. 241.

[757] Remetemos o leitor para o capítulo 1 – Parte II, onde são examinados tais requisitos com maior profundidade.

[758] BEDAQUE, 2009, p. 58.

modelo constitucional e até mesmo os direitos fundamentais amplamente citados.

É primeiramente a partir do direito fundamental à tutela jurisdicional efetiva e do direito fundamental à razoável duração do processo que deve ser estudada a aplicação supletiva de uma norma processual comum no processo do trabalho. Caso contrário, estaremos colocando a regra processual trabalhista contida no art. 769 da CLT acima dos direitos fundamentais consagrados na Constituição Federal, configurando-se erro grosseiro de interpretação, pois esta prevalência somente existirá na hipótese de a norma infraconstitucional ser mais benéfica ao trabalhador, conforme reza o basilar princípio da proteção e a melhor doutrina, na hipótese do conflito entre fontes formais do Direito do Trabalho.

O juiz é obrigado a interpretar as normas de acordo com a Constituição Federal, ou melhor, de acordo com os direitos fundamentais, estando os princípios da tutela jurisdicional efetiva e da razoável duração do processo dirigidos ao juiz, por ser seu dever prestar a jurisdição de forma célere e efetiva. Por conseguinte, é a partir desses direitos fundamentais que deve ser feita a análise da aplicação supletiva do artigo 475-J do CPC no Processo do Trabalho para, somente após, ser feito um segundo exame, aí sim, sob a tônica do artigo 769 da CLT.

Dessa maneira, com base nesses princípios e com o dever de se dar a máxima efetividade possível às normas constitucionais, respeitando e concretizando os direitos fundamentais, não restam dúvidas de que devem ser utilizados todos os instrumentos legais, inclusive mediante o uso da técnica processual adequada e necessária, para o alcance da tutela jurisdicional efetiva.[759]

Por último, deve ser analisada a aplicação subsidiária do artigo 475-J do CPC no Processo do Trabalho sob a ótica do artigo 769 da CLT. Dois são os questionamentos que devem ser feitos. Primeiro, se a legislação processual trabalhista é omissa a respeito da matéria. E segundo, se a norma constante no artigo 475-J do CPC é incompatível com as normas processuais trabalhistas.

Iniciaremos respondendo o segundo questionamento, por ser de bem mais simples verificação. Mais uma vez frisamos que esta incompatibilidade deve ser analisada sob um prisma constitucional, o que nos leva a crer que não há nenhuma incompatibilidade com as normas processuais a respeito, haja vista que o Processo do Trabalho busca justamente servir de instrumento para a concessão da tutela material pretendida: o bem da vida. Aliás, este é o sentido do Direito Processual, e não apenas do Direito

---

[759] Mais uma vez lembramos que os argumentos utilizados no item 1 – Parte II deste estudo não serão repetidos, para se evitar a tautologia.

Processual do Trabalho, devendo servir de instrumento, de mecanismo para a concretização da tutela material, sendo este também o espírito da norma contida no artigo 765 da CLT, ao apregoar a solução rápida e efetiva da causa.

Finalmente cabe verificar se há omissão na legislação processual trabalhista a respeito da matéria contida no artigo 475-J do CPC. Parte da doutrina tem sustentado que a legislação processual trabalhista não é omissa acerca da matéria, não havendo espaço para aplicação supletiva do CPC porque a CLT não é omissa quanto ao procedimento para a execução por quantia certa, disposto em seu capítulo V.[760]

Respeitados os posicionamentos diversos, ousamos discordar por vários motivos. Inicialmente porque, sendo agora até mesmo redundante, é necessário enfatizar que a análise deve ser feita sob um prisma constitucional, já sendo suficiente para a aplicação supletiva discutida a utilização, como fundamento jurídico, dos direitos fundamentais da tutela jurisdicional efetiva e da duração razoável do processo. Mas não apenas por isto. O enfoque a respeito da análise da omissão, ao nosso entender, está equivocado por aqueles que defendem inexistir a omissão autorizadora da aplicação subsidiária da norma em apreço. [761]

O art. 475-J do CPC não foi instituído no sistema processual comum para dispor acerca do procedimento a ser utilizado na execução por quantia certa, pois estas regras já existiam e continuam existindo no Código de Processo Civil. O artigo 475-J do CPC foi trazido para o sistema processual por outra razão, pois nem mesmo tem atuação na fase de execução do processo, conforme já enfatizamos. Esta fase se inicia posteriormente, com os atos de penhora e avaliação de bens.

Na verdade esta regra foi concebida para buscar maior dignidade da justiça, para se alcançar a prestação jurisdicional efetiva, para que seja cumprida espontaneamente a decisão judicial, com o pagamento voluntário da obrigação objeto da condenação. Logo, há efetivamente omissão a respeito da matéria na legislação processual trabalhista, permitindo-se a aplicação subsidiária do CPC. Somente não haveria esta omissão se a legislação trabalhista possuísse uma regra dispondo sobre outra espécie de multa para o caso de descumprimento voluntário da condenação líquida. E, efetivamente, tal regra não existe.

Assim, a omissão deve ser analisada sob a ótica da multa imposta, da sanção trazida pelo legislador. Senão, não poderíamos falar no cabimento do recurso adesivo no Processo do Trabalho, tendo em vista que a CLT

---

[760] Cf. SCHIAVI, 2009, p. 853-855.

[761] Remetemos novamente o leitor para o item 4, no qual este exame já é feito de forma genérica, com respeito ao exame da omissão referida no art. 769 da CLT.

não é omissa acerca da matéria, pois estabelece taxativamente, no art. 893, quais os recursos cabíveis no Processo do Trabalho. Aliás, a Súmula, atualmente cancelada, n° 175 do TST, justamente dizia que tal recurso era incompatível com o Processo do Trabalho. Esse entendimento foi posteriormente modificado, dando origem à outra Súmula do próprio TST, de n° 283, que dispõe o contrário, entendendo-se que o recurso adesivo é compatível com o Processo do Trabalho. Note-se que não há como se sustentar que a CLT é omissa acerca desta matéria, pois possui um capítulo próprio (Capítulo VI), no qual estabelece o regramento de maneira minuciosa sobre este instituto, em mais de dez artigos. Se o raciocínio fosse distorcido, nem mesmo poderíamos falar na aplicação da multa prevista no artigo 538, parágrafo único, do CPC, por oposição de embargos declaratórios procrastinatórios, porque a CLT possui regra própria a respeito dos embargos declaratórios (art. 897-A) e não assinala nenhuma espécie de multa nessas circunstâncias.

Enfim, a multa prevista no artigo 475-J do CPC é aplicável ao Processo do Trabalho, em virtude do que dispõem os direitos fundamentais consagrados nos incisos XXXV e LXXVIII do artigo 5° da Constituição Federal e também em razão da omissão da CLT acerca da matéria, nos termos autorizados e determinados pelo artigo 769 da CLT, pois perfeitamente compatível e adequada com os fundamentos e objetivos traçados ao direito processual.

O Direito do Trabalho necessita de mecanismos efetivamente eficientes para que o trabalhador tenha seus direitos respeitados e tutelados, o que, sem dúvida alguma, somente poderá ser alcançado com a utilização de um instrumento hábil e eficaz, mediante uma interpretação constitucional e contemporânea do Processo do Trabalho.[762]

Bedaque ressalta com extrema propriedade que *as preocupações dos processualistas não podem limitar-se ao campo puramente processual.*[763] Assim, se o Processo do Trabalho não for pensado no contexto do Direito do Trabalho que instrumentaliza, acabará recaindo nos erros do processualismo – quando o processo era estudado de forma excessivamente técnica e abstrata, sem qualquer comprometimento com o direito material que tem o dever de concretizar.

O que se busca, ao fim e ao cabo, é a efetivação de um dos fundamentos do nosso Estado Democrático de Direito, consagrado no artigo 1°

---

[762] Nesse contexto, lembra Valdete Severo que *a necessidade de conferir tutela diferenciada aos direitos sociais passa, justamente, pelo resgate da função social garantidora do direito do trabalho, como instrumento a impedir a coisificação do homem, consolidando sua dignidade e seu papel de centro justificador de toda a organização política e econômica.* SEVERO, Valdete Souto. *Crise de Paradigma no Direito do Trabalho Moderno: a jornada.* Porto Alegre: Sergio Antonio Fabris, 2009, p. 48.

[763] Cf. BEDAQUE, 2009, p. 72.

da Constituição Federal, que vem a ser a dignidade da pessoa humana. Esse princípio fundamental estará sendo inobservado se não conferirmos uma prestação jurisdicional justa, digna e efetiva. Portanto, também por estas razões é que devemos utilizar a regra constante no artigo 475-J do CPC no Processo do Trabalho.[764]

---

[764] Schiavi também defende a aplicação do art. 475-J no Processo do Trabalho, em razão da sua compatibilidade com os princípios que regem a execução trabalhista (SCHIAVI, 2009, p. 855).

Conclusão

O modelo de Estado liberal clássico evoluiu para um modelo de Estado Constitucional de Direito, marcado pela prevalência dos direitos fundamentais, tendo como cerne o princípio da dignidade da pessoa humana. Neste modelo de Estado Constitucional o intérprete passa a se guiar fundamentalmente pela Constituição, que passa a ser o centro axiológico do sistema jurídico do respectivo Estado, com vistas a concretizar os valores, princípios e fundamentos delimitados na própria Carta Constitucional.

Nesta concepção, trabalha-se essencialmente com princípios de justiça, buscando-se a aproximação entre o Direito e a ética, a valorização dos princípios, que passam a ser vistos como normas integrantes do sistema jurídico, juntamente com as respectivas regras, servindo como fonte de inspiração das próprias regras. Neste período pós-positivismo, supera-se a interpretação exclusivamente com base nas regras jurídicas, havendo a necessidade de buscarmos critérios de justiça como hierarquizantes e balizadores na solução do caso concreto.

O Direito Processual superou a fase do processualismo, com conceitos puros que, constantemente, levavam-no ao distanciamento da realidade social, tornando-o abstrato, sob o pretexto de se buscar a devida e ora reconhecida autonomia. O processo, nesta visão constitucional, necessariamente tem que trabalhar com outras premissas, a fim de não mais incorrer nos erros cometidos no passado, que acabaram distanciando-o exageradamente do direito material. Trabalha-se com a busca de um processo justo, adequado, célere e efetivo, não havendo mais espaço para formalismos excessivos e desvirtuados da finalidade essencial do processo, que é a entrega do bem da vida a quem de direito.

A ação passa a ser concebida como autêntico direito fundamental, formal e material, sendo consagrada como um dos mais importantes, talvez o mais significativo, instrumento de efetivação dos direitos fundamentais, na medida em que todos os demais direitos em conflito necessitarão da ação para serem concretizados, tendo em vista o monopólio da jurisdição assumido pelo Estado. Este direito adquire natureza prestacional, a ser alcançado pelo Estado, não sendo mais visto apenas como um direito de defesa.

Portanto, o direito de ação não pode, jamais, ser visto como um mero direito formal do cidadão de ajuizar uma ação perante o Estado, mas sim como sendo, muitas vezes, o último recurso a ser utilizado por este cidadão para ter assegurado um direito que lhe foi lesado, tendo, assim, o Estado o dever de prestar a tutela necessária e adequada. Com base nessas premissas, faz-se mister buscar o resultado útil do processo com o ideal de serem implementados os valores impostos na Constituição.

Exige-se, atualmente, uma tutela adequada, tempestiva e efetiva, que jamais será prestada com a simples elaboração de uma sentença. Precisa-se bem mais do que isto, para que o Estado preste a sua função jurisdicional de maneira eficiente. Necessita-se de um permanente diálogo entre todas as suas fontes; assim o Direito deve ser pensado e deve evoluir, com a permanente conexão de todos os seus ramos, para atingir os mesmos propósitos. Somente deste modo poderemos atingir um verdadeiro Estado de Direito Constitucional, Democrático e Social.

Não podemos simplesmente ficar divagando sobre o processo, mas sim, devemos adotar providências objetivas e úteis, que tragam a efetividade. As teorias consagradas pela doutrina a respeito do direito processual devem servir aos fundamentos estabelecidos na Constituição. Com isso, é necessário um reexame destas teorias, fugindo-se das interpretações meramente gramaticais ou literais. Há que se fazer um estudo mais amplo e minucioso a respeito do sistema jurídico brasileiro para, a partir desta análise, estabelecer uma interpretação contemporânea das normas existentes em nossa legislação. Neste diapasão, a verificação dos requisitos para aplicação subsidiária do processo civil ao processo do trabalho deve ser feita por meio de uma interpretação sistemática. Com isto, deve ser revista a doutrina majoritária sobre esta matéria, principalmente no tocante à análise da omissão, que não pode simplesmente ser considerada a partir da existência ou inexistência de uma regra no sistema processual trabalhista, mas sim, com a análise desta omissão no sentido da insuficiência, ineficácia ou possível carência de efetividade daquela norma em cotejo com uma norma processual civil.

Por óbvio, produzindo a norma processual civil, de forma mais eficaz e de maneira mais útil e rápida os objetivos estabelecidos pelo nosso sistema processual constitucional, passa a ter primazia em relação à norma processual trabalhista, por se mostrar esta débil para produzir os mesmos objetivos impostos ao Estado. Caso contrário, nos perderemos em teorias abstratas, em pura retórica, que contribuirão, ainda mais, para a falta de efetividade do processo. Sem sombra de dúvidas, não há argumentação jurídica consistente, a partir de uma interpretação constitucional, que não venha a permitir o uso de uma norma processual civil quando constatada que esta norma agilizará o efetivo andamento do processo.

Por sua vez, as ações coletivas estão consagradas, atualmente, como sendo um dos melhores e mais eficazes instrumentos de proteção dos direitos difusos, coletivos e individuais homogêneos. Este fenômeno decorre de diversos fatores, mas principalmente do efeito pedagógico e profilático gerado no causador do dano, de um ilícito, em razão da junção de vários cidadãos lesados na busca dos seus direitos. A tutela coletiva tem como atender de maneira satisfatória às demandas do mundo moderno, decorrentes da massificação dos conflitos, na medida em que o sistema processual individualista e patrimonialista, consagrado no sistema processual brasileiro concebido por Buzaid, não se mostrou mais capaz de atender a essas novas demandas do mundo globalizado.

Surgem as ações coletivas com o propósito primordial da prevenção e não meramente da reparação do Direito, com o intuito de prevenir a configuração do dano, de propiciar um maior e real acesso ao Judiciário e de ocasionar uma economia processual com a redução dos processos individuais. Todos estes propósitos caminham para atender ao fim constitucional de o Estado prestar uma tutela efetiva, adequada e concreta, em um prazo razoável, cujo lapso temporal somente poderá ser atendido se realmente o Judiciário não estiver afogado em centenas de milhares de ações individuais com o mesmo objeto, que certamente poderiam estar concentradas em uma só ação coletiva.

No Processo do Trabalho esses fatores ficam ainda mais evidentes, tornando-se a ação civil pública, muitas vezes, o único meio real e concreto para que o trabalhador possa salvaguardar ou reivindicar um direito que está sendo lesado, em virtude da retaliação e da discriminação de que poderá ser vítima, na hipótese de ousar reclamar individualmente um direito seu na Justiça do Trabalho. Afinal de contas, não se vá pensar que um trabalhador, com contrato de trabalho em vigor, irá ingressar com uma reclamatória trabalhista, por exemplo, para impedir que os seus registros de horário sejam alterados, para exigir o registro nos efetivos horários de início e término da jornada de trabalho ou para exigir que o trabalho não seja executado em condições insalutíferas. Pensar que isso é possível é desconhecer a nossa realidade e o próprio dia a dia de grande parte dos trabalhadores brasileiros.

O Ministério Público, especialmente o Ministério Público do Trabalho na situação enfocada, assume papel relevante na defesa dos princípios constitucionais e no exercício das diretrizes que lhe foram traçadas na própria Constituição Federal, pormenorizadas em diversos textos infraconstitucionais. Cabe ao MPT a defesa dos direitos difusos e coletivos, mas principalmente a defesa dos direitos individuais homogêneos dos trabalhadores, não se mostrando razoável qualquer interpretação restritiva aos inúmeros textos legais que evidenciam esta legitimidade, pois tal interpretação estará indo de encontro principalmente ao que dispõe a própria Constituição, quando estabelece os valores e princípios do Estado e as funções institucionais do Ministério Público.

Por fim, em razão de o Estado Constitucional vigente consagrar, como direito fundamental do cidadão, uma tutela jurisdicional justa, adequada, efetiva e tempestiva (art. 5º, incisos XXV e LXXVIII, da CF), entendemos que o sistema jurídico permite e exige a utilização de outras técnicas de tutela, para que sejam cumpridas as decisões condenatórias que visam ao cumprimento da obrigação de pagar quantia, sempre que a sistemática específica oferecida pelo legislador não se mostrar como a mais adequada para a efetivação da decisão judicial. As hipóteses de antecipações de tutela concedidas para pagamento de parcelas de natureza alimentar podem se enquadrar nestas situações, por exigirem o seu cumprimento não apenas num prazo razoável, mas sim, uma resposta urgente do Estado, que, muitas vezes, não ocorrerá com a sistemática da expropriação de bens.

Assim, quando a execução por expropriação de bens não se mostrar célere e efetiva, sobretudo na execução oriunda de antecipação de tutela para pagamento de parcelas salariais, poderá o juiz se valer da multa coercitiva como instrumento hábil e capaz de satisfazer o crédito reconhecido, com base nos postulados da razoabilidade e da proporcionalidade, tendo em vista ser dever fundamental do Estado prestar essa jurisdição de forma efetiva e tempestiva.

Referências

ALEXY, Robert. *Teoria dos Direitos Fundamentais*. Tradução de Virgílio Afonso da Silva da 5. ed. alemã. São Paulo: Malheiros, 2008.
ALVIM, Arruda. Ação Civil Pública: sua evolução normativa significou crescimento em prol da proteção às situações coletivas. In: MILARÉ, Édis (Org.). *A Ação Civil Pública após 20 Anos*: efetividade e desafios. São Paulo: Revista dos Tribunais, 2005.
AMARAL, Guilherme Rizzo. In: OLIVEIRA, Carlos Alberto Álvaro de (coord.). A Nova Execução. Rio de Janeiro: Forense, 2006.
ANDRADE, José Carlos Vieira de. *Os Direitos Fundamentais na Constituição Portuguesa de 1976*. 2. ed. Coimbra: Almedina, 2001.
——. *Os Direitos Fundamentais na Constituição Portuguesa de 1976*. 3. ed. Coimbra: Almedina, 2004.
ÁVILA, Humberto. *Teoria dos Princípios*: da definição à aplicação dos princípios jurídicos. 9. ed. São Paulo: Malheiros, 2009.
BALZAC, Honoré de (Complilador). *Como Fazer a Guerra*: máximas e pensamentos de Napoleão. Trad. Paulo Neves. Porto Alegre: L&PM, 2005. Napoleão I, Imperador da França, 1804-1815.
BARCELLOS, Ana Paula de. *A Eficácia Jurídica dos Princípios Constitucionais*: o princípio da dignidade da pessoa humana. Rio de Janeiro: Renovar, 2003.
——. *A Eficácia Jurídica dos Princípios Constitucionais*: o princípio da dignidade da pessoa humana. Rio de Janeiro: Renovar, 2002.
BARROSO, Luís Roberto. *Interpretação e Aplicação da Constituição*: fundamentos de uma dogmática constitucional transformadora. São Paulo: Saraiva, 1996.
——. *Interpretação e Aplicação da Constituição*: fundamentos de uma dogmática constitucional transformadora. 5. ed. São Paulo: Saraiva, 2003.
—— (Org.). *A Nova Interpretação Constitucional*: ponderação, direitos fundamentais e relações privadas. Rio de Janeiro: Renovar, 2003, p. 327-378.
——; BARCELLOS, Ana Paula de. O começo da história: a nova interpretação constitucional e o papel dos princípios no direito brasileiro. In: BARZOTTO, Luis Fernando. *O Positivismo Jurídico Contemporâneo*: uma introdução a Kelsen, Ross e Hart... São Leopoldo: Unisinos, 1999.
BATALHA, Wilson de Souza Campos. *Tratado de Direito Judiciário do Trabalho*. São Paulo: LTr, 1977.
BEDAQUE, José Roberto dos Santos. *Direito e Processo*: influência do direito material sobre o processo. 5. ed. São Paulo: Malheiros, 2009.
BOBBIO, Norberto. *El Problema del Positivismo Jurídico*. Trad. Ernesto Garzón Valdés. Buenos Aires: Eudeba, 1965.
——. *O Positivismo Jurídico*: Lições de filosofia do direito. Trad. Márcio Pugliesi. São Paulo: Ícone, 1995.
——. *Teoria Geral do Direito*. Trad. Denise Agostinetti. São Paulo: Martins Fontes, 2008.
BONAVIDES, Paulo. *Curso de Direito Constitucional*. 22. ed. São Paulo: Malheiros, 2008.
BUENO, Cassio Scarpinella. *Curso Sistematizado de Direito Processual Civil*: teoria geral do direito processual civil. 2. ed. São Paulo: Saraiva, 2008. v. 1.
BUZAID, Alfredo. *A Influência de Liebman no Direito Processual Civil Brasileiro*. São Paulo: Saraiva, 1982. (Grandes processualistas).

———. *Estudos de Direito I*. São Paulo: Saraiva, 1972.
———. *Estudos e Pareceres de Direito Processual Civil*. São Paulo: Revista dos Tribunais, 2002.
CALAMANDREI, Piero. *Direito Processual Civil*. Trad. Luiz Abezia e Sandra Drina Fernandez Barbiery. Campinas: Bookseller, 1999.
CANARIS, Claus-Wilhelm. *Direitos Fundamentais e Direito Privado*. Tradução de Ingo Wolfgang Sarlet e Paulo Mota Pinto. Coimbra: Almedina, 2006.
———. *Pensamento Sistemático e Conceito de Sistema na Ciência do Direito*. Trad. A. Menezes Cordeiro. 3. ed. Lisboa: Fundação Calouste Gulbenkian, 2002.
CANOTILHO, J. J. Gomes. *Direito Constitucional e Teoria da Constituição*. 7. ed. Lisboa: Almedina, 2003.
CAPPELLETTI, Mauro. Acesso à Justiça como Programa de Reforma e como Método de Pensamento. In: ———. *Processo, Ideologias e Sociedade*. Trad. Elicio de Cresci Sobrinho. Porto Alegre: Sergio Antonio Fabris, 2008. v. 1.
———. O Acesso à Justiça e a Função do Jurista em Nossa Época. *Revista de Processo*, São Paulo, n. 61, p.144-160, 1991.
———. As Ideologias no Direito Processual; in: CAPPELLETTI, Mauro. *Processo, Ideologias e Sociedade*. Trad. Hermes Zaneti Júnior. Porto Alegre: Sergio Antonio Fabris, 2010. v. 2.
———. *Juízes Legisladores?* Trad. Carlos Alberto Alvaro de Oliveira. Porto Alegre: Sergio Antonio Fabris, 1999.
———. Repudiando Montesquieu?: a expansão e a legitimidade da "justiça constitucional". Trad. Fernando Sá. *Revista da Faculdade de Direito da UFRGS*, v. 20, p. 127-150, 2001.
CARNELUTTI, Francesco. *Sistema de Direito Processual Civil*. Trad. Hiltomar Martins Oliveira. São Paulo: Classic Book, 2000.
CHAVES, Luciano Athayde. As Lacunas no Direito Processual do Trabalho. In: CHAVES, Luciano Athayde (Org.). *Direito Processual do Trabalho*. São Paulo: LTr, 2007.
———. A Recente Reforma no Processo Comum e seus Reflexos no Direito Judiciário do Trabalho. 2. ed. São Paulo: LTr, 2006.
CHIOVENDA, Giuseppe. *Instituições de Direito Processual Civil*. Campinas: Bookseller, 1998. v. 1.
COELHO, Fábio Ulhoa. *Para Entender Kelsen*. 2. ed. São Paulo: Max Limonad, 1997.
COLUSSI, Luiz Antonio. *Direito, Estado e Regulação Social*: o papel do contrato de trabalho numa sociedade em transformação. São Paulo: LTr, 2009.
COMOGLIO, Luigi Paolo. "I Modelli di Garanzia Constituzionale del Processo", *Rivista Trimestrale di Diritto e Procedura Civile*, Milano, n. 3, p. 673-741, 1991.
COUTURE, Eduardo J. *Fundamentos Del Derecho Procesal Civil*. 3. ed. Buenos Aires: Depalma Buenos Aires, 1973.
DAVID, René. *Os Grandes Sistemas do Direito Contemporâneo*. Trad. Hermínio A. Carvalho. São Paulo: Martins Fontes, 1986.
DELGADO, Maurício Godinho. *Curso de Direito do Trabalho*. São Paulo: LTr, 2004.
———. *Direito Coletivo do Trabalho*. 2. Ed. São Paulo: LTr, 2003.
DIDIER JÚNIOR, Fredie. *Curso de Direito Processual Civil*: teoria geral do processo e processo de conhecimento. 8. ed. Salvador: Jus Podivm, 2007. v. 1.
———. *Curso de Direito Processual Civil*: teoria geral do processo e processo de conhecimento. 12. ed. Salvador: Jus Podivm, 2010. v. 1.
———. Fundamentos Teóricos e Metodológicos para a compreensão do Princípio da Cooperação no Direito Processual Civil Português. 2009. Relatório de Pós-Doutoramento para Universidade de Lisboa.
DIDIER JÚNIOR, Fredie et al. *Curso de Direito Processual Civil*. 8. ed. Salvador: JusPodivm, 2009. v. 5.
———; ZANETI JÚNIOR, Hermes. *Curso de Direito Processual Civil*. *Processo Coletivo*. 4. ed. Salvador: JusPodivm, 2009. v. 4.
DINAMARCO, Cândido Rangel. *A Instrumentalidade do Processo*. 8. ed. São Paulo: Malheiros, 2000.
———. *Fundamentos do Processo Civil Moderno*. 4. ed. São Paulo: Malheiros, 2001.
———. *Instituições de Direito Processual Civil*. São Paulo: Malheiros, 2001. v. 1.

DWORKIN, Ronald. *O Império do Direito*. Tradução Jefferson Luiz Camargo. São Paulo: Martins Fontes, 2003.

——. *Levando os Direitos a Sério*. Tradução e notas Nelson Boeira. São Paulo: Martins Fontes, 2002.

——. *Levando os Direitos a Sério*. Trad. Nelson Boeira. 2. ed. São Paulo: Martins Fontes, 2007.

FAVA, Marcos Neves. *Ação Civil Pública Trabalhista*. 2. ed. São Paulo: LTr, 2008.

FREITAS, Juarez. *A Interpretação Sistemática do Direito*. 4. ed. São Paulo: Malheiros, 2004.

——. A Melhor Interpretação Constitucional Versus a Única Resposta Correta. In: SILVA, Virgílio Afonso da (Org.). *Interpretação Constitucional*. São Paulo: Malheiros, 2005.

GAMONAL C., Sergio. Cidadania na empresa e eficácia diagonal dos direitos fundamentais. Tradução de Jorge Alberto Araújo. São Paulo: LTr, 2011.

GIDI, Antonio. *Rumo a um Código de Processo Civil Coletivo*: a codificação das ações coletivas do Brasil. Rio de Janeiro: Forense, 2008, p. 382-384.

GRAU, Eros Roberto. A Ordem Econômica na Constituição de 1988 (Interpretação e Crítica). São Paulo: Revista dos Tribunais, 1997.

——. *A Ordem Econômica na Constituição de 1988*. 11. ed. São Paulo: Malheiros, 2006.

——. *O Direito Posto e o Direito Pressuposto*. 4. ed. São Paulo: Malheiros, 2002.

GRAU, Eros Roberto. *O Direito Posto e o Direito Pressuposto*. 6. ed. São Paulo: Malheiros, 2005b.

——. Ensaio e Discurso sobre a Interpretação/Aplicação do Direito. 3. ed. São Paulo: Malheiros, 2005a.

GUASTINI, Riccardo. *Das Fontes às Normas*. Trad. Edson Bini; Apresentação: Heleno Taveira Tôrres. São Paulo: Quartier Latin, 2005.

——. *Distinguiendo*: estudios de teoría y metateoría del derecho. Trad. Jordi Ferrer i Beltrán. Barcelona: Gedisa, 1999.

——. Teoria e Ideologia da Interpretação Constitucional. *Revista Interesse Público*, São Paulo, n. 40, p. 217-256, 2006.

GUERRA, Marcelo Lima. *Direitos Fundamentais e a Proteção do Credor na Execução Civil*. São Paulo: Revista dos Tribunais, 2003.

GUERRA FILHO, Willis Santiago. Princípio da Proporcionalidade e Devido Processo Legal. In: SILVA, Virgílio Afonso da (Org.). *Interpretação Constitucional*. São Paulo: Malheiros, 2005.

HÄBERLE, Peter. *Hermenêutica Constitucional*. Trad. Gilmar Ferreira Mendes. Porto Alegre: Sergio Antonio Fabris, 2002.

HART, Herbert L. A. *O Conceito de Direito*. trad. A. Ribeiro Mendes. 5. ed. Lisboa: Fundação Calouste Gulbenkian, 2007.

HESSE, Konrad. *A Força Normativa da Constituição*. Porto Alegre: Fabris, 1991.

——. A Interpretação Constitucional. In: TEMAS Fundamentais do Direito Constitucional. Textos selecionados e traduzidos por Carlos dos Santos Almeida, Gilmar Ferreira Mendes, Inocêncio Mártires Coelho. São Paulo: Saraiva, 2009a.

——. Significado dos Direitos Fundamentais. In: TEMAS Fundamentais do Direito Constitucional. Textos selecionados e traduzidos por Carlos dos Santos Almeida, Gilmar Ferreira Mendes, Inocêncio Mártires Coelho. São Paulo: Saraiva, 2009b.

KELSEN, Hans. *Teoria Geral das Normas*. Trad. José Florentino Duarte. Porto Alegre: Fabris, 1986.

——. *Teoria Pura do Direito*. Trad. João Baptista Machado. 6. ed. São Paulo: Martins Fontes, 1998.

——. *Teoria Pura do Direito*. 6. ed. São Paulo: Martins Fontes, 2000.

——. *Teoria Geral do Direito e do Estado*. Trad. Luís Carlos Borges. 4. ed. São Paulo: Martins Fontes, 2005.

KRELL, Andreas J. *Direitos Sociais e Controle Judicial no Brasil e na Alemanha*: os (des)caminhos de um direito constitucional "comparado". Porto Alegre: S. A. Fabris, 2002.

LACERDA, Galeno. O Código e o Formalismo Processual. *Revista da Ajuris*, Porto Alegre, n. 28, p. 7-14, 1983.

LEDUR, José Felipe. *Direitos Fundamentais Sociais*: efetivação no âmbito da democracia participativa. Porto Alegre: Livraria do Advogado, 2009.

LIEBMAN, Enrico Tullio. *Estudos sobre o Processo Civil Brasileiro*. São Paulo: Saraiva, 1947.

——. *Processo de Execução*. São Paulo: Saraiva, 1946.

LEITE, Carlos Henrique Bezerra. *Curso de Direito Processual do Trabalho*. 3. ed. São Paulo: LTr, 2005.
LEIVAS, Paulo Gilberto Cogo. *Teoria dos Direitos Fundamentais Sociais*. Porto Alegre: Livraria do Advogado, 2006.
MAIOR, Jorge Luiz Souto. *Direito Processual do Trabalho*: efetividade, acesso à justiça, procedimento oral. São Paulo: LTr, 1998.
──. A Efetividade do Processo. In: MAIOR, Jorge Luiz Souto; CORREIA, Marcus Orione Gonçalves (Org.). *Curso de Direito do Trabalho*. São Paulo: LTr, 2009. v. 4, p.
──; CORREIA, Marcus Orione Gonçalves. O Que é Direito Social? In: CORREIA, Marcus Orione Gonçalves (Org.). *Curso de Direito do Trabalho*. São Paulo: LTr, 2007. v. 1.
MALLET, Estêvão. *Antecipação da Tutela no Processo do Trabalho*. 2. ed. São Paulo: LTr, 1999.
MARINONI, Luiz Guilherme. *Curso de Processo Civil*: teoria geral do processo. São Paulo: Revista dos Tribunais, 2006. v. 1.
──. *Novas Linhas do Processo Civil*: o acesso à justiça e os institutos fundamentais do direito processual. São Paulo: Revista dos Tribunais, 1993.
──. *A Tutela Inibitória*. 4. ed. São Paulo: Revista dos Tribunais, 2006.
──. *Técnica Processual e Tutela dos Direitos*. São Paulo: Revista dos Tribunais, 2004.
──; ARENHART, Sérgio Cruz. *Curso de Processo Civil*. 2. ed. São Paulo: Revista dos Tribunais, 2008. v. 3.
MARQUES, Cláudia Lima. *Contratos no Código de Defesa do Consumidor*: o novo regime das relações contratuais... 5. ed. São Paulo: Revista dos Tribunais, 2005.
MARQUES, José Frederico. *Instituições de Direito Processual Civil*. 2. ed. Rio de Janeiro: Forense, 1962. v. 1.
MARQUES, Rafael da Silva. Valor Social do Trabalho, na Ordem Econômica, na Constituição Brasileira de 1988. São Paulo: LTr, 2007.
MAXIMILIANO, Carlos. *Hermenêutica e Aplicação do Direito*. 19. ed. Rio de Janeiro: Forense, 2006.
MELO, Raimundo Simão de. *Ação Civil Pública na Justiça do Trabalho*. São Paulo: LTr, 2002.
MENDES, Aluisio Gonçalves de Castro. *Ações Coletivas no Direito Comparado e Nacional*. São Paulo: Revista dos Tribunais, 2002. (Coleção Temas atuais de direito processual civil; v. 4).
MICHAELIS. *Moderno Dicionário da Língua Portuguesa*. São Paulo: Companhia Melhoramentos, 1998.
MIRANDA, Jorge. *Manual de Direito Constitucional*. 2. ed. Coimbra: Coimbra, 1998. t. 4.
──. *Manual de Direito Constitucional*. 5. ed. Coimbra: Coimbra. 2003. t. 2.
──. *Teoria do Estado e da Constituição*. Rio de Janeiro: Forense, 2005.
PONTES DE MIRANDA. *Comentários ao Código de Processo Civil*. Rio de Janeiro: Forense, 1973. t. 1.
MITIDIERO, Daniel. *Colaboração no Processo Civil*: pressupostos sociais, lógicos e éticos. São Paulo: RT, 2009.
──. Elementos para uma Teoria Contemporânea do Processo Civil Brasileiro. Porto Alegre: Livraria do Advogado, 2005.
──. *Processo Civil e Estado Constitucional*. Porto Alegre: Livraria do Advogado, 2007.
──. O Processualismo e a Formação do Código Buzaid. *Revista de Processo*, São Paulo, v. 35, n. 183, p.165-194, maio 2010.
MITIDIERO, Daniel; ZANETI JÚNIOR, Hermes. *Introdução ao Estudo do Processo Civil*. Porto Alegre: Sérgio Antonio Fabris, 2004.
OLIVEIRA, Carlos Alberto Álvaro de. *Do Formalismo no Processo Civil*. 3. ed. rev., atual. aum. São Paulo: Saraiva, 2009.
──. O Processo Civil na Perspectiva dos Direitos Fundamentais. In: OLIVEIRA, Carlos Alberto Álvaro de (Org.). *Processo e Constituição*. Rio de Janeiro: Forense, 2004.
OLIVEIRA, Carlos Alberto Álvaro de. *Teoria e Prática da Tutela Jurisdicional*. Rio de Janeiro: Forense, 2008.
──; MITIDIERO, Daniel. Curso de Processo Civil. São Paulo: Atlas, 2010, p. 13-14.
PÉRISSÉ, Paulo Guilherme Santos. Interesses Tuteláveis por meio da Ação Coletiva. In: RIBEIRO JÚNIOR, José Hortêncio et al. (Org.). *Ação Coletiva na Visão de Juízes e Procuradores do Trabalho*. São Paulo: LTr, 2006.

PIOVESAN, Flávia. *Direitos Humanos e o Direito Constitucional Internacional*. 8. ed. São Paulo: Saraiva, 2007.

PLÁ RODRIGUEZ, Américo. *Princípios de Direito do Trabalho*. Trad. de Wagner D.Giglio e Edilson Alkmim Cunha. 3. ed. São Paulo: LTr, 2000.

PORTO, Sérgio Gilberto; USTARROZ, Daniel. *Lições de Direitos Fundamentais no Processo Civil*: o conteúdo processual da Constituição Federal. Porto Alegre: Livraria do Advogado, 2009.

RAWLS, John. *Uma Teoria da Justiça*. Tradução Almiro Pisetta e Lenita M. R. Esteves. São Paulo: Martins Fontes, 1997.

REALE, Miguel. Conceito de Cultura: seus temas fundamentais. In: PARADIGMAS da Cultura Contemporânea. 2. ed. São Paulo: Saraiva, 2005.

RIBEIRO, Darci Guimarães. A Concretização da Tutela Específica no Direito Comparado. In: TESHEINER, José; PORTO, Sérgio Gilberto; MILHORANZA, Mariângela Guerreiro (Coord.). *Instrumentos de Coerção e Outros Temas de Direito Processual Civil*. Rio de Janeiro: Forense, 2007, p. 125-149.

RUSSOMANO, Mozart Victor. *Comentários à Consolidação das Leis do Trabalho*. Rio de Janeiro: José Konfino, 1963.

SAMPAIO, José Adércio Leite. *Direitos Fundamentais*: retórica e historicidade. Belo Horizonte: Del Rey, 2004.

SANTOS JÚNIOR, Rubens Fernando Clamer dos. *A Eficácia dos Direitos Fundamentais dos Trabalhadores*. São Paulo: LTr, 2010.

SARLET, Ingo Wolfgang. *A Eficácia dos Direitos Fundamentais*. Porto Alegre: Livraria do Advogado, 2005.

SCHIAVI, Mauro. *Manual de Direito Processual do Trabalho*. 2. ed. São Paulo: LTr, 2009.

SCHOLLER, Heinrich. O Princípio da Proporcionalidade no Direito Constitucional e Administrativo da Alemanha. Trad. Ingo Wolfgang Sarlet. *Revista Interesse Público*, São Paulo, n. 2, p. 93-1071999.

SENTÍS MELENDO, Santiago. Calamandrei. O Homem e a Obra. In: CALAMANDREI, Piero. *Direito Processual Civil*. Trad. Luiz Abezia e Sandra Drina Fernandez Barbiery. Campinas: Bookseller, 1999.

SEVERO, Valdete Souto. *Crise de Paradigma no Direito do Trabalho Moderno*: a jornada. Porto Alegre: Sérgio Antonio Fabris, 2009.

——. O Dever de Motivar o Ato de Denúncia do Contrato de Trabalho: condição de possibilidade da verdadeira negociação coletiva. In: THOME, Candy Florêncio; SCHWARZ, Rodrigo Garcia (Org.). *Direito Coletivo do Trabalho*: curso de revisão e atualização. Rio de Janeiro: Elsevier, 2010, p. 219-253.

SILVA, Jaqueline Mielke; XAVIER, José Tadeu Neves. *Reforma do Processo Civil*. Porto Alegre: Verbo Jurídico, 2006.

SILVA, João Calvão da. *Cumprimento e Sanção Pecuniária Compulsória*. 2. ed. Coimbra: Coimbra, 1997.

SILVA, Ovídio A. Baptista da. *Curso de Processo Civil*. 7. ed. Rio de Janeiro: Forense, 2006. v. 1.

——. Jurisdição e Execução na Tradição Romano-Canônica. 3. ed. Rio de Janeiro: Forense, 2007.

——. *Processo e Ideologia*: o paradigma racionalista. Rio de Janeiro: Forense, 2004.

SILVA, Virgílio Afonso da. Interpretação Constitucional e Sincretismo Metodológico. In: SILVA, Virgílio Afonso da (Org.). *Interpretação Constitucional*. São Paulo: Malheiros, 2005.

STRECK, Lenio Luiz. *Hermenêutica Jurídica e(m) Crise*. 2. ed. Porto Alegre: Livraria do Advogado, 2000.

——. O papel da jurisdição constitucional na realização dos direitos sociais-fundamentais. In: SARLET, Ingo Wolfgang (Org.). *Direitos Fundamentais Sociais*: estudos de direito constitucional, internacional e comparado. Rio de Janeiro: Renovar, 2003.

SÜSSEKIND, Arnaldo et al. *Instituições de Direito do Trabalho*. 19. ed. São Paulo: LTr, 2000. v. 2.

TALAMINI, Eduardo. *Tutela Relativa aos Deveres de Fazer e de não Fazer*. São Paulo: Revista dos Tribunais, 2001.

TARUFFO, Michele. *A Atuação Executiva dos Direitos*: Perfis Comparatísticos. Trad. Teresa Arruda Alvim Wambier. *Revista de Processo*, São Paulo, n. 59, p. 72-97, 1990.

TEIXEIRA, José Horácio Meirelles. *Curso de Direito Constitucional*: revisto e atualizado por Maria Garcia. Rio de Janeiro: Forense Universitária, 1991.

TOLEDO FILHO, Manoel Carlos. *Fundamentos e Perspectivas do Processo Trabalhista Brasileiro*. São Paulo: LTr, 2006, p. 180.

TORRES, Ricardo Lobo. A metamorfose dos direitos sociais em mínimo existencial. In: SARLET, Ingo Wolfgang (Org.). *Direitos Fundamentais Sociais*: estudos de direito constitucional, internacional e comparado. Rio de Janeiro: Renovar, 2003.

TUCCI, José Rogério Cruz e. Garantia do processo sem dilações indevidas, p. 234-262. In: TUCCI, José Rogério Cruz e (Org.). *Garantias Constitucionais do Processo Civil*. São Paulo: Revista dos Tribunais, 1999.

VIEIRA, Oscar Vilhena. *Direitos Fundamentais*: uma leitura da jurisprudência do STF. São Paulo: Malheiros, 2006.

WEBER, Thadeu. *Ética e Filosofia Política*: Hegel e o Formalismo Kantiano. 2º ed. Porto Alegre: EDIPUCRS, 2009.

——. Justiça e Poder Discricionário. In: Direitos Fundamentais & Justiça. *Revista do Programa de Pós-Graduação Mestrado e Doutorado em Direito da PUCRS*, Porto Alegre, ano 2, n. 2, p. 214-242, 2008.

WIEACKER, Franz. *História do Direito Privado Moderno*. Trad. A. M. Botelho Hespanha. 3. ed. Lisboa: Fundação Calouste Gulbenkian, 1967.

ZANETI JÚNIOR, Hermes. Processo Constitucional: relações entre processo e constituição. In: ZANETI JÚNIOR, Hermes; MITIDIERO, Daniel Francisco (Org.). *Introdução ao Estudo do Processo Civil*: primeiras linhas de um paradigma emergente. Porto Alegre: S.A. Fabris, 2004, p. 23-62.

ZAVASCKI, Teori Albino. *Antecipação da Tutela*. 4. ed. São Paulo: Saraiva, 2005.